权威·前沿·原创

皮书系列为
"十二五""十三五""十四五"时期国家重点出版物出版专项规划项目

BLUE BOOK

智库成果出版与传播平台

甘肃蓝皮书

BLUE BOOK OF GANSU

甘肃经济发展分析与预测
（2024）

**ANALYSIS AND FORECAST ON ECONOMIC
DEVELOPMENT OF GANSU（2024）**

主　编／王俊莲　王晓芳

社会科学文献出版社
SOCIAL SCIENCES ACADEMIC PRESS（CHINA）

图书在版编目（CIP）数据

甘肃经济发展分析与预测. 2024 / 王俊莲，王晓芳
主编. --北京：社会科学文献出版社，2024.1
（甘肃蓝皮书）
ISBN 978-7-5228-2960-9

Ⅰ.①甘…　Ⅱ.①王…②王…　Ⅲ.①区域经济-经
济分析-甘肃-2024 ②区域经济-经济预测-甘肃-
2024　Ⅳ.①F127.42

中国国家版本馆 CIP 数据核字（2023）第 240238 号

甘肃蓝皮书
甘肃经济发展分析与预测（2024）

主　　编 / 王俊莲　王晓芳

出 版 人 / 冀祥德
组稿编辑 / 邓泳红
责任编辑 / 宋　静
责任印制 / 王京美

出　　版 / 社会科学文献出版社·皮书出版分社（010）59367127
　　　　　地址：北京市北三环中路甲 29 号院华龙大厦　邮编：100029
　　　　　网址：www.ssap.com.cn
发　　行 / 社会科学文献出版社（010）59367028
印　　装 / 天津千鹤文化传播有限公司

规　　格 / 开本：787mm×1092mm　1/16
　　　　　印张：22　字数：331 千字
版　　次 / 2024 年 1 月第 1 版　2024 年 1 月第 1 次印刷
书　　号 / ISBN 978-7-5228-2960-9
定　　价 / 158.00 元

读者服务电话：4008918866

甘肃蓝皮书编辑委员会

主　任　李兴文

副主任　王成勇　赵凌云　陈　波　牛成喆　王琳玺
　　　　路民辉　曾月梅　张跃峰

总主编　李兴文

成　员　王俊莲　王　琦　董积生　陈永胜

甘肃蓝皮书编辑委员会办公室

主　任　刘玉顺

成　员　常菁菁　王曼丽

《甘肃经济发展分析与预测（2024）》
编辑委员会

主要编撰者简介

王俊莲 甘肃省社会科学院副院长，研究员，甘肃省领军人才，甘肃省公共文化服务体系建设专家委员会主任委员。主要研究领域为政治文化、政府文化治理、公共文化服务体系构建、创意文化产业、中国传统文化的现代价值等。曾获甘肃省第十届社会科学优秀成果奖、国家行政学院首届优秀科研成果奖等奖项。主持或独立完成的《改革创新体制机制，推动甘肃文化旅游融合发展》《关于甘肃保护传承"非遗"人才队伍建设的几点建议》等多项咨询报告获国务院、中宣部和甘肃省委省政府的肯定和采纳。

王晓芳 甘肃省社会科学院区域经济研究所所长，研究员，甘肃省领军人才。主要从事区域经济学、信息经济学、流通经济学研究。主要著作包括《西部欠发达地区县域经济研究》《西北地区少数民族信息资源开发与阅读文化构建》《西北地区信息用户满意度与信息素质教育》《甘肃向西开放务实合作·中亚篇》等10余部，在《中国农村经济》《甘肃日报》《甘肃社会科学》等报刊发表论文80余篇。先后主持完成国家社科基金项目、甘肃省社科规划项目、甘肃科技基金软科学项目、"陇原青年创新人才扶持计划"项目、兰州市科技基金软科学项目、福特基金项目等20余项。先后获第十届、第十一届、第十三届、第十六届甘肃省哲学社会科学优秀成果奖，中国社会科学情报学会论文奖，甘肃省图书情报学会论文奖等10余项。作为首席专家主编出版了《甘肃商贸流通发展报告》（2016~2022卷）、《甘肃经济发展分析与预测》（2020~2023卷）。

总　序

　　2022 年 10 月 16 日，中国共产党第二十次全国代表大会在北京召开。这次会议是在全党全国各族人民迈上全面建设社会主义现代化国家新征程、向第二个百年奋斗目标进军的关键时刻召开的一次十分重要的大会。我们高举中国特色社会主义伟大旗帜，全面贯彻习近平新时代中国特色社会主义思想，弘扬伟大建党精神，自信自强、守正创新，踔厉奋发、勇毅前行，在甘肃省委省政府的正确领导和有关部门、单位的大力支持下，倾力打造"甘肃蓝皮书"品牌。

　　"甘肃蓝皮书"作为甘肃经济社会各领域发展的年度性智库成果，从研究的角度记录了甘肃经济社会的巨大变迁和发展历程。2006 年《甘肃经济社会发展分析与预测》《甘肃舆情分析与预测》面世，标志着"甘肃蓝皮书"正式诞生。至"十一五"末，《甘肃社会发展分析与预测》《甘肃县域和农村发展报告》《甘肃文化发展分析与预测》相继面世，"甘肃蓝皮书"由原来的 2 种增加到 5 种。2011 年，我院首倡由陕西、甘肃、宁夏、青海、新疆西北五省区社会科学院联合编研出版《中国西北发展报告》。从 2014年起，我院加强与省直部门和市州合作，先后与省住房和城乡建设厅、省民族事务委员会、省商务厅、省统计局、酒泉市合作编研出版《甘肃住房和城乡建设发展分析与预测》《甘肃民族地区发展报告》《甘肃商贸流通发展报告》《甘肃酒泉经济社会发展报告》。2018 年，与省精神文明办、平凉市合作编研出版《甘肃精神文明发展报告》《甘肃平凉经济社会发展报告》。2019 年，与省文化和旅游厅、临夏回族自治州合作编研出版《甘肃旅游业发展报告》《临夏回族自治州经济社会发展形势分析与预测》。2020 年，与兰州市社会科学院合作编研出版《兰州市经济社会发展形势分析与预测》，与沿黄九省区（青海、四川、甘肃、宁夏、内蒙古、陕西、山西、河南、山东）社会科学院合作编研《黄河流域蓝皮书：黄河流域生态保护和高质量发展报告》。2021 年，与省人力资源和社会保障厅合作编研出版《甘肃人力资源和社会保障发展报告》。2022 年，与武威市、肃北蒙古族自治县合作编研出版《武威市文化与旅游发展报告》《肃北蒙古族自治县经济社会发展报告》。2023 年，与国网甘肃省电力公司合作编研出版《甘肃能源发展报告（2024）》，至此"甘肃蓝皮书"的编研出版规模发展到 20 种，形成"5+2+N"的格局，涵盖了经济、社会、文化、生态、能源、舆情、住建、商贸、旅游、民族、人力资源和社会保障等领域，地域范围从酒泉、武威、临夏、平凉、兰州等省内市州拓展到"丝绸之路经济带"、黄河流域以及西北五省区等相关区域。

十八年筚路蓝缕，十八年开拓耕耘。如今"甘肃蓝皮书"编研种类不断拓展，社会影响力逐渐扩大，品牌效应日益凸显，已由院内科研平台，发展成为众多省内智库专家学者集聚的学术共享交流平台和省内外智库研究成果传播转化平台，发展成为社会各界全面系统了解甘肃推进"一带一路"建设、西部大开发形成新格局、黄河流域生态保护和高质量发展等国家战略实施，以及甘肃经济发展、生态保护、乡村振兴、文化强省等领域生动实践和发展成就的重要窗口，成为凝结甘肃哲学社会科学最新成果的学术品牌，体现甘肃思想文化创新发展的标志品牌，展示甘肃有关部门、行业和市州崭新成就的工作品牌，在服务省委省政府重大决策和全省经济社会高质量发展中发挥了越来越突出的重要作用。

2023 年"甘肃蓝皮书"秉持稳定规模、完善机制、提升质量、扩大影响的编研理念，始终融入大局、服务大局，始终服务党委政府决策，始终坚持目标导向和问题导向，坚定不移走高质量编研之路。在编研过程中遵循原创性、实证性和专业性要求，聚焦省委省政府中心工作和全省经济社会发展中的热点难点问题，充分运用科学方法，深入分析研判全省经济建设、社会建设、生态建设、文化建设总体趋势、进展成效和存在的问题，提出具有前瞻性、针对性的研究结论和政策建议，以便更好地为党委政府决策提供事实依据充分、分析深入准确、结论科学可靠、对策具体可行的参考依据。

2024 年，甘肃省社会科学院以习近平新时代中国特色社会主义思想为指导，认真学习贯彻党的二十大精神和省第十四次党代会精神，全面贯彻落实习近平总书记对甘肃重要讲话和指示精神，坚持为人民做学问，以社科之长和智库之为，积极围绕国家发展大局和省委省政府中心工作，进一步厚植"甘肃蓝皮书"沃土，展现陇原特色新型智库新风貌，书写好甘肃高质量发展新篇章，为加快建设幸福美好新甘肃、不断开创富民兴陇新局面贡献社科智慧和力量。

此为序。

李兴文

2023 年 11 月 22 日

摘　要

2023 年，甘肃省深入贯彻党的二十大精神，全面落实习近平总书记对甘肃重要讲话重要指示批示，全方位开展"三抓三促"活动，加快实施"四强"行动，做深做细"五量"文章，加快建设美好幸福新甘肃，1~9 月，全省经济运行呈现增长动能不断增强、民生福祉持续改善等特点，经济增长率跃入全国前列。《甘肃经济发展分析与预测（2024）》重点研究了甘肃经济总体运行、行业发展、重大专题、热点调查等，分析和总结了 2023 年甘肃经济发展状况和问题，预测和展望了 2024 年甘肃经济发展走势与前景，并针对现状、问题、发展目标提出了理论与实践相结合的应用对策建议。

总报告分析了 2023 年甘肃农业、工业、服务业、投资、消费、财政金融、居民收入等主要指标变化情况，预测了 2024 年甘肃主要经济指标，提出了相应的对策建议。行业篇主要针对甘肃农业与农村经济、工业、服务业、财政金融、固定资产投资、招商引资、对外贸易、消费品市场、居民收入、住宿餐饮等 10 个方面，进行深度调查分析，提出了促进相关产业发展的理论对策建议。专题篇主要就甘肃加快绿色转型、强化"四个主引擎"、优化"一核三带"发展格局、破解"三个不平衡"、深化科技创新驱动五个方面进行了研究，提出了加快甘肃经济高质量发展的战略建议。调查篇主要立足甘肃发展短板，以问题为导向，侧重就加快民营经济发展和重点城市优化营商环境进行了专项调查与分析。

2023 年甘肃省经济高质量发展速度加快，三次产业协同发力，前三季度生产总值同比增长 6.6%，高于全国平均增速 1.4 个百分点；特色农产品产量稳定增长，制种业加快发展；大力实施强工业行动，制造业对工业增长的贡献率高达 77.6%；现代服务业升温步伐加快，交通运输、住宿餐饮、租赁和商业服务、信息软件和信息技术服务、旅游等接触型聚集型服务业均呈现高速增长态势，旅游市场异常火热，接待游客数与旅游收入同步成倍增长；固定资产投资平稳增长，工业投资成为拉动全省投资增长的第一动力，采矿业投资增长 124.2%，高技术制造业投资增长 27.0%；国内贸易市场规模不断壮大，消费对经济增长的贡献率高达 58.6%，内需拉动作用进一步显现，新能源汽车消费增长 67.0%；有色金属和农产品带动出口保持稳定增长，对共建"一带一路"国家进出口占全省进出口总值的 74.0%；财政收支增长加快，税收收入增长 24.3%，民生支出增长高达 80.1%，居民储蓄意愿增强，住户存款增长 13.5%，金融服务实体经济长线发展的意愿趋强，贷款余额增长 7.8%；居民收入平稳增长，城乡居民收入比缩小到 3.41，促进共同富裕的基础趋于改善。

同时，甘肃仍存在需求不旺、投资增长不及预期、居民收入增长预期转弱、资源型产品出口和出口产品单一造成市场竞争力不足，经济持续增长的内生动力不足；工业重点行业增长低迷，工业产品产销率下滑，工业企业亏损面增大，超四成企业处于亏损状态，工业行业利润同比净跌幅度大，专精特新"小巨人"企业起步早、发展慢、实力弱、竞争力不强等突出问题。本书建议，2024 年，甘肃宏观上要紧扣中央政策举措，抢抓政策机遇，分享全国统一大市场建设等政策红利，累积增多积极因素；中微观上要着眼市场主体即企业需求为企业纾难解困，增强经济增长活力，促进经济发展质量稳步提高等。

关键词： 甘肃经济　产业发展　投资消费　对外贸易

Abstract

In 2023, Gansu Province overall carried out the spirit of the 20th National Congress of the Communist Party of China and the important speech of the General Secretary Xi Jinping during inspection in Gansu. In order to build a beautiful and happy new Gansu, the whole province taking the "Three Graspings and Three Promotions" as a handle, accelerated the implementation of the "Four Strong Actions" and deepened the "Five Quantities" program. The economic operation of the whole province has shown characteristics of continuous growth momentum, and continuous improvement of people's well-being, the economic growth rate has jumped to the forefront of the country from January to September. Analysis and Forecast on Economic Development of Gansu (2024) focuses on the overall operation of Gansu's economy, industry development, major topics, and hot spot surveys. It analyzes and summarizes the current situation and problems of Gansu's economic development in 2023, predicts and prospects the trend and prospects of Gansu's economic development in 2024, and proposes application countermeasures and suggestions that combine theory and practice based on the current situation, problems, and development goals.

The general report analyzes the changes in major indicators such as agriculture, industry, service industry, investment, consumption, finance, household income in 2023, and predicts the growth of major economic indicators in 2024, and proposes corresponding countermeasures and suggestions. The industry section mainly conducts in-depth investigation and analysis on agriculture and rural economy, industry, service industry, finance, fixed assets investment, investment attraction, foreign trade, consumer goods market, residents' income, accommodation and catering, and puts forward theoretical countermeasures and suggestions to promote the development of related industries. The special topics section mainly focuses on accelerating green transformation, strengthening the "Four Main Engines", optimizing the "One Core and Three Belts" development pattern, cracking the "Three Imbalances", deepening the drive of scientific and technological innovation, and proposes strategic suggestions for accelerating high-quality economic development in Gansu. The investigation section mainly focuses on the development shortcomings of Gansu, with a problem-oriented approach, such as accelerating the development of private economy and optimizing the business environment in key cities.

According to "Analysis and Forecast of Gansu Economic Development (2024)", in 2023, the high-quality economic development speed of Gansu Province is accelerated, and the three industries is developed harmoniously, so that the gross domestic product in the first three quarters is increased by 6.6% year-on-year, which is 1.4 percentage points higher than the national average growth rate. The characteristic agricultural products are stably grown, and the development of seed industry is accelerated. Vigorously implementing the "Strong Industry" action, the contribution rate of manufacturing to industrial growth is as high as 77.6%. Modern service industry recovery is accelerated, such as transportation, accommodation and catering, leasing and commercial services, information software and information technology services, tourism and other contact and aggregation service industries is showed a high-speed growth trend, the tourism market is exceptionally hot, with the number of tourists and tourism revenue increasing exponentially. Fixed assets investment is grown steadily, especially the industrial investment became the first driving force for investment growth, and investment in the mining industry is increased by 124.2%, investment in high-tech manufacturing is increased by 27.0%. The size of the domestic trade market is continued grown, the contribution rate of consumption to economic growth is as high as 58.6%, and the driving effect of domestic demand is appeared, the consumption of new energy vehicles is increased by 67.0%. Non-ferrous metals and agricultural products drive export keeping a steady growth, and the import and export of countries jointly building the "the Belt and Road" account for 74.0% of the total import and export value. The growth of fiscal revenue and expenditure is accelerated, tax revenue is increased by 24.3%, people's livelihood expenditure is reached 80.1%, residents' save willingness is increased, and household deposits are increased by 13.5%. The willingness to provide financial services for the long-term development of the real economy is increasing, the loan balances is increased by 7.8%. The income of residents is increased steadily. The income ratio of urban and rural residents has narrowed to 3.41, the foundation for promoting common prosperity has been improved.

Meanwhile, Gansu still faces weak demands, lower than expected investment growth, weaker expectations for household income growth, insufficient market competitiveness due to resource-based and single export products, and insufficient endogenous driving force for sustained economic growth. The growth of key industrial industries is sluggish, the production and sales rate of industrial products is declining, the loss area of industrial enterprises is increasing, and over 40% of enterprises are in a loss state. The net profit of the industrial industry is decreased significantly year-on-year, and the "small giant" enterprises with specialized, refined, and new technologies have started early but developed slowly, it has weak strength and weak competitiveness. The entire book analyzes and predicts the main economic development indicators of Gansu for the entire year 2023 and 2024. It is proposed that in 2024, Gansu should closely follow the central policies and measures, seize the policy opportunities and share the policy dividends such as the construction of a unified national market, and accumulate more positive factors. At the macro and micro levels, Gansu should focus on the needs of enterprises, alleviate the difficulties for enterprises, enhance the economic growth vitality, and promote the steady improvement of the quality of economic development.

Keywords: Gansu Economic; Industrial Development; Investment and Consumption; Foreign Trade

目 录 ⧩

Ⅰ 总报告

Ⅱ 行业篇

皮书数据库阅读**使用指南**

CONTENTS

I General Report

II Industry Reports

Ⅲ　Special Reports

Ⅳ   Investigation Reports

总 报 告

B.1

2023~2024年甘肃经济运行分析与预测

王晓芳*

摘　要： 2023年1~9月，甘肃省加快塑造高质量发展新优势，增速提升、动能增强、结构优化的经济运行态势明显，生产总值同比增长6.6%，跃居全国前列；特色农产品产量加快增长，工业投资持续高位运行，强工业行动初见成效；接触型聚集型服务业高速增长，内循环消费市场规模不断扩大，外循环出口仍保持一定张力；财政收支稳步增长，金融服务实体经济中长期意愿趋强；居民人均可支配收入加快增长，居民生活消费支出更快增长。但与此同时，甘肃省还存在投资和消费需求不旺、经济持续增长的内生动力不足、工业重点行业增加值增长低迷、工业企业亏损面增大、专精特新"小巨人"企业发展不力等突出问题。2024年宏观上要着重加快融入全国统一大市场，中微观上要加快引进和培育"专精特新"企业、加大力度清理民营中小企业各类拖欠款，充分释放市场主体发展活力。

---

* 王晓芳，甘肃省社会科学院区域经济研究所所长，研究员，研究方向为区域经济学、信息经济学、流通经济学。

关键词： 甘肃经济 统一大市场 专精特新企业

一 2023年甘肃经济运行分析

2023年，甘肃省深入贯彻党的二十大精神，全面落实习近平总书记对甘肃重要讲话重要指示批示精神，完整准确全面贯彻新发展理念，深入实施"三抓三促"活动，扎实推进"四强"行动，做深做实"五量"文章，全力以赴抓经济，千方百计促发展，建设美好幸福新甘肃，加快塑造高质量发展新优势，经济增速提升、增长动能增强、结构持续优化的经济运行态势明显；农林牧渔业总产值稳定增长，特色农产品产量加快增长；强工业行动初见成效，工业绿色低碳发展势头增强；项目投资带动固定资产投资平稳增长，采矿业推动工业投资持续高位运行；现代服务业升温步伐加快，接触型聚集型服务业高速增长；内循环消费市场规模不断扩大，外循环出口仍保持一定张力；财政收支稳步增长，金融服务实体经济中长期意愿趋强；居民人均可支配收入加快增长，居民生活消费支出更快增长。

（一）加快塑造高质量发展新优势，增速提升、动能增强、结构优化的经济运行态势明显

全省主要经济指标增长好于预期，经济运行呈现增速提升、动能增强、结构优化的良好发展态势。

1. 经济发展速度明显提升，经济增速跃居全国前位

2023年1~9月，甘肃省地区生产总值8635.4亿元，比上年同期增加了511.2亿元，名义同比增长6.3%，按不变价格计算，实际同比增长6.6%，比全国平均实际增速高1.4个百分点，在全国31个省区市中位列第四，仅次于西藏9.8%、海南9.5%、内蒙古7.2%；在西部12省区市中排第三位；在西北5省区中位列第一，分别比陕西、青海、新疆、宁夏高4.2个、1.0个、0.5个、0.2个百分点（见表1）。

表1　2023年1~9月甘肃省与西部省区市地区生产总值增长状况比较

单位：亿元，%

省区市	绝对值		增量	名义增速	实际增速
	2023年1~9月	2022年			
四川	43387.0	40432.8	2954.2	7.3	6.5
陕西	23681.3	23502.0	179.3	0.8	2.4
重庆	22243.9	20835.1	1408.8	6.8	5.6
云南	21746.1	20817.9	928.2	4.5	4.4
广西	19654.3	18865.9	788.4	4.2	3.9
内蒙古	16882.0	16209.0	673.0	4.2	7.2
贵州	15347.8	14755.9	591.9	4.0	4.8
新疆	13552.5	13023.8	528.7	4.1	6.1
甘肃	8635.4	8124.2	511.2	6.3	6.6
宁夏	3749.7	3599.2	150.5	4.2	6.4
青海	2695.7	2563.8	131.9	5.1	5.6
西藏	1628.6	1460.8	167.8	11.5	9.8

资料来源：国家统计局。

2. 发展动能进一步增强，经济增长更趋稳定

2023年甘肃经济工作会议提出要重点围绕壮大优势产业、培育市场主体、强化有效投资、释放消费潜力、扩大招商引资、优化营商环境、高效保障生产要素等为经济发展"赋能"，推动经济整体好转，实现质的有效提升和量的合理增长。2023年第一季度、第二季度、第三季度甘肃地区生产总值均保持了6.5%以上的较高增速，与上年同期比，分别提升了1.4个、2.6个、2.5个百分点，显示出发展动能进一步增强、经济增长更趋稳定的态势（见图1、表2）。

3. 三次产业协同发力，经济结构持续优化

2023年1~9月，分产业看，第一产业增加值1256.5亿元，同比增长5.8%；第二产业增加值2894.9亿元，增长6.3%；第三产业增加值4484.0亿元，增长6.9%（见表3）。

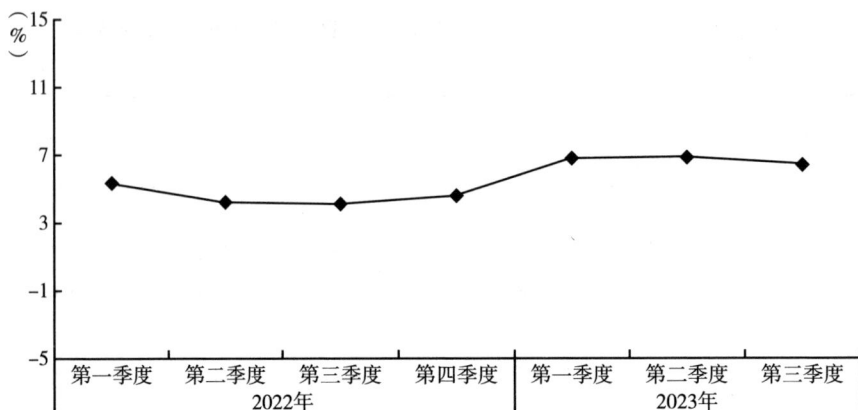

图1　2023年前三季度与2022年地区生产总值累计增长速度比较

资料来源：甘肃省统计局。

表2　2023年与2022年分季度甘肃地区生产总值增长状况比较

单位：亿元，%

季度	2023年		2022年	
	绝对额	增长率	绝对额	增长率
第一季度	2670.7	6.7	2479.1	5.3
第二季度	5539.1	6.8	5235.3	4.2
第三季度	8635.4	6.6	8124.2	4.1

资料来源：甘肃省统计局。

表3　2023年1~9月甘肃省地区生产总值构成

单位：亿元，%

产业	增加值	增长率
第一产业	1256.5	5.8
第二产业	2894.9	6.3
第三产业	4484.0	6.9

资料来源：甘肃省统计局。

　　与上年同期比，第一产业增速提高了0.7个百分点，第二产业增速提高了2.1个百分点，第三产业增速提高了3.2个百分点，三次产业协同增长效应明显。三次产业结构比为14.55：33.52：51.93，与上年同期比，第一产业占比略有回升，第二产业占比有所回落，第三产业占比明显上升，产业结构持续优化（见图 2）。

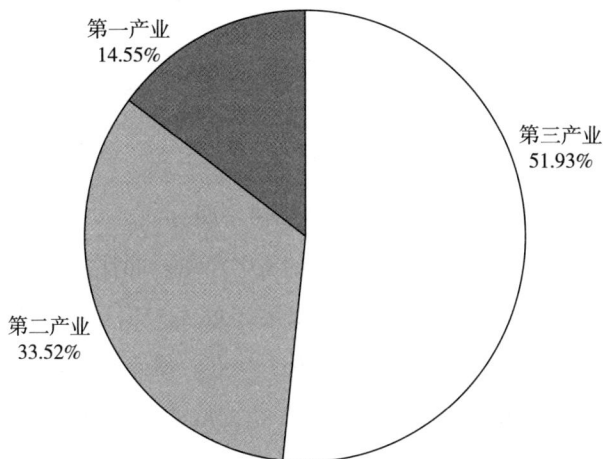

图 2　2023 年前三季度地区生产总值三次产业构成

资料来源：甘肃省统计局。

（二）农林牧副渔业总产值稳定增长，特色农产品产量加快增长

2023 年 1~9 月，全省农林牧渔业及农林牧副服务业增加值同比增长 6.1%。其中牧业增长率达 9.4%，高于其他行业，农林牧副服务业增长 7.1%，渔业增长 6.4%，种植业和林业分别增长 5.0% 和 4.3%（见表 4），低于其他行业。从占比看，种植业仍是第一大产业并比上年同期增加，牧业、农林牧副服务业、林业、渔业占比变化不大。

表 4　2023 年 1~9 月甘肃省农林牧副渔业总产值、增长率及占比

单位：亿元，%

分类	绝对数	增长率	占比
农林牧副渔业总产值	2284.0	6.1	100
种植业	1660.4	5.0	72.7
林业	5.3	4.3	0.2

分类	绝对数	增长率	占比
牧业	459.9	9.4	20.1
渔业	1.3	6.4	0.1
农林牧副服务业	157.1	7.1	6.9

资料来源：甘肃省统计局 2023 年 9 月月报。

1. 经济作物产量较快增长，制种业加快发展

2023 年 1~9 月，全省蔬菜产量 1648.0 万吨，同比增长 7.4%；瓜果类产量 401.1 万吨，增长 10.0%；园林水果产量 321.8 万吨，增长 7.5%；食用菌增长 25.9%。全省玉米制种面积 165 万亩，预计产量 6.9 亿公斤，马铃薯种薯面积 46.7 万亩，预计产量 100 万吨，瓜菜花卉制种面积 44.5 万亩，预计产种 2625 万公斤。

2. 畜牧业平稳增长，家禽和牛奶产量高速增长

2023 年 1~9 月，全省生猪、牛、羊、家禽出栏同比分别增长 7.8%、7.6%、14.7%、32.8%；猪牛羊禽肉产量 111.8 万吨（见表 5），同比增长 11.5%；禽蛋、牛奶产量分别增长 7.1% 和 15.4%。9 月末，全省生猪存栏同比增长 3.1%，其中能繁母猪存栏增长 4.4%；牛、羊、家禽存栏同比分别增长 6.3%、8.8% 和 8.1%。

表5 2023 年 1~9 月主要农产品产量及增长率

单位：万吨，%

分类	绝对数	增长率
蔬菜	1648.0	7.4
园林水果	321.8	7.5
猪肉	55.2	7.8
牛肉	20.4	9.7
羊肉	27.2	14.8
禽肉	9.0	32.8
禽蛋	16.5	7.1

资料来源：甘肃省统计局 2023 年 9 月月报。

（三）强工业行动初见成效，工业绿色低碳发展势头增强

近年来，甘肃省全力实施工业强省战略，2023年1~9月，甘肃工业增加值同比增长7.5%，增速比全国平均水平高3.5个百分点。第一季度处于上升通道，增长7.8%，第二季度略有下行，增长6.8%，第三季度逐步抬升（见图3）。

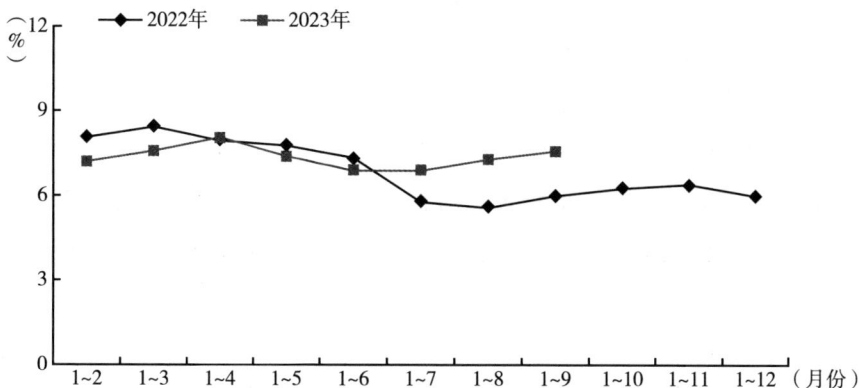

图3　2023年前三季度与2022年工业增加值增长速度比较

资料来源：甘肃省统计局。

1.轻工业发展步伐加快，轻重工业结构趋于改善

2023年1~9月，轻工业增长6.5%，与2022年全年轻工业增加值下降2.2%比，提高了8.7个百分点；重工业增长了7.6%，与2022年全年重工业增加值增长7.4%比，提高了0.2个百分点。从9月当月看，轻工业增速要高于重工业增速4.5个百分点，释放出更强的增长潜力。显然，轻工业增长步伐要好于上年，也快于重工业，有助于工业结构进一步改善（见表6）。

2.国有工业依然保持强劲增长态势，民营工业追赶势头也不弱

2023年1~9月，国有及国有控股企业、股份合作企业工业增加值增长率分别达到14.7%和14.1%，分别高于全省工业增加值增长率7.2个

和 6.6 个百分点，集体企业、股份制企业和外商及港澳台投资企业工业增加值增长率相对较低，分别只有 2.1%、4.3% 和 4.9%。同时，非公有制企业增加值增长 10.5%，私营企业增长 12.7%，也表现出不俗的增长势头。

3. 制造业对工业增长的贡献率趋高，装备制造业再上新台阶

2023 年 1~9 月，从工业三大门类看，采矿业增加值增长 4.8%，与 2022 年全年增长 8.9% 比，减少了 4.1 个百分点；制造业增长 9.8%，与 2022 年全年增长 5.3% 比，增加了 4.5 个百分点，对工业增长的贡献率达到 77.6%；电力、热力、燃气及水生产和供应业增长 1.3%（见表 6），与 2022 年全年增长 4.3% 比，减少了 3.0 个百分点。其中，装备制造业增加值增长 18.4%，比全省工业增加值增长率高 10.9 个百分点，与 2022 年全年增长 7.4% 比，提高了 11.0 个百分点，表明甘肃装备制造业发展步伐进一步加快。

表 6　2023 年 1~9 月甘肃工业增加值分类增长状况

单位：%

项目	类型	9月增长率	1~9月增长率
轻重结构	轻工业	13.2	6.5
	重工业	8.7	7.6
经济类型	国有及国有控股企业	8.1	14.7
	集体企业	−12.2	2.1
	股份合作企业	−16.3	14.1
	股份制企业	8.0	4.3
	外商及港澳台投资企业	−0.1	4.9
	其中:非公有制企业	14.1	10.5
	私营企业	12.0	12.7
三大门类	采矿业	6.3	4.8
	制造业	11.6	9.8
	电力、热力、燃气及水生产和供应业	2.1	1.3

续表

项目	类型	9月增长率	1~9月增长率
重点行业	煤炭工业	8.2	4.4
	电力工业	0.4	0.9
	冶金工业	11.7	1.5
	有色工业	10.8	15.5
	石化工业	8.5	6.4
	机械工业	15.1	30.7
	电子工业	16.5	4.7
	食品工业	16.6	8.1
	建材工业	6.7	1.1
	纺织工业	−17.3	−14.2
	医药工业	5.6	2.6
	其他工业	18.5	19.0

资料来源：甘肃省统计局2023年9月月报。

4. 机械工业高速增长，纺织工业显现衰退迹象

2023年1~9月，全省39个工业行业大类中有27个行业处于正增长态势，增长面近七成。其中，机械工业一枝独秀，增长率高达30.7%，与2022年全年增长12.0%比，增加了18.7个百分点。其中，电气机械和器材制造业增加值增长77.0%，成为机械工业发展的重要支撑点。有色工业延续往年两位数增长态势，增长率达15.5%。纺织工业成为重点行业中唯一负增长的行业，下跌14.2%，与2022年全年增长0.2%比，降低了14.4个百分点。另外，电力工业、建材工业、冶金工业发展较为低迷，与2022年全年增长10.4%、5.4%、4.2%比，分别减少了9.5个、4.3个、2.7个百分点。

5. 有色金属和清洁能源产量保持快速增长势头，石化、黑色金属和传统能源产量降低

2023年1~9月，全省主要工业产品产量保持平稳增长态势。有色金属和新能源呈现高速增长势头，铜产量增长29.0%，拉动有色金属增长21.3%；光电增长23.2%，风电增长21.8%，有效弥补了传统火电、水电增长下滑带来的缺口，发电量整体提升4.2%。原煤和原油产量持续保持在适当增长区域。乙烯、原油加工量分别下跌20.8%和1.3%，铁合金、生铁、

粗钢等黑色金属加工行业产品产量呈下降趋势，分别下降了10.0%、3.2%和2.2%（见表7）。

表7 2023年1~9月主要工业产品产量及增长状况

产品	产量	增长率（%）
原煤（万吨）	4506.5	10.5
原油（万吨）	879.7	7.4
原油加工量（万吨）	1061.1	-1.3
水泥（万吨）	3250.3	3.4
粗钢（万吨）	862.9	-2.2
钢材（万吨）	922.9	3.3
铁合金（万吨）	64.1	-10.0
生铁（万吨）	632.3	-3.2
有色金属（万吨）	368.6	21.3
铜	81.9	29.0
铝	230.6	21.5
发电量（亿千瓦时）	1407.1	4.2
火电	747.1	-2.1
水电	210.1	-4.2
风电	314.3	21.8
光电	135.6	23.2
硫酸（万吨）	215.5	2.0
乙烯（万吨）	42.0	-20.8

资料来源：甘肃省统计局2023年9月月报。

6. 工业用电量稳步增加，重点耗能行业能源消费量趋于下降

2023年1~9月，全社会用电量1205.7亿千瓦时，增长9.0%，其中，第一产业增长15.4%；第二产业增长8.5%，其中工业增长8.6%；第三产业增长11.9%；城乡居民用电量增长6.0%。工业用电量增长较快的行业如下：有色金属冶炼和压延加工业用电380.4亿千瓦时，增长14.3%，占工业行业用电量的43.6%，是甘肃工业第一大用电行业；电力、热力生产和供应业用电129.5亿千瓦时，增长6.1%，占工业行业用

电量的 14.8%；黑色金属冶炼和压延加工业用电 93.1 亿千瓦时，增长 2.9%，占工业行业用电量的 10.7%。这三大行业用电量接近全部工业用电量的七成（见表 8）。

表8　2023 年 1~9 月工业主要行业用电量及增长状况

单位：亿千瓦时，%

主要行业	用电量	增长	占工业行业用电量比例
有色金属冶炼和压延加工业	380.4	14.3	43.6
电力、热力生产和供应业	129.5	6.1	14.8
黑色金属冶炼和压延加工业	93.1	2.9	10.7
非金属矿物制品业	66.8	0.5	7.7
化学原料和化学制品制造业	61.9	-0.3	7.1
石油、煤炭及其他燃料加工业	19.7	0.8	2.3

资料来源：甘肃省统计局 2023 年 9 月月报。

2023 年 1~9 月，规模以上工业企业能源消费量 4144.9 万吨标准煤，仅仅增长 2.2%。重点耗能行业中，煤炭开采和洗选业能耗下降了 12.5%，非金属矿物制品业能耗下降了 8.3%，黑色金属冶炼和压延加工业能耗下降了 5.2%，石油和天然气开采业能耗下降了 1.1%。有色金属冶炼和压延加工业、化学原料和化学制品制造业能耗仍在攀升，分别增长了 12.4% 和 9.3%（见表 9）。

表9　2023 年 1~9 月工业重点耗能行业能源消费量及增长状况

单位：万吨标准煤，%

主要行业	耗能量	增长
有色金属冶炼和压延加工业	1232.2	12.4
黑色金属冶炼和压延加工业	720.0	-5.2
非金属矿物制品业	608.8	-8.3
石油、煤炭及其他燃料加工业	470.2	1.1
电力、热力生产和供应业	438.0	5.1

续表

主要行业	耗能量	增长
化学原料和化学制品制造业	289.0	9.3
煤炭开采和洗选业	139.7	-12.5
石油和天然气开采业	57.1	-1.1

资料来源：甘肃省统计局 2023 年 9 月月报。

（四）现代服务业升温步伐加快，接触型聚集型服务业高速增长

2023 年 1~9 月，全省服务业增加值同比增长 6.9%。其中，交通运输、仓储和邮政业，住宿和餐饮业，租赁和商务服务业，批发和零售业，科学研究和技术服务业，信息传输、软件和信息技术服务业增加值分别增长 18.3%、22.6%、11.9%、6.9%、6.2%、12.3%。

1. 交通运输业加快发展，铁路货运量和公路货运周转量增长有力

2023 年 1~9 月，货运量 58983.9 万吨，增长 4.0%。其中，铁路货运量 7067.6 万吨，同比增长 14.2%；公路货运量 51915.7 万吨，增长 2.7%。货运周转量 3115.2 亿吨公里，其中，铁路周转量 1565.0 亿吨公里，增长 8.6%；公路周转量 1550.1 亿吨公里，增长 27.7%。航空货邮吞吐量增长 13.4%。

同期，客运总量 12220.7 万人次，增长 69.8%。其中，铁路客运量 4839.2 万人次，同比增长 122.0%；公路客运量 7079.1 万人次，增长 43.9%。航空旅客吞吐量同比增长 1.2 倍。

2. 批发和零售业恢复性增长，住宿和餐饮业进入高增长通道

2023 年 1~9 月，批发业商品销售额增长 2.9%，零售业商品销售额增长 12.2%；住宿业营业额增长 54.3%，餐饮业营业额增长 30.7%。

3. 邮政电信业务量同步提升，快递业务量和收入持续走高

2023 年 1~8 月，邮政业务量 38.8 亿元，同比增长 13.7%，与上年同期比，提高了 8.0 个百分点；电信业务量 195.3 亿元，同比增长

15.8%，与上年同期比，减少了 6.2 个百分点；快递业务量 16768.4 万件，同比增长 28.6%，与上年同期比，提高了 12.4 个百分点（见表10），快递业务收入累计达到 36.8 亿元，同比增长 24.1%，增速位居全国第五。

表 10　2023 年 1~8 月甘肃邮政电信快递业务量增长状况

类别	业务量	增长率(%)
邮政业务量(亿元)	38.8	13.7
电信业务量(亿元)	195.3	15.8
快递业务量(万件)	16768.4	28.6

资料来源：甘肃省统计局 2023 年 9 月月报。

4. 旅游市场异常火热，接待游客人数和旅游收入成倍增长

甘肃省旅游市场迎来了近年来一个小高峰期，旅游收入"井喷式"增长。2023 年 1~9 月，全省共接待游客 3.03 亿人次，初步测算实现旅游收入 1910 亿元，分别较上年同期增长 161.0% 和 234.5%，分别恢复到 2019 年同期的 100.3% 和 89.0%。

第三季度全省接待游客 1.62 亿人次，初步测算实现旅游收入 1096 亿元，分别同比增长 2.8 倍和 4.3 倍，较第二季度环比增长 82.0% 和 119.6%。中秋国庆假日期间，甘肃省共接待游客 2480 万人次，实现旅游收入 148 亿元，按可比口径计算分别较 2022 年同期增长 172.7% 和 221.0%，分别恢复到 2019 年同期的 105.6% 和 90.3%。

（五）项目投资带动固定资产投资平稳增长，采矿业推动工业投资持续高位运行

2023 年 1~9 月，全省固定资产投资同比增长 6.7%。其中，基础设施投资增长 1.7%，制造业增长 11.0%，房地产开发投资下降 14.3%。分产业看，第一产业投资同比下降 8.6%，第二产业投资增长 33.8%，第三产业投资下降 3.0%（见表 11）。

表11 2023年1~9月甘肃固定资产投资增长状况

单位：%

分类	构成	增长率
按组成分	项目投资	14.7
	房地产开发投资	−14.3
按产业分	第一产业	−8.6
	第二产业	33.8
	工业	33.6
	第三产业	−3.0
	基础设施投资	1.7
按资金来源分	中央投资	44.9
	地方投资	3.7
	民间投资	−4.1
按实际到位资金分	国家预算内资金	−2.1
	国内贷款	−4.6
	利用外资	233.6
	自筹资金	8.3
	其他资金	−3.6
按行业门类分	建筑业	195.8
	采矿业	124.2
	住宿和餐饮业	116.7
	金融业	110.0
	公共管理和社会组织	87.6
	批发和零售业	85.2
	电力、热力、燃气及水生产和供应业	39.7
	卫生和社会工作	34.5
	信息传输、软件和信息技术服务业	30.5
	科学研究和技术服务业	26.5
	制造业	11.0
	水利、环境和公共设施管理业	4.8
	交通运输、仓储和邮政业	0.3
	房地产业	−0.4
	文化、体育和娱乐业	−0.8
	教育	−5.8
	农、林、牧、渔业	−8.6
	居民服务和其他服务业	−31.1
	租赁和商业服务业	−33.2

资料来源：甘肃省统计局2023年9月月报。

1. 项目投资仍呈恢复性增长态势，房地产开发投资持续下滑

2023年1~9月项目投资呈现恢复性增长势头，同比增长14.7%；房地产开发投资在上年低迷的基础上持续下跌，与上年同期比，下降了15.4个百分点。新开工面积、竣工面积、商品房销售面积、施工面积均全线下跌（见表12）。

表12　2023年1~9月甘肃房地产开发投资增长状况

单位：万平方米，%

类别	数量	增长率
新开工面积	1495.7	-32.6
竣工面积	291.0	-30.5
商品房销售面积	982.6	-29.8
施工面积	11638.3	-2.2

资料来源：甘肃省统计局2023年9月统计月报。

2. 中央投资成为主力，利用外资迅猛增长

从投资来源看，中央投资、地方投资、民间投资分别增长44.9%、3.7%、-4.1%，其中中央投资在上年增长22.3%的基础上，增加了22.6个百分点。按实际到位资金看，利用外资增长233.6%，比上年-19.7%提高了253.5个百分点。

3. 建筑业成为拉动第二产业投资增长的主要引擎，采矿业引领工业投资增长

建筑业投资增长195.8%，在所有行业里遥遥领先，成为拉动第二产业投资增长的主要引擎。从工业行业看，采矿业投资增长124.2%，电力、热力、燃气及水生产和供应业投资增长39.7%，高技术产业投资增长21.6%，其中高技术制造业投资增长27.0%，制造业投资增长11.0%。

4. 接触型服务业投资强势增长，金融业投资成倍增长

住宿和餐饮业投资增长116.7%，与上年同期-29.0%比，增加了145.7

个百分点；批发和零售业投资增长 85.2%，与上年同期 -10.6% 比，增加了 95.8 个百分点；公共管理和社会组织行业投资增长 87.6%。金融业投资增长 1.1 倍。

（六）内循环消费市场规模不断扩大，外循环出口仍保持一定张力

2023 年 1~9 月，全省社会消费品零售总额 3255.2 亿元，同比增长 9.2%，消费对经济增长的贡献率高达 58.6%；国际贸易进出口总值 382.4 亿元，出口总值 93.1 亿元，增长 5.3%。

1. 乡村消费增长快于城镇消费，零售业增长高于批发业

按经营单位所在地分，城镇消费品零售额 2664.6 亿元，增长 9.1%；乡村消费品零售额 590.6 亿元，增长 9.7%；城乡消费品零售额比例仍延续上年同期的 81.9∶18.1 的结构。按消费类型分，商品零售额 2886.4 亿元，增长 8.0%；商品批发额 368.8 亿元，增长 2.9%。

2. 基本消费品和奢侈品消费加快增长，石油汽车类消费品稳定增长

限额以上单位饮料类、烟酒类、服装鞋帽纺织品类、中西药品类、粮油食品类等基本消费品商品零售额分别增长 23.5%、17.2%、17.1%、10.6%、10.2%；金银珠宝类奢侈品消费增长 18.4%；石油及制品类零售额增长 13.0%；汽车类零售额增长 11.2%；通信器材类、家用电器类、日用品类分别下跌 15.7%、12.3%、7.3%。

3. 对外贸易总量缩小，有色金属类产品和农产品带动出口保持稳定增长

2023 年 1~9 月，全省进出口总值 382.4 亿元，同比下降 12.2%。其中，出口总值 93.1 亿元，增长 5.3%；进口总值 289.3 亿元，下降 16.6%，降幅比上半年收窄 1.9 个百分点（见图 4、表 13）。

有色金属类产品未锻造金（银）出口同比增长 3.7 倍，铜材及其制品同比增长 1.9 倍，劳动密集型产品出口同比增长 58.1%，农产品出口同比增长 23.3%，10 余项农产品实现首次出口。

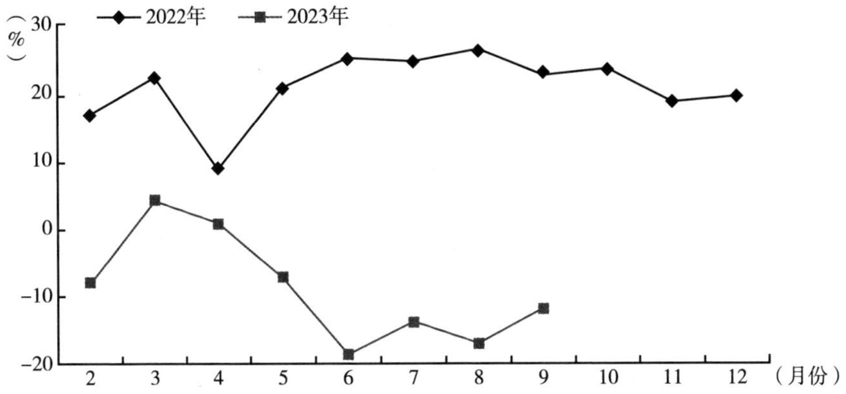

图4　2023年前三季度与2022年甘肃省进出口增长速度比较

资料来源：甘肃省统计局。

表13　2023年1~9月西北五省区进出口增长率

单位：%

省区	进出口增长率	出口增长率	进口增长率
新疆	47.3	48.8	39.8
青海	19.7	13.5	29.0
宁夏	−5.7	−8.0	1.5
甘肃	−12.2	5.3	−16.6
陕西	−17.3	−14.3	−21.6

资料来源：根据国家统计局网站有关资料整理。

（七）财政收支稳步增长，金融服务实体经济中长期发展的意愿趋强

2023年1~9月，甘肃全省一般公共预算收入747.6亿元，同比增长12.0%。其中，税收收入517.4亿元，增长24.3%，非税收入230.2亿元，下降8.3%。一般公共预算支出3388.0亿元，同比增长5.4%。11类民生支出2714亿元，增长6.7%。9月末，全省金融机构本外币各项存款余额26298.8亿元，同比增长5.8%；各项贷款余额27407.7亿元，增长7.8%。

1.税收收入快速增长，非税收入增长通道缩窄

2023 年 1~9 月，全省一般公共预算收入中税收收入 517.4 亿元，增长 24.3%，占比为 69.2%，比上年同期占比 62.4%提高 6.8 个百分点；非税收入 230.2 亿元，下降 8.3%，占比 30.8%（见表 14），比上年同期占比 37.6%减少 6.8 个百分点。

表 14　2023 年 1~9 月甘肃一般公共预算收入状况

单位：亿元，%

财政收入	收入额	增长率	占比
税收收入	517.4	24.3	69.2
国内增值税	244.0	83.3	47.2
企业所得税	65.1	−5.3	12.6
个人所得税	17.8	−0.7	3.4
资源税	30.5	−1.7	5.9
城市维护建设税	37.0	4.0	7.2
房产税	17.0	4.6	3.3
印花税	12.1	9.2	2.3
城镇土地使用税	13.8	4.4	2.7
土地增值税	20.0	−16.1	3.9
车船税	15.4	11.4	3.0
耕地占用税	7.1	23.6	1.4
契税	34.2	−19.5	6.6
环境保护税	1.8	9.1	0.3
其他税收收入	1.5	−62.3	0.2
非税收入	230.2	−8.3	30.8

资料来源：甘肃省统计局 2023 年 9 月月报。

从税收收入构成看，以国内增值税、企业所得税为主，分别占税收收入的 47.2%、12.6%；从税收收入增长情况看，国内增值税增长 83.3%，比上年同期增长率高 72.4 个百分点，占税收收入比重也从上年同期的 31.9%提高到 47.2%，支撑起税收收入半壁江山；耕地占用税、车船税分别增长 23.6%和 11.4%；其他税收收入、契税、土地增值税分别下降了 62.3%、

19.5%、16.1%（见表14）。

2. 公共预算支出增长幅度放缓，民生支出占比持续扩大

2023年1~9月，一般公共预算支出增长速度比上年同期的8.5%降低3.1个百分点；民生支出占全部支出的80.1%，比上年同期增加了0.9个百分点。从支出额看，社会保障和就业、农林水、教育三项支出分别为571.2亿元、557.2亿元、554.8亿元，合计占全部预算支出的49.7%。从支出增长率看，节能环保、科学技术、住房保障支出居前列，分别增长37.6%、36.2%、24.8%。

3. 住户储蓄意愿增强，金融支持实体经济长线发展的意愿趋强

2023年9月末，全省金融机构本外币各项存款余额26298.8亿元，同比增长5.8%。其中住户存款增长13.5%，定期存款占住户存款总额的68.8%，反映出住户储蓄意愿增强、消费意愿走弱。非金融企业存款降幅较大，比上年同期减少317.0亿元，说明市场流动性依然不足。

2023年9月末，本外币各项贷款余额27407.7亿元，增长7.8%。其中，住户贷款余额增长5.8%，企事业单位贷款余额增长8.7%。用于投资经营性的中长期贷款分别占住户、企事业单位贷款余额的75.4%和71.9%。

（八）居民人均可支配收入加快增长，居民生活消费支出更快增长

2023年1~9月，全体居民人均可支配收入18003元，同比增长7.6%。从收入构成看，工资性收入、转移净收入、经营净收入、财产净收入分别占58.5%、20.6%、14.9%、6.0%，其中工资性收入占比较上年同期提高了0.8个百分点，转移净收入降低了0.2个百分点，经营净收入降低了0.5个百分点，财产净收入降低了0.1个百分点。从增长率看，工资性收入、转移净收入、财产净收入、经营净收入分别增长9.2%、6.5%、5.4%、3.9%（见表15）。全体居民消费支出13698元，同比增长9.7%，比收入增速高2.1个百分点。从八大类消费额看，食品烟酒支出4103元，占30.0%；居住支出2724元，占19.9%；交通通信支出1896元，占13.8%。这三项支出占总支出的63.7%，与上年同期比降低了1.3个百分点。

表15　2023年1~9月全体居民、城乡居民收入构成及增长状况

单位：元，%

收入构成	全体居民		城镇居民		农村居民	
	绝对数	增长率	绝对数	增长率	绝对数	增长率
人均可支配收入	18003	7.6	29826	6.1	8756	7.9
工资性收入	10541	9.2	20155	7.2	3021	11.4
经营净收入	2679	3.9	2443	5.9	2863	2.9
财产净收入	1080	5.4	2253	3.0	163	12.9
转移净收入	3704	6.5	4975	3.7	2709	9.4

资料来源：甘肃省统计局2023年9月月报。

2. 农村居民人均可支配收入增速仍高于城镇居民，城乡居民收入比缓慢缩小

2023年1~9月，城镇居民人均可支配收入29826元，增长6.1%，农村居民可支配收入8756元，增长7.9%，农村居民人均可支配收入增速比城镇居民高1.8个百分点。从收入来源看，城镇居民工资性收入、经营净收入、转移净收入、财产净收入分别增长7.2%、5.9%、3.7%、3.0%；农村居民财产净收入、工资性收入、转移净收入、经营净收入分别增长12.9%、11.4%、9.4%、2.9%。城乡收入比为3.41，与上年同期3.45比呈逐步缓慢缩小之势。

3. 城乡居民医疗保健支出增长率趋高，农村居民基本生活保障支出占比降低

从全体居民消费支出增速看，医疗保健支出增速最高为21.9%，与上年同期比提高了24.9个百分点；教育文化娱乐、交通通信支出分别增长了16.3%和14.9%。城镇居民消费支出中医疗保健、教育文化娱乐、交通通信支出增长最快，分别增长25.9%、22.4%、17.3%，农村居民消费支出中医疗保健、食品烟酒、生活用品及服务支出增长最快，分别增长16.3%、16.2%、11.9%（见表16）。从食品烟酒、衣着、居住、生活用品及服务等基本生活保障支出占人均生活消费支出比重看，城镇居民为62.7%，农村居民为60.7%，城镇居民比农村居民高2.0个百分点。

表16　2023年1~9月全体居民、城乡居民人均生活消费支出

单位：元，%

收入构成	全体居民		城镇居民		农村居民	
	支出额	增长率	支出额	增长率	支出额	增长率
人均生活消费支出	13695	9.7	20085	8.0	7858	10.7
食品烟酒	4103	7.3	5874	1.5	2718	16.2
衣着	884	6.4	1363	5.3	510	6.2
居住	2724	2.8	4230	1.0	1545	4.3
生活用品及服务	783	4.9	1135	0.2	507	11.9
交通通信	1896	14.9	2752	17.3	1227	9.2
教育文化娱乐	1430	16.3	2198	22.4	828	3.6
医疗保健	1544	21.9	1978	25.9	1204	16.3
其他用品及服务	331	15.0	554	16.6	157	7.3

资料来源：甘肃省统计局2023年9月月报。

二　甘肃经济发展中存在的突出问题

2023年前三季度，甘肃省经济实际增速跃居全国前列，主要经济指标均处于加速增长态势；但仍存在工业效益下滑，投资低速运行，消费市场不旺，进出口明显震荡，经济持续增长的内生动力不强，工业重点行业增加值增长低迷，工业企业亏损面增大，专精特新"小巨人"企业发展不力，经济高质量发展的基础还不够稳固等问题。

（一）需求不旺，经济持续增长的内生动力不足

2023年数据显示，投资、消费、出口作为拉动经济增长的"三驾马车"，虽均有一定程度的增长，但助推经济增长的核心要素还存在不够稳定、带动性不足、可持续性不强等问题。

1. 投资增长不及预期，三次产业投资不平衡愈加突出，工业投资对经济增长拉动力尚未完全释放

2023年1~9月，在大举招商引资活动年，甘肃固定资产投资增长率只

有 6.7%，预计全年不会超过 7%，为近四年增长最低值，仅比 2019 年多 0.1 个百分点。甘肃固定资产投资增长率从 2013 年的 27.1%，开始缓慢下行，到 2017 年跌入低谷后逐步恢复，但一直徘徊在 10% 左右（见表 17）。从产业投资看，第一产业在 2020 年出现爆发式增长后，连续三年出现负增长；第二产业自 2021 年以来，连续三年保持高增长态势，经济增长数据显示仍未形成有效生产力，特别是工业投资对经济增长的贡献度仍不明显；第三产业投资自 2016 年后，出现增长后劲严重不足的问题，2023 年还不及上年，下滑幅度持续扩大。不可否认，房地产投资对甘肃投资增长影响力不弱，当前房地产供给过剩、投资趋冷短期内是不可逆转的。

甘肃消费市场与出口市场规模极小，投资是拉动经济增长最直接的途径和最根本的动力源泉。如何扩大有效投资，不仅是甘肃 2023 年经济运行反映出的突出问题之一，也将成为未来数年甘肃经济高质量发展中需要高度关注的重点问题之一。

表 17　2013～2022 年甘肃固定资产投资增长状况比较

单位：%

年份	固定资产投资	第一产业	第二产业		第三产业
				工业	
2013	27.1	36.9	20.0	23.5	35.3
2014	21.1	75.9	8.3	14.1	30.4
2015	11.2	30.8	-2.7	-13.7	21.9
2016	10.5	26.8	-6.2	-3.7	21.0
2017	-40.3	-43.7	-63.1	-54.9	-26.8
2018	-3.9	18.8	-10.8	-10.9	-3.6
2019	6.6	-9.7	23.8	24.5	4.3
2020	7.9	37.0	0.5	-0.4	8.1
2021	11.1	-3.1	39.9	40.8	6.1
2022	10.1	-4.6	56.9	57.0	-1.7

资料来源：2013～2021 年数据来自相应年份《甘肃发展年鉴》；2022 年数据来自甘肃省统计局官网公布的《2022 年甘肃国民经济和社会发展统计公报》。

2. 收入增长预期转弱，居民储蓄偏好增强，消费持续回暖的基础尚不牢固

自 2016 年开始，甘肃省社会消费品零售总额累计同比增速持续多年低于 10%。自 2023 年以来，从中央到地方，密集出台了多项扩大消费的政策举措，但由于收入增长预期转弱，大宗商品消费低迷，市场信心的修复和消费预期转旺仍需要时间，消费对经济增长的贡献率持续提高的空间有限。

2023 年 1～9 月，甘肃全体居民可支配收入增长 7.6%，住户人民币存款增长 13.6%，其中定期存款增长 14.3%，居民用于居住方面的支出仅增长 2.8%，商品房销售面积下降 29.8%。可见，在收入增长预期转弱、居民储蓄偏好增强的条件下，消费持续回暖基础尚不牢固。

3. 出口总量小，产品资源型、单一性造成市场竞争力不足，出口市场过于聚集存在较大风险

2023 年 1～9 月，甘肃出口增速首次超过周边陕西、宁夏，但出口总量只是宁夏的 4/5，而宁夏经济总量只是甘肃的 2/5 多点，可见甘肃出口方面最大的问题是总量太小，不仅与经济规模、资源优势极不匹配，也将长时间制约甘肃经济可持续增长。出口对经济增长的贡献度不到 1%，且长达十多年对外贸易一直呈逆差化发展态势，严重削弱了甘肃资本积累和生产要素改善的能力。

从出口产品种类看，虽然机电产品占比较大，但有着较高增长率的仍然是农产品和有色金属粗加工。资料显示，甘肃出口产品的单一性进一步趋强，出口产品技术含量不够，市场竞争力相对低下。从出口市场分布看，主要集中在东亚和东南亚、北美三大区域，面向中国香港、美国、韩国的出口额大约占出口总额的 1/3，出口市场过于集中，出口的波动和风险更大。

（二）工业重点行业增长低迷，工业企业亏损面增大，专精特新"小巨人"企业发展不力

近年来，甘肃全力实施工业强省战略，工业投资持续提高，工业增加值同比稳定增长。但还存在工业产销率降低、库存增大、亏损企业数和亏损额上升、利润总额增长下滑幅度大、专精特新"小巨人"发展未达预期等突出问题。

1. 七成重点行业处于低速增长区间, 主要支柱行业产品产量趋降

2023 年 1~9 月, 除机械、有色工业增加值呈现两位数增长态势外, 其他 9 个重要行业均处于低速和负增长状态。电力、建材、冶金、医药、煤炭、电子六大行业增加值增长率均不到 5%, 纺织工业呈负增长。

从主要工业品产量看, 乙烯、铁合金、水电、生铁、粗钢、火电、原油都存在产量增长下跌问题, 水泥、钢材、硫酸等大宗工业品产量处于低增长运行, 涉及石化、冶金、电力、建材等多个支柱行业。

2. 工业产品产销率下滑, 超四成企业处于亏损状态, 工业行业利润同比净跌幅度大

2023 年 1~9 月, 工业产品产销率为 97.1%, 同比降低 0.6 个百分点, 其中轻工业降低 1.4 个百分点, 重工业降低 0.4 个百分点。产销率降低, 无疑会使企业库存上升、资金周转成本上升, 压缩企业盈利空间。

2023 年 1~8 月, 亏损工业企业数达 1064 家, 占工业企业数 (2654 家) 的四成多。工业企业营业收入、利润总额、税金总额分别下降 3.1%、22.5% 和 1.1% (见表 18)。工业利润同比净减少 108.6 亿元, 其中, 石化行业、建材行业、煤炭行业分别减少了 47.7 亿元、44.9 亿元、13.4 亿元, 合计占亏损总额的 97.6%。电子行业、有色行业、医药行业、纺织行业均整体亏损, 分别亏损 12.0%、5.0%、3.5%、0.3%。

表 18   2023 年 1~8 月工业企业经济效益主要指标

单位: 亿元, %

项目	营业收入	营业成本	四项费用	利润总额	税金总额
总额	7003.5	5955.3	413.1	373.7	451.8
增长率	-3.1	-2.3	-0.3	-22.5	-1.1

资料来源: 甘肃省统计局 2023 年 9 月月报。

3. 甘肃专精特新"小巨人"企业起步早、发展慢、实力弱、竞争力不强

甘肃是全国较早开展专精特新企业培育的省份之一, 先后五批次共 61

家企业入围国家级专精特新"小巨人"榜单，仅占全国企业总量的0.48%。到目前为止，甘肃两批次复审通过的国家级专精特新"小巨人"企业只有13家。

甘肃专精特新"小巨人"企业起步早、发展慢、实力弱、竞争力不强。专精特新"小巨人"企业还存在增长乏力、行业分布仍处于产业低端、信息技术和高端制造行业占比较低、区域分布极不平衡、企业同质化比较严重、在细分领域表现不够突出等问题。

三　2023年及2024年甘肃主要经济指标预测

国家统计局公布的2023年10月中国制造业采购经理指数（PMI）下降到49.5%，比9月回落0.7个百分点，比2月减少3.1个百分点。其中，生产指数为50.9%，比9月下降1.8个百分点；新订单指数为49.5%，比9月下降1.0个百分点。综合PMI产出指数为50.7%，比9月下降1.3个百分点，表明我国企业生产经营活动总体扩张，但扩张速度放缓①。据此并结合甘肃2023年1~9月经济运行数据，对甘肃2023年全年及2024年主要经济指标预测如下。

第一，甘肃2023年全年GDP增长率保持在6.5%左右，高于全国平均增长水平1.5个百分点。2024年，随着"四强"行动深入实施，甘肃GDP增长率会有所提高，预计为7%左右。

第二，随着乡村振兴战略深入实施，农村和农业生产经营条件进一步改善，粮食等主要农产品有望继续保持稳定增产的势头，2023年全省农林牧渔业总产值增长6%以上，2024年有望提高到7%~7.5%。

第三，由于市场需求不强和工业利润率降低等因素的影响，甘肃工业增加值增长阻力增多，2023年全年将在7.5%左右运行。受2023年工业投资增长的影响，2024年会释放更多的生产力，工业增加值增长会突破8%。

① 《2023年10月中国采购经理指数运行情况》，国家统计局，2023年10月31日。

第四，2023年全年服务业有可能维持较高增长态势，即7%的增长率。2024年有望持续回暖向好，服务业增速将回升到8%以上。

第五，2023年全年社会消费品零售总额持续走高，增长率会攀升到10%以上。2024年，随着拉动内需政策释放出更多利好，内需消费会比投资、出口增长后劲更大，有望达到12%；外需进出口增长预期进一步转弱，进出口仍会持续下降，出口会小幅上扬到6%~7%。

第六，随着强招商项目资金到位，项目投资有可能继续扩大，拉动2023年全年固定资产投资增长率上扬，有望达到7%以上，2024年会小幅提高到8%左右，第一产业投资负增长态势不会有大的改观，第二产业投资与工业投资同比会回落10个百分点，房地产投资同比下降幅度更大，负增长会达到20%以上，第三产业投资会由负转正。

第七，财政收入增长会面临更多困难，2024年税收收入增长率会同比降低10个左右百分点，保持12%左右的增长率；一般公共预算支出增长速度会进一步放缓，增长率会降到5%以下。住户存款偏好持续走强，存款增长率会提高到16%以上；住户贷款增长率下降到5%以下，企事业单位贷款增长率会在万亿元国债到位后呈下降态势，但不会低于7%。

第八，甘肃居民人均可支配收入依然会维持较快增长的局面，2023年全年全体居民人均可支配收入增长率会达到8%左右，城镇居民人均可支配收入有可能实现6%的增长率，农村居民人均可支配收入增长率有可能达到9%；2024年全年全体居民人均可支配收入增长率有望达到9%，城镇居民人均可支配收入增长率有可能为7%左右，农村居民人均可支配收入增长率有可能达到10%左右。

四　2024年甘肃经济发展的对策建议

近年来，中国朝着实现民族伟大复兴的目标迈出了更加坚定的步伐。但随着国际局势紧张、全球经济增速放缓、国际贸易摩擦增多等，中国经济面临着内需不旺、外需低迷的巨大挑战，需求收缩、供给冲击、预期转弱三重压力仍不见有效缓解。2024 年，甘肃宏观上要紧扣中央政策举措，抓住政策机遇，借力全国统一大市场建设等政策红利，累积积极因素；中微观上要着眼市场主体即企业需求，为企业纾难解困，提升经济增长活力，促进经济发展质量稳步提高。

（一）加快融入全国统一大市场建设，赋能甘肃经济发展

党的二十大报告提出构建全国统一大市场，深化要素市场化改革，建设高标准市场体系。由于甘肃省情的特殊性，在融入全国统一大市场建设过程中还会存在经济发展不充分不平衡、国有主导的重化工业经济结构特征明显、要素资源稀缺与分割治理、基础设施建设滞后等多重问题与挑战，建议从夯实基础、重点突破、增强动能、拓宽需求、抓点带面等五个方面，加快融入全国统一大市场建设，为甘肃经济发展赋能①。

一是夯实基础：以高标准市场体系建设为龙头加快制度性创新改革。建设全国统一大市场是构建新发展格局的基础支撑和内在要求，共识不断凝聚并已经上升到国家战略层面。一要坚持"两个毫不动摇"加快推动基本经济制度建设，以落实中共中央、国务院《关于促进民营经济发展壮大的意见》为出发点，以甘肃省《关于进一步促进民营经济发展的近期若干措施》（以下简称"30 条"）为重点，深刻认识多元所有制的必要性和必然性，深刻认识民营经济的地位、贡献和作用，加快破除影响各类所有制企业公平竞争共同发展的区域政策，激发各类市场主体参与竞争的活力和创新力，不断扩大投资规模，极力扩大经济总量。二要以"四强"行动、"一核三带"等区域协调发展主导政策和战略定位为纽带，持续深化体制机制改革，破除歧视性、隐蔽性的区域市场准入限制，制定统一的产品标准、企业准入标准、监管标准，建立区域政策协调平台，促使生产、分配、流通、消费各环节顺畅衔接，促进产业链供应链高效贯通与整合。三要深化要素市场化配置改革，健全要素市场运行机制。通过建立城乡统一的建设用地、产业用地市

---

① 王晓芳：《加快服务和融入全国统一大市场建设》，《甘肃日报》2023 年 10 月 24 日。

场推进土地要素市场化配置，深化户籍制度改革引导劳动力要素自由有序流动，通过多层次资本市场体系推进资本要素市场化配置，促进技术要素与资本要素融合发展，完善科技创新资源配置方式，发挥要素市场化价格的引导作用，促进要素市场运行机制形成及各类要素向创新性要素集聚，实现要素资源的高效配置，形成创新性竞争优势。

二是重点突破：以降低交易成本为核心加快健全完善以公平竞争政策为重点的市场体系基础制度。甘肃省要坚持问题导向，以降低交易成本为核心，加快健全完善以公平竞争政策为重点的市场体系基础制度。一要加快完善以公平为原则的产权保护制度，健全产权保护特别是知识产权保护制度，依法平等保护各种所有制企业产权和自主经营权，建立知识产权侵权惩罚性赔偿制度。二要强化公平竞争审查制度刚性约束，坚持竞争政策的基础性地位，健全公平竞争审查制度，加强反垄断和反不正当竞争执法司法，完善现代化市场监管机制，提升市场综合监管能力。三要完善市场准入和退出机制，实施统一大市场准入负面清单制度，对市场主体一视同仁，把控好政府与市场边界。四要提升市场准入负面清单信息公开力度和政策执行的透明度，持续降低制度性交易成本、完善现代化治理体系。五要加快"放管服"改革，进一步简化审批流程，降低各类显性和隐性门槛，弥合市场分割，完善全国统一大市场建设。

三是增强动能：以增强牵引和促进经济增长动能为中心加快市场基础设施一体化、智能化建设步伐使内循环更加高效。针对甘肃省在市场基础设施方面存在的短板，以增强牵引和促进经济增长动能为中心加快市场基础设施一体化、智能化建设步伐。一要建设统一的市场服务平台。加快构建政务数据资源共享平台，提升数据信息治理能力，逐步向社会开放有价值的公共数据资源，提供统一数据资源开放、共享标准和服务。二要构建市场基础设施一体化、智能化网络。以"三大陆港""三大空港"建设为引领，打造综合交通网络，协同推进交通、能源、水利、信息等跨区域重大基础设施建设，构建现代货运物流体系，强化铁路、水运港口协同联动，推动区域内公共物流园区、仓库共享，促进城市轨道、市域铁路、城际铁路等不同层次轨道网络的融合，构建联通省际、市际的交通基础设施网络，降低物流成本，促进跨区域贸易。三要统筹信息网络建设，推进通信、互联网、电子商务平台等信息产业建设，探索建立联动高效的市场基础设施管理体制。

四是拓宽需求：以增强出口新动能为重点加快优化营商环境使外循环更加畅通。推进高水平对外开放是当代中国的鲜明标识，中国正在积极构建面向全球的高标准自由贸易区网络。一要抓政策落实，全面激活各类市场主体出口新动能。完善电子口岸平台、国际贸易"单一窗口"；实施以"一地一策、一厂一策、一品一策"为主要内容的精准帮扶行动，促进出口产品、产业转型升级；支持企业建立境外资源生产加工基地，带动设备出口、劳务和服务出口。二要抓创新驱动，全面加快塑造出口新模式。在兰州和天水两大跨境电子商务综试区的基础上，推进和探索更加高级化的E-国际贸易新型方式，塑造和引领数字时代的出口新动能与新模式。三要抓"链主"企业培育，全面构建出口品牌竞争新优势。金川集团、酒钢集团、白银公司三大对外贸易主体企业以及天水华天集团都有极大潜力成长为世界级"链主"企业，带动甘肃对外贸易整体扩量增容、提质增效。四要抓重点市场，深耕共建"一带一路"的东盟、东亚、中西亚区域市场。立足东盟国家是甘肃传统的、主要的对外贸易地区，稳定的主要出口区域，存在较好的贸易顺差等特征，把握中国—东盟自由贸易区升级版建设加快的新机遇，以期实现对东盟国家贸易的稳定增长。扩大日、韩、蒙、朝、东亚市场容量，挖掘中亚、阿盟市场活力，保持欧盟、北美市场增量，开拓南亚、澳大利亚市场需求，盘活存量，激活增量。五要抓主导产业，形成具有竞争优势的出口产业链。重点发展壮大现代物流产业、特色农业和中药材、先进制造业、矿产资源加工产业、文化旅游产业等五大出口导向型优势产业，尤其是甘肃的优质特色农产品出口有较大优势，应进一步加快培育农产品出口集群，形成优势产业链。

五是抓点带面：以兰西城市群、大关中经济带、黄河上游经济区三大战略为基点，吸收借鉴先行先试地区经验加快推进兰白、酒嘉区域市场一体化进程创新统一市场建设新模式。率先实现区域市场一体化，是建设全国统一大市场的必然要求和重要途径。2023 年 5 月，甘肃和青海联合印发《兰州—西宁城市群要素市场一体化改革实施方案》，为跨省建设统一要素市场迈出先行先试性步伐。一要在《兰州—西宁城市群要素市场一体化改革实施方案》的基础上，加快形成有特色、可复制、可推广的先行先试经验。二要围绕陕西、山西、甘肃三省共同印发的《关中平原城市群建设 2023 年重点合作事项清单》，加快庆阳、平凉国家级陇东综合能源化工基地建设，加快天水"创新飞地"建设，着力增强天水装备制造业和集成电路产业发展实力。三要以《黄河流域生态保护和高质量发展规划纲要》为蓝图，共同探索推进建设黄河流域 9 省区自贸试验区联盟，深入对接黄河流域生态保护和高质量发展重大国家战略。四要行动起来破除行政壁垒，加快兰白一体化、酒嘉一体化步伐。优先拓展省会兰州发展空间，壮大省会经济规模，并在河西走廊培育规模较大经济体，作为兰州与乌鲁木齐经济联结枢纽，畅通甘肃与新疆、甘肃与中亚国家深化合作的路径，打造甘肃与欧洲国家陆上经济文化深入交流合作的平台[①]。

（二）加快引进与培育专精特新企业，建立全生命周期政策体系和创新专精特新企业协同发展模式

专精特新企业是提升产业链供应链稳定性和竞争力、推动经济社会发展的重要力量。甘肃要加快招商引进和着力培育专精特新企业，充分发挥专精特新企业技术创新"策源地"、产业链供应链"稳定器"、成长性优质企业"主力军"等独特作用，加快构筑招商引资内在吸附力，助力甘肃经济社会高质量发展[②]。

一是积极借鉴专精特新企业发展好的省市经验，加快建立多层级专精特新企业培育体系，实施靶向培育。一方面，按行政级别划分培育库，调动不同行政级别的资源和力量为企业提供接力支持。例如，山东对于符合梯度培

---

① 安文华、王晓芳：《甘肃经济发展分析与预测（2023）》，社会科学文献出版社，2023。
② 王军锋：《加大引进培育"专精特新"企业力度》，《甘肃日报》2023 年 7 月 10 日。

育的专精特新产品、企业，构建了省、市、县三级联动的专精特新企业培育库，精准指导和服务，依托工业云平台，建立和完善专精特新中小企业运行监测体系，建立中小企业市场监测、风险防范和预警机制。另一方面，按企业发展成熟层次靶向培育，尊重企业发展规律激发产业活力。例如，广东运用大数据分析判断专精特新中小企业在远、中、近期挂牌上市的成熟度以及市场定位和要求等，制作企业画像和企业标签，按照"潜在拟挂牌上市企业""重点拟挂牌上市企业""优先支持拟挂牌上市企业"等不同成熟度层次，实施靶向培育。借鉴青岛市、宁波市等地经验，为专精特新中小企业提供"一户一档"服务；借鉴江苏、北京等地经验，推出凭"券"兑换公共服务的创新模式。江苏通过发放信息化券、创新券等普惠扶持方式，支持中小企业专精特新化发展。北京推出专精特新服务券，企业可使用服务券享受半价优惠，并在高新技术企业认定、知识产权贯标、新技术新产品认定、人力资源培训、招聘等服务领域享受更多优惠。

二是完善专精特新中小企业的公共服务体系，建立全生命周期服务链条。根据企业生命周期理论，企业生命周期可分为初创期、成长期、成熟期和衰退期，企业在不同阶段的发展需求和面临的问题迥异。因此，支持专精特新中小企业长期发展需要聚焦企业各阶段需求，发挥金融集成和产业链综合服务协同效应，汇聚省内优质资源，建立涵盖企业初创期、成长期、成熟期全生命周期的服务链条，满足早中期、初创期专精特新企业的长期发展需要，助其实现自身的可持续发展。精准化、定制化公共服务是培育专精特新中小企业的有效抓手，要倾力打造特色化公共服务体系，用心提升服务水平。建议加大优质中小企业公共服务平台培育力度，围绕政策、培训、研发、融资等服务方向，对专精特新企业开展普惠性服务和"点对点"精准化服务；组织有关力量，开发专精特新中小企业培育系统，梳理专精特新企业分产业链数据，以信息化手段提升企业培育的精准性。汇总各级最新出台的专精特新扶持政策，筛选为专精特新企业提供有针对性服务的部分优质第三方机构，编制印发"专精特新工作手册"，帮助企业全面了解各级出台的专精特新支持政策。

三是持续创新专精特新中小企业的协同发展模式，构建大、中、小企业设备共享、产能共享、技术共享、人才共享机制。专精特新中小企业是大企业、龙头企业供应链上的关键一环，大企业、龙头企业要充分发挥产业链龙头企业的牵引带动作用，支持更多专精特新中小企业进入供应链产业链，推动同中小企业的协同创新和融通发展。建议实施专精特新中小企业"卡位入链"专项行动计划，推动专精特新中小企业"卡位入链"与大企业高效对接、协同发展，把产业链断点、堵点变为企业新的利润增长点；加强共性技术赋能支持，构建国有大企业与中小企业设备共享、产能共享、技术共享等模式，形成融合的数字化创新产业群、产业链；加强产业链价值链各环节市场信息和市场准入渠道的畅通，加强中小企业与大企业、科研院所的创新研发互动，创造中小企业参与创新和分工的机会。

四是多方合力纾解专精特新企业数字化困局，切实满足转型需求，加快专精特新企业数字化发展。现阶段，我国数字化转型正由探索起步阶段向系统变革阶段逐步推进，转型领域、支撑体系、生态建设正不断完善升级，越来越多的企业具备转型意识并开始进行数字化转型的实质投入与行动探索，但不可忽视的是，受限于资金、人才、技术、认知等因素，企业"不能转、不想转、不会转、不敢转"的问题仍然不同程度地存在，国家级专精特新"小巨人"企业、省级专精特新"小巨人"企业、未被认定为专精特新"小巨人"的其他企业达到数字化深度应用阶段的比例仅占 19.1%、11.6%、8%。

（三）加快清理行政事业单位、国有大型企业拖欠民营中小企业账款

一是优化营商环境，依法平等保护各类型企业和企业家合法权益。2023年，甘肃提出以"三抓三促"统筹推进"营商环境攻坚突破年"行动，强化公平竞争审查，优化市场监管方式，深化跨境贸易改革，为经营主体创造公平公正发展环境。要紧盯法治环境促攻坚，增强法治思维，健全社会信用体系，加快解决涉企历史遗留问题，实施分年度清偿拖欠民营企业中小企业

账款计划。优化执法环境是优化营商环境中至为关键的一环。甘肃省法院印发《全省法院"优化营商环境攻坚突破年"工作方案》中提出重点抓好"执行合同""办理破产""保护中小投资者""知识产权保护""登记财产"等五大指标提升，这些举措对于优化甘肃营商环境及清理拖欠民营企业中小企业账款将带来实质性法制保障和法律实效。

二是建立清理和预防拖欠账款长效机制。建立工程项目费用支付有关制度，从账款的支付时限、支付责任、处罚措施等方面做出明确规定，解决拖欠账款中的"三角债"问题，防止出现"边清边欠""清完又欠"等现象。

三是杜绝和纠正拖延审计、将无分歧欠款人为变成有分歧欠款的做法。全国人大、国务院自2017年开始已明文禁止政府机关以审计结果作为政府投资建设项目竣工结算依据。要避免一些部门为延缓支付款项，虽然项目已经投入使用，但迟迟不对已竣工项目进行验收审计；或者无视项目工程业经竣工验收及办理结算的事实，重复进行单方审计推翻原合同约定及结算结论，刻意将本已无争议的政府欠款人为变成有争议欠款的做法，以"完成"清欠目标。

四是加强对使用财政资金建设的工程项目审核，源头上杜绝拖欠账款。在项目立项时，必须结合当地经济发展水平、可支配财政收入等指标严格把关，科学评估政府工程还款能力，对严重超出当地财力预算又不能提供其他还款资金来源及还款模式的项目，坚决不予立项，制止无预算或超预算上项目。

五是严格督查落实，加大问责力度，提高拖欠失信成本。对清理拖欠民营企业款项问题建立台账，逐一落实。对清欠不力负有主要责任、"新官不理旧账"的官员严肃问责；将清偿欠款工作纳入绩效考核及营商环境评价机制，加强审计监察和信用体系建设，最大限度地完善拖欠惩戒机制，力争早日完成清偿任务。

六是持续加快混合所有制改革，提升国有企业经营和治理水平。党的十八届五中全会上，国有企业改革的重要突破口之一是国有企业混合所有制改革。党的十九大明确了"坚持将混改作为改革的重点工作之一"。通过混合所有制改革，国有企业可以实现各种所有制优势互补、共同发展，从而优化资本配置以达到国有与非国有经济劣势消减和裁长补短的目的，进而提升国有企业的运行效率以提高企业绩效。深化国有企业混合所有制改革，是激发国有企业活力的重要途径，甘肃省属企业营业收入的64%、利润总额的80%来自混改企业。可见，改革国有企业治理结构，可极大提升国企经营水平。国企经营水平提高，就可为清理拖欠民营企业中小企业账款奠定坚实的经济基础。甘肃混改的重点要放在国企将优质资源拿出来进行混改，而不是停留在非主导产业领域、附属产业领域，以增强对非国有资本的吸引力。

七是推动大型国企股权资源化，利用国企股权资源化模式清理拖欠民营企业、中小企业账款模式，即通过债转股，将国企拖欠的债务转换为民营企业、中小企业股权。根据操作路径不同也分为三类：一是新设出资，即股东以其他企业的债权作为新设立公司的出资；二是股权债权置换，即债权人与目标公司股东进行交易，用债权置换相应股权，从而使债权人变更为股东；三是增资扩股，即债权人与目标公司进行交易，由目标公司调增注册资本，债权人认购新增出资并以债权作为非货币财产出资。另外，因为目标公司的主体性质不同，国企股权还分为上市公司债转股和非上市公司债转股。

八是综合利用金融工具，建立供应链融资体系。供应链融资是把供应链上的核心企业及其相关的上下游配套企业作为一个整体，根据供应链中企业的交易关系和行业特点制定基于货权及现金流控制的金融工具解决方案的一种融资模式。金融工具包括债券、信贷、基金、信托等。供应链融资解决了上下游企业融资难、担保难的问题，而且通过打破上下游融资瓶颈，既可以降低供应链条融资成本，还可解决过去上下游相关民营企业中小企业融资难、融资贵的问题。

九是加大国企高级管理人员离任审计，建立拖欠民营企业、中小企业账款明细及还款计划。主要对财务数据和非财务数据进行全方位审计，财务数据审计需要关注预付应付、暂估的真实性、准确性；同时，考虑采购产品价格趋势和质量情况等;非财务信息审计关键点是未执行完的合同、可能存在的抵押担保、未决诉讼、遗留问题等。通过对国企高级管理人员离任审计,梳理出拖欠民营企业、中小企业账款明细及还款计划,由离任者与接任者共同签字确认,确保民营企业、中小企业账款不因人事变动而无限期搁浅。

十是加快国企破产重整清算,确保民营企业、中小企业等债权人的利益。破产重整是针对已具备破产条件但还有再生希望的企业,在法院的主持和利害关系人的参与下,进行资产、债务、业务等方面的调整,以达到企业脱困重生的目的。破产清算则是对于扭亏无望的企业,在法院监督下对财产进行清算、评估、处理和分配,实现企业的退出和市场的出清。在企业破产重整清算的过程中,相关利益方一定要把债权人利益放在首位,不能逃避债务,转嫁债务,更不能名为重整、实为清算,通过各种手段故意压缩债务。在企业破产重整过程中,最难的不在于为企业减负,而在于最大限度地保障债权人、企业职工等各方主体的利益。这点做好了,各方才能形成利益共同体,才能协助管理人强化应收账款追收,引入战略投资者进行转型,促进企业尽快走上正轨。

参考文献

尹弘:《继往开来奋进伟大新时代 富民兴陇谱写发展新篇章 为全面建设社会主义现代化幸福美好新甘肃努力奋斗——在中国共产党甘肃省第十四次代表大会上的报告》,2022。

《践行嘱托开新局 富民兴陇谱新篇——十八大以来甘肃经济社会发展成就》,甘肃省统计局官网,2022。

王晓芳:《着力三大需求促增长》,《甘肃日报》2022年1月21日。

王晓芳:《加快增强甘肃经济"稳中求进"的基础动力》,《甘肃日报》2022年3月16日。

王晓芳:《"四强"行动是实现"五个提升"的战略基点》,《甘肃日报》2022年5月28日。

王晓芳：《以强化有效投资赋能甘肃经济高质量发展》，《甘肃日报》2021年1月10日。

王晓芳：《多点发力持续优化营商环境》，《甘肃日报》2023年8月11日。

王晓芳：《加快服务和融入全国统一大市场建设》，《甘肃日报》2023年10月24日。

王军锋：《加大引进培育"专精特新"企业力度》，《甘肃日报》2023年7月10日。

行业篇 ⟦

B.2
2023~2024年甘肃农业与农村经济
发展形势分析与预测

潘从银*

摘　要：　通过对2023年甘肃农业与农村经济发展面临的新形势和2010~2022年及2023年1~9月甘肃农业与农村经济发展数据进行形势分析与预测，得出2023~2024年甘肃农业与农村经济将呈现如下发展形势：在面临诸多政策机遇条件下，主要呈现在量的增长，质的提升尚有待加快，产业结构有所优化；粮食产量稳步增长，粮食安全得到有效保障；农产品生产与市场对接进一步优化，个别农产品价格波动幅度较大的情况将得到进一步改善；农村居民收入稳定增长，收入增长率亦将呈现稳定增长趋势，农村居民生活消费支出将呈现快速增长态势；第一产业固定资产投资尚需进一步稳定在一定规模和水平；三年抗击新冠疫情取得决定性胜利后，甘肃农业与农村焕发更多生机活力。

---

* 潘从银，甘肃省社会科学院助理研究员，主要研究方向为农村区域经济发展。

关键词： 农业经济 农村经济 甘肃

2023 年作为脱贫攻坚后乡村振兴战略与精准扶贫政策的有效衔接的第三个年头，同时又是三年抗击新冠疫情取得决定性胜利、经济社会亟待全面有力复苏的一年，在全面实施乡村振兴战略的诸多措施更为具体和细化、国际局部社会动荡因素加剧、全球经济出现严重下滑的严峻态势下，甘肃省农业和农村经济发展稳中有升，成为甘肃经济发展的"压舱石"。2023 年乡村振兴战略的全面实施以及国际、国内市场变化，对甘肃省农业和农村经济发展提出了新要求。

一 2023年甘肃农业和农村经济发展面临的新形势

2023 年甘肃农业和农村经济发展面临的新形势主要是：政策环境变化，脱贫攻坚后乡村振兴战略与精准扶贫政策的有效衔接；产业环境变化，世界产业格局开始深度调整，我国乡村振兴战略也要求农业产业进行结构调整，走确保粮食安全、高质量、绿色发展之路；市场环境变化，受贸易保护主义抬头等因素影响，国际农产品市场发生改变，同时国内消费市场由于受新冠疫情影响也正悄然发生改变。这几方面的新形势要求甘肃农业与农村经济发展做出新的调整。

（一）政策环境变化

自 2021 年全面实施乡村振兴战略，2023 年在巩固拓展脱贫攻坚成果同乡村振兴有效衔接的 5 年内，全面实施乡村振兴战略的具体政策措施更为明确和细化；甘肃省第十四届人民代表大会提出加快破解"三个不平衡"，努力迈上"五个新台阶"，着力强化"四个主引擎"。从中央到地方的政策调整，对甘肃省农业和农村经济发展形成一个政策密集窗口期，这既是机遇也是挑战。

1. **全面实施乡村振兴战略**

民族要复兴,乡村必振兴,全面实施乡村振兴战略,开启农业与农村经济发展新征程,是我国实现第一个百年奋斗目标、开启第二个百年奋斗目标时的必然选择。一是全面实施乡村振兴战略的深度、广度、难度都不亚于脱贫攻坚。二是全面实施乡村振兴战略,要坚持全面振兴,抓重点、补短板、强弱项,实现乡村产业振兴、人才振兴、文化振兴、生态振兴、组织振兴,推动农业全面升级、农村全面进步、农民全面发展。三是全面实施乡村振兴战略,促进农业稳定发展和农民增收。

2. **乡村振兴战略与精准扶贫政策的有效衔接**

相对精准扶贫政策,乡村振兴战略对农业和农村经济发展提出了更高的目标要求,考虑到脱贫攻坚后贫困地区经济社会发展基础相对不稳固、发展条件仍需进一步提升,中央和国家给出 5 年的巩固拓展期,在这期间要求:一是有效巩固、拓展脱贫攻坚成果,防止规模化返贫和贫困发生;二是为全面实施乡村振兴战略打基础、筑根基、转理念,在脱贫攻坚成果有效巩固拓展的基础上筹划乡村振兴蓝图。

3. **"一县一策"因地制宜"强县域"**

甘肃将突出重点城镇建设规划布局,以兰州都市经济圈为核心、省内其他县城为支点,打造覆盖黄河沿岸、河西走廊和陇东南三个区域板块的城镇带发展格局;突出因地制宜,引导县城按城市服务型、工业主导型、农业优先型、文旅赋能型、生态功能型五大发展类型发展。甘肃省"强县域"行动实施,对甘肃农业和农村发展同样提出更高的发展目标与发展要求,一是省域内的功能互补;二是一二三产业融合发展;三是城乡融合发展;四是农业和农村创新与创业发展。

4. **贯彻新发展理念及高质量发展要求**

全面实施乡村振兴战略,意味着农业与农村经济发展步入新阶段,乡村振兴战略对农业与农村经济发展提出高质量发展要求,因此,要实现乡村振兴战略对农业与农村经济发展提出的目标要求,甘肃农业与农村经济发展必须深入贯彻创新、协调、绿色、开放、共享的新发展理念。

（二）产业环境变化

自 2021 年全面实施乡村振兴战略，在脱贫攻坚成果同乡村振兴有效衔接的巩固拓展期，产业发展成为乡村振兴的首要任务。同时，粮食安全、高质量发展、中国式现代化对甘肃农业发展提出了更高的要求。但精准扶贫阶段甘肃省贫困地区农产品生产主要集中在量的发展上，而乡村振兴战略主要要求质的提升，确保农业与农村经济发展高质量、绿色、安全。

1. 粮食安全

2021 年是我国第二个百年奋斗目标开启之年，也是乡村振兴战略全面实施之年、农业与农村发展踏上新征程之年，在这个关键的历史节点，农业与农村发展的要求也发生巨大变化，从量的积累达到质的突变，总体要求高质量、绿色、安全、现代化等。对于农业发展而言，安全主要指粮食安全、食品安全及生态环境安全等。根据习近平总书记对粮食安全的系统论述和乡村振兴的要求，在新时代新征程开启之时，甘肃需要着手构建粮食安全新格局。甘肃就省域而言，粮食安全主要存在的问题是饲用豆粕进口依赖度过高，2023 年甘肃省按照国家粮食安全政策部署要求，继续适度增加蚕豆种植面积。在确保粮食安全与农业发展效益问题上，甘肃仍需要积极探索相互协调机制。

2. 高质量发展

精准扶贫阶段，甘肃省贫困地区农业产业发展主要解决了从无到有的问题，但大部分贫困地区产业发展仍采取传统生产模式，发展质量、发展速度、发展效率相对较低，与乡村振兴战略目标要求差距较大，在乡村振兴阶段，甘肃农业产业更需要高质量发展。一是结合资源禀赋、环境阈值优化产业结构；二是加快产业优化升级，逐步实现农业产业发展的现代化；三是绿色安全发展，确保农产品的安全性，不断提升农产品质量。

3.绿色发展

相对于农业产业发展而言，绿色发展理念主要强调农业生产与自然环境协调统一发展。一是生态优先、绿色发展；二是"绿水青山就是金山银山"，甘肃农业产业发展既要产业生态化又要生态产业化；三是甘肃农业产业绿色发展过程中还需注重碳汇储备，搭建碳汇交易平台，实现农业产业绿色发展过程中的碳汇交易，增加绿色发展效益。

（三）市场环境变化

受"一带一路"倡议深入推进等因素影响，甘肃农业与农村经济发展市场环境也发生了深刻变化，对甘肃农业与农村经济发展来说既是挑战也是机遇。

1.农产品进出口贸易

一是受新冠疫情影响，世界经济下行，国际消费能力不足，农产品进出口贸易受限，如何推动"内循环"成为甘肃农产品销售面临的新问题；二是由于国际贸易保护主义抬头及贸易制裁加剧，国际贸易存在很大不确定性，甘肃农产品生产和销售面临新挑战；三是随着"一带一路"倡议的深入推进，甘肃加大与共建"一带一路"国家的农产品贸易、农业生产技术、资源合作，以甘肃省中药材、种业、蔬菜、水果、节水技术等优势展开多渠道、多方位合作，构建共建"一带一路"国家以农产品贸易、农业生产技术、农业生产资源等为基础的自由贸易区，将甘肃在"一带一路"发展中的通道经济转变为自由贸易重要市场，这将是市场环境变化为甘肃农业与农村经济发展的新机遇。从2022年、2023年甘肃省农产品出口贸易情况来看，甘肃省农产品出口发展形势较好。

2.农产品价格

由于国际消费能力不足、世界贸易存在很大不确定性，在今后的一段时间内，农产品价格将会存在很大的不确定性，甚至出现较大幅度的波动，这将是甘肃农业与农村经济发展的又一新挑战。为确保农产品价格稳定、农民增收则需要：一是加快建立健全农产品销售的应急保障机制；二是扩大

"内循环"，实现国际国内"双循环"。从2022年、2023年农产品价格来看，农产品价格处于上涨趋势。

二 2023~2024年甘肃农业与农村经济 发展形势分析与预测

2018~2022年，甘肃省乡村振兴扎实推进，全省一产增加值年均增长6.3%，连续位居全国前列。建成高标准农田1409.8万亩。粮食产量连续三年稳定在240亿斤以上。农业产业化龙头企业、农民专业合作社分别达到3360家和9.3万个。创建7个国家现代农业产业园，获批6个国家农业现代化示范区、50个全国乡村旅游重点村（镇），会宁、民勤、临泽创建国家乡村振兴示范县，建设4个国家级产业集群和35个特色产业强镇。"甘味"品牌连续两年荣登中国区域农业形象品牌影响力指数100强榜首。设立30亿元乡村振兴投资基金。启动"5155"乡村建设示范行动，编制完成6750个实用性村庄规划。张掖、甘南、陇南、临夏打造乡村振兴示范样板成效突出。截至目前，全省经济运行稳中有进，呈现结构改善、韧性增强、速效兼具、量质齐升的积极特征。

（一）第一产业固定资产投资增长

1.2023年前三季度基本运行状况

2020年甘肃省由于脱贫攻坚任务处于关键时期，第一产业固定资产投资增长幅度较大；2021~2022年，第一产业固定资产投资增长开始缩减；2023年1~9月，第一产业固定资产投资增长呈现大幅缩减态势。截至2023年9月，第一产业固定资产投资增长率为-8.6%，较2022年出现大幅缩减，同时相对于第二产业及第三产业固定资产投资增长率33.6%、-3.0%来说，第一产业固定资产投资增长较2020年大幅增长后，从2021年开始出现连续下降（见表1）。

表1 2020年至2023年1~9月固定资产投资增长率

单位：%

时间	第一产业固定资产投资增长率	第二产业固定资产投资增长率	第三产业固定资产投资增长率
2020年	37.0	0.4	8.0
2021年	−3.1	39.9	6.1
2022年	−4.6	56.9	−1.7
2023年1~2月	−12.7	58.4	−4.8
2023年1~3月	−26.8	41.4	3.9
2023年1~4月	−38.8	42.1	6.4
2023年1~5月	−27.7	40.8	6.0
2023年1~6月	−19.2	43.4	4.0
2023年1~7月	−12.5	36.4	2.0
2023年1~8月	−8.4	35.2	−1.3
2023年1~9月	−8.6	33.6	−3.0

资料来源：2021~2022年《甘肃发展年鉴》，甘肃省统计局官网；2023年1~9月月报数据。

2. 2023~2024年第一产业固定资产投资增长率预测

2023年第一产业固定资产投资增长率趋势预测为−5.7%，置信下限为−74.3%，置信上限为62.9%；2024年第一产业固定资产投资增长率趋势预测为−10.4%，置信下限为−79.5%，置信上限为58.8%；相对于2010~2022年，2023~2024年由于第二产业固定投资增速较大，相对第一产业固定资产投资形成一定的资本制约影响，从而造成第一产业固定资产投资增长率减缓或负增长；从政策面看，5年巩固拓展期内主要围绕产业振兴及新一轮农村基础设施建设的启动，政策层面呈现积极影响。但由于甘肃省地方财政规模限制，甘肃省吸引外资能力不强，同时存在客观不利因素影响。因此，2023~2024年第一产业固定资产投资增长率应低于趋势预测值，应符合线性趋势预测值−6.0%较为合理（见图1）。

3. 第一产业固定资产投资分析

从2011~2022年第一产业固定资产投资增长率曲线可以看出，一是甘肃省第一产业固定资产投资增长率变化幅度较大，而从产业发展的经济学角

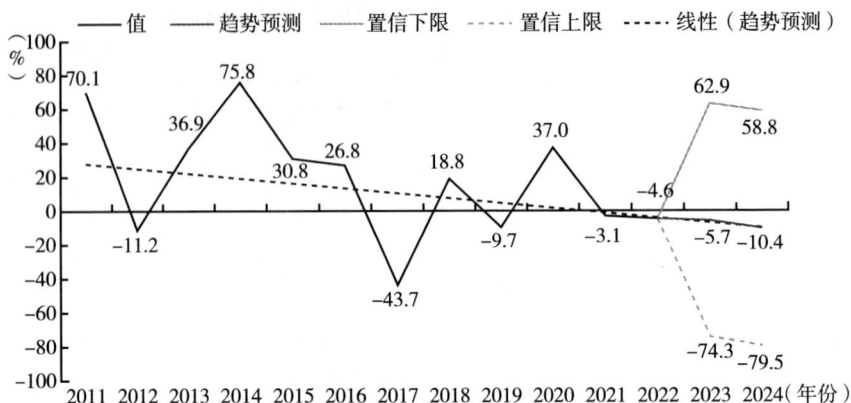

图1 2011~2024年第一产业固定资产投资增长率及预测

资料来源：2011~2022年《甘肃发展年鉴》，甘肃省统计局官网。

度来看，特别是产业处于快速发展阶段，需要持续稳定的固定资产投资增长，固定资产投资增长变化幅度较大，往往会引起产出量、产品价格、规模调整等不断变化，不利于产业快速稳定发展；二是甘肃省第一产业固定资产投资增长率曲线线性趋势预测中长期处于下降趋势，及第一产业固定资产投资增速放缓，从长远来看有利于一二三产业结构调整，短期内不利于第一产业快速发展。

（二）第一产业生产总值

1.2023年前三季度基本运行状况

相对于2022年第一产业生产总值增长率5.7%，2023年甘肃省第一产业第一季度生产总值增长率为6.4%，上半年生产总值增长率为6.0%，第三季度为5.8%，呈现良好的增长态势（见表2）；同时第一产业生产总值占总产值比重相对于2022年13.5%，第一季度为7.1%，上半年为6.8%，第三季度为14.55%，占比相对更为合理，第三季度为甘肃农产品集中上市季节，第一产业占比有所上升属于季节性波动。

表2 2022年和2023年前三季度第一产业生产总值、增长率及比重

单位：亿元，%

时间		第一产业生产总值	第一产业生产总值增长率	第一产业生产总值占总产值比重
2022年		1515.3	5.7	13.5
2023年	第一季度	190.1	6.4	7.1
	上半年	377.0	6.0	6.8
	第三季度	1256.5	5.8	14.55

资料来源：2022年1~9月月报数据，甘肃省统计局官网。

2. 2023~2024年第一产业生产总值增长率预测

2023年第一产业生产总值增长率趋势预测为6.7%，置信下限为4.1%，置信上限为9.4%；2024年第一产业生产总值增长率趋势预测为6.8%，置信下限为4.1%，置信上限为9.5%；相对于2010~2022年，2023~2024年影响第一产业生产总值增长率因素相对变化较大，其中较为积极的影响因素有：一是政策层面呈现积极影响；二是农业科技支撑力度加大；三是农业产业结构进一步优化；四是受国际不稳定因素影响，农产品价格上涨。结合以上因素综合测算，2023~2024年第一产业生产总值增长率应介于趋势预测与预测上限均值附近，即2023年与2024年分别在6.7%和6.8%左右（见图2）。

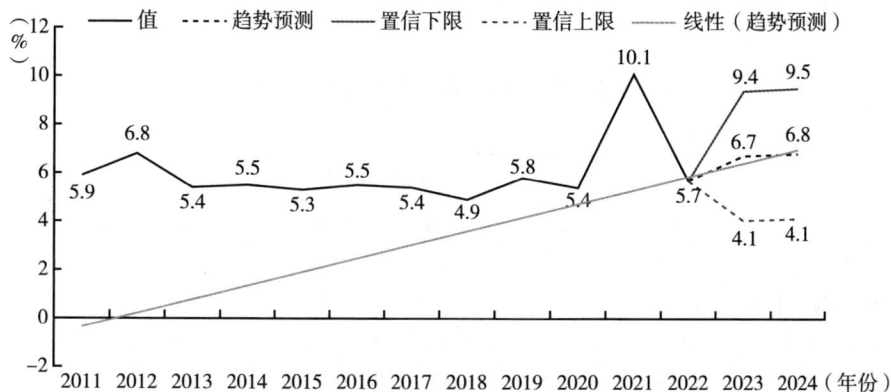

图2 2023~2024年第一产业生产总值增长率预测

资料来源：2011~2022年《甘肃发展年鉴》，甘肃省统计局官网。

3.第一产业生产总值分析

从2011~2022年第一产业生产总值增长率曲线可以看出，甘肃省第一产业生产总值增长率曲线在2011~2018年总体呈现下行趋势，2019年出现向上趋势，2020年及2021年相对上涨趋势确立2019年上涨拐点成立，2021年呈现快速增长，近几年甘肃省第一产业生产总值增长率应呈现上涨趋势。但就目前甘肃省第一产业生产总值增长率曲线趋势所反映出的问题主要为甘肃省第一产业发展仍处在相对低水平、低效率、低质量发展阶段，第一产业生产总值增长率上涨受农产品价格上涨影响较大。

（三）主要农产品产量

1.2023年前三季度基本运行状况

从2023年第一季度和上半年现有统计数据的主要农产品园林水果、猪牛羊禽肉来看，均高于2022年产量增长率，均处于相对快速增长状态，发展形势相对较好，猪肉产量出现增长放缓趋势。2023年第一季度，猪牛羊禽肉产量增长率为7.0%，猪肉产量增长率为4.8%；2023年上半年，园林水果产量增长率为7.2%，猪牛羊禽肉产量增长率为8.5%，猪肉产量增长率为5.7%；2023年第三季度，园林水果产量增长率为7.5%，猪牛羊畜禽肉产量增长率为11.5%，猪肉产量增长率为7.8%（见表3）。

表3　2022年和2023年前三季度主要农产品产量

单位：万吨，%

时间	园林水果		猪牛羊禽肉		猪肉	
	产量	增长率	产量	增长率	产量	增长率
2022年	575.4	6.7	141.5	5.6	67.9	6.0
2023年第一季度			41.1	7.0	24.1	4.8
2023年上半年	10.8	7.2	80.5	8.5	43.3	5.7
2023年第三季度	321.8	7.5	111.8	11.5	55.2	7.8

资料来源：2023年1~9月月报数据，甘肃省统计局官网。

2. 2023~2024年粮食产量预测

2023年粮食产量趋势预测为1285.9万吨，置信下限为1225.5万吨，置信上限为1346.4万吨；2024年粮食产量趋势预测为1306.9万吨，置信下限为1217.1万吨，置信上限为1396.7万吨；相对于2011~2022年，2023~2024年影响粮食产量增长因素相对变化不大，中央政策层面更注重粮食安全和粮食自给率，相对政策利好。因此，2023~2024年粮食产量应略高于趋势预测值（见图3）。同时粮食产量曲线向上变化趋势明显，若没有其他突发因素干扰，甘肃省粮食产量在之后几年内均可以保持稳定增长。

图3　2011~2024年粮食产量及预测

资料来源：2011~2022年《甘肃发展年鉴》，甘肃省统计局官网。

3. 2023~2024年蔬菜产量预测

由于2022年蔬菜产量数据尚未公布，依据2010~2021年数据对2023年蔬菜产量进行预测，但其预测存在一定误差。2023年蔬菜产量趋势预测为1982.1万吨，置信下限为1796.4万吨，置信上限为2167.7万吨；2024年蔬菜产量趋势预测为2149.8万吨，置信下限为1843.7万吨，置信上限为2455.8万吨；相对于2010~2021年，2023~2024年影响蔬菜产量增长因素相对变化不大，但随着近几年甘肃同共建"一带一路"国家经贸合作深化，蔬菜出口量增加较快，甘肃蔬菜产量呈现快速增长趋势。因此，2023~2024

年蔬菜产量应符合趋势预测值（见图4）。同时蔬菜产量曲线向上变化趋势明显，若没有其他突发因素干扰，甘肃省蔬菜产量在之后几年内均可以保持稳定增长。

图4　2010～2024年蔬菜产量及预测

资料来源：2011～2022年《甘肃发展年鉴》，甘肃省统计局官网。

4. 2023～2024年园林水果产量预测

2023年园林水果产量趋势预测为587.1万吨，置信下限为540.6万吨，置信上限为633.7万吨；2024年园林水果产量趋势预测为619.4万吨，置信下限为571.4万吨，置信上限为667.4万吨；相对于2011～2022年，2023～2024年影响园林水果产量增长突发因素主要为自然灾害，同时中长期影响因素主要为市场价格。由于自然灾害的突发性存在很大的不确定性，2023～2024年园林水果产量趋势预测值（见图5）只能作为理论上的参考，但同蔬菜产量增长原因一样，甘肃省园林水果出口量同样持续增长，总体呈现快速增长趋势，排除自然灾害因素影响，其增长值应符合预测值。

5. 2023～2024年中药材产量预测

2023年中药材产量趋势预测为143.8万吨，置信下限为139.0万吨，置信上限为148.5万吨；2024年中药材产量趋势预测为150.0万吨，置信下限为139.9万吨，置信上限为160.1万吨；相对于2011～2022年，2023～

图5 2011~2024年园林水果产量及预测

资料来源：2011~2022年《甘肃发展年鉴》，甘肃省统计局官网。

2024年影响中药材产量增长因素主要是中药材对防治新冠病毒疗效显著，从而激发了中药材产业快速发展，但由于中药材生产周期性，2023年、2024年中药材产量应该略高于趋势预测值（见图6）。

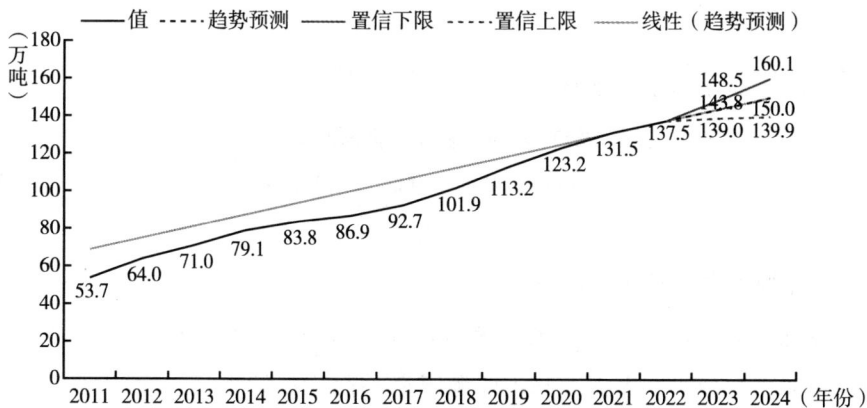

图6 2011~2024年中药材产量及预测

资料来源：2011~2022年《甘肃发展年鉴》，甘肃省统计局官网。

6. 2023~2024年猪牛羊禽肉及猪肉产量预测

2023年猪牛羊禽肉产量趋势预测为134.7万吨，置信下限为118.3万吨，置信上限为 151.0 万吨；2024 年猪牛羊禽肉产量趋势预测为 139.5 万吨，置信下限为 122.6 万吨，置信上限为 156.4 万吨；从猪牛羊禽肉产量曲线来看，其变化呈现稳定上升趋势（见图 7），结合 2023 年上半年猪牛羊禽肉产量，2023 年甘肃省猪牛羊禽肉产量将接近预测值。从猪肉产量预测曲线（见图 8），结合 2023 年上半年猪肉产量，甘肃省猪肉产量将逐步回落并趋于稳定，2023 年猪肉产量趋势预测为 59.6 万吨，置信下限为 48.1 万吨，置信上限为 71.1 万吨；2024 年猪肉产量趋势预测为 60.6 万吨，置信下限为 49.1 万吨，置信上限为 72.1 万吨。

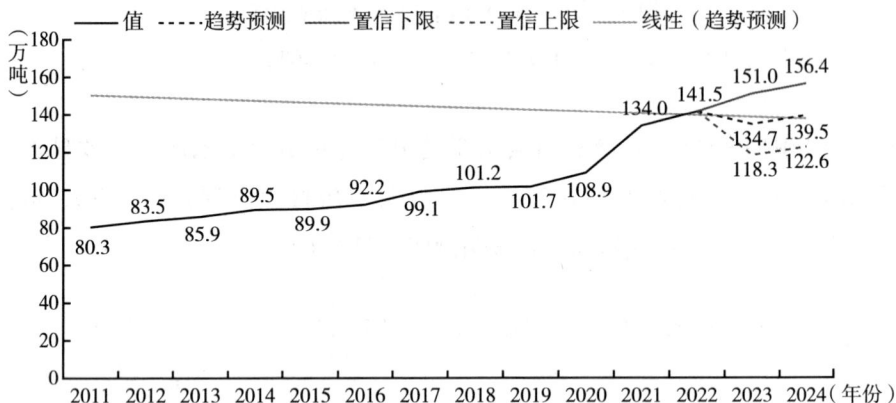

图 7　2011~2024 年猪牛羊禽肉产量及预测

资料来源：2011~2022 年《甘肃发展年鉴》，甘肃省统计局官网。

7. 主要农产品产量分析

通过 2011~2022 年甘肃省主要农产品产量曲线分析，粮食产量稳步上升，相对于其他影响因素，其主要源于播种面积持续增加，农产品产量处于低水平稳定增长形势；中药材产量保持稳定快速增长态势，其增长源于多要素的综合作用，中药材产业发展呈现相对较好水平形势；园林水果产量在 2018 年出现较大幅度波动，主要原因是霜冻、冰雹等自然灾害，说明甘肃省园林水果业发展抵御自然灾害风险能力较弱；猪牛羊禽肉产量增长相对稳定且呈现逐步回落且趋于稳定趋势，主要是猪肉产量快速回落且

图8 2011～2024年猪肉产量及预测

资料来源：2011～2022年《甘肃发展年鉴》，甘肃省统计局官网。

趋于稳定，但猪肉产量仍需要相应政策调控措施稳定猪肉产量、优化市场供给。

（四）农产品及主要农产品生产者价格指数

从农产品整体生产者价格指数来看（见表4），农产品生产者价格指数波动相对平缓，但仍有一定幅度的周期性波动，而且出现2015～2017年连续3年农产品生产者价格指数小于100的情况；从主要农产品生产者价格指数来看，则呈现更大幅度的波动状态；从2011～2022年甘肃省农产品及主要农产品生产者价格指数均值来看，中长期内农业生产处于微利状态；从农产品及主要农产品生产者价格指数极差、方差及标准差来看，其农业生产内在不稳定性特征明显，其中：薯类、中药材、生猪存在极度的内在不稳定性；水果存在较大的不稳定性；饲养动物及其产品、小麦、玉米呈现一般不稳定性；只有蔬菜生产者价格指数相对稳定，优于其他农产品，呈现较好的市场适应能力和较好的发展形势。

究其原因，一是农产品生产的周期性与生产过程中的信息不对称；二是政府部门的宏观调控作用不明显。从而导致农业生产仍带有一定的盲目性。

表4　2011~2022年农产品及主要农产品生产者价格指数（上年＝100）

	农产品	小麦	玉米	薯类	蔬菜	水果	中药材	饲养动物及其产品	生猪
2011	112.9	106.8	119.4	185.0	114.2	127.6	124.1	101.6	92.1
2012	106.4	116.9	109.9	99.5	103.3	109.3	145.3	117.8	122.2
2013	105.6	102.3	105.3	97.8	115.1	119.5	113.1	102.7	95.0
2014	102.8	104.4	101.9	117.8	111.1	106.9	99.2	106.0	101.7
2015	98.5	109.9	101.7	92.7	108.4	110.8	76.3	98.1	93.5
2016	99.2	99.6	97.2	94.0	104.5	100.5	96.3	98.1	104.3
2017	99.1	89.6	84.9	110.5	108.0	82.3	128.0	103.7	112.4
2018	101.7	107.3	103.2	96.4	97.5	103.0	93.5	95.4	84.9
2019	109.9	102.7	102.7	77.6	103.4	105.8	95.7	102.2	85.9
2020	102.3	99.8	100.5	141.2	108.4	93.3	107.6	121.1	139.3
2021	101.9	98.0	107.5	96.7	110.1	100.1	114.0	116.2	150.5
2022	100.3	—	—	—	—	—	—	—	—
均值	103.4	103.4	103.1	109.9	107.6	105.5	108.5	105.7	107.4
极差	14.4	27.3	34.5	107.4	17.6	45.3	69.0	25.7	65.6
方差	20.3	50.1	71.3	888.5	26.7	147.6	369.1	75.8	471.1
标准差	4.5	7.1	8.4	29.8	5.2	12.2	19.2	8.7	21.7

资料来源：2011~2022年《甘肃发展年鉴》，甘肃省统计局官网。

（五）农村居民收入与消费

1.2023年前三季度基本运行状况

相对于2022年农村居民人均可支配收入增长率6.4%而言，2023年第一季度、上半年及第三季度甘肃省农村居民人均可支配收入增长率分别达到5.9%、8.1%及7.9%。2022年，由于疫情影响，农民务工收入相对减少明显，农村居民人均可支配收入增速放缓，2023年上半年开始农村居民人均可支配收入增速加快。同时相对于农村居民2022年人均生活消费支出增长率2.6%而言，2023年第一季度、上半年及第三季度甘肃省农村居民人均生活消费支出增长率分别为7.4%、8.6%及10.7%，亦呈现增速加快趋势，且增速均高于人均可支配收入增速，但人均可支配收入绝对值仍略微大于人均生活消费支出绝对值，虽然相差甚微，但从中长期来看显现了较好的发展形势。

表5　农村居民人均可支配收入及人均生活消费支出

单位：元，%

时间	人均可支配收入		人均生活消费支出	
	绝对值	增长率	绝对值	增长率
2022 年	12165	6.4	11494	2.6
2023 年第一季度	3496	5.9	3326	7.4
2023 年上半年	5710	8.1	5683	8.6
2023 年第三季度	8756	7.9	8697	10.7

资料来源：2023 年 1~8 月月报数据，甘肃省统计局官网。

2. 农村居民收入与消费中长期发展状况

通过2011~2022年农村居民人均可支配收入和人均生活消费支出绝对值及增长率可以看出（见表6），从2016年开始出现人均可支配收入小于人均生活消费支出，2018年和2019年连续两年人均可支配收入绝对值均小于人均生活消费支出绝对值，而且人均生活消费支出增长率呈现不稳定状态；2020年再次出现人均可支配收入绝对值大于人均生活消费支出绝对值情况，且人均可支配收入增长率远大于人均生活消费支出增长率，但2021年再次出现人均生活消费支出增长率大于人均可支配收入增长率的情况，2022年人均生活消费支出增长率快速回落，远小于人均可支配收入增长率。结合2023年前三季度情况，农村居民净收入呈现稳定盈余态势，农村居民可支配收入和人均生活消费支出均呈现快速增长态势，且消费增长大于收入增长，消费支出增速加快有利于疫情后经济加快复苏。

表6　2011~2022年农村居民人均可支配收入及人均生活消费支出情况

单位：元，%

年份	人均可支配收入	人均可支配收入增长率	人均生活消费支出	人均生活消费支出增长率
2011	3909	14.1	3665	24.6
2012	4507	15.3	4146	13.1
2013	5108	13.3	4850	17.0
2014	5736	12.3	5272	8.7
2015	6936	20.9	6830	29.6
2016	7457	7.5	7487	9.6
2017	8076	8.3	8030	7.3
2018	8804	9.0	9065	12.9
2019	9629	9.4	9694	6.9
2020	10344	7.4	9923	2.4
2021	11433	10.5	11206	12.9
2022	12165	6.4	11494	2.6

资料来源：2011~2022年《甘肃发展年鉴》，甘肃省统计局官网。

3.2023~2024年农村居民人均可支配收入预测分析

从2023~2024年农村居民人均可支配收入绝对值来看，2023年农村居民人均可支配收入绝对值趋势预测为12777.1元，置信下限为12402.4元，置信上限为13151.8元；2024年农村居民人均可支配收入绝对值趋势预测为13529.9元，置信下限为13143.5元，置信上限为13916.2元（见图9）。

从2023~2024年农村居民人均可支配收入增长率来看，2023年农村居民人均可支配收入增长率趋势预测为5.1%，置信下限为-1.4%，置信上限为11.5%；2024年农村居民人均可支配收入增长率趋势预测为4.3%，置信下限为-2.1%，置信上限为10.7%（见图10）。

其增长值延续2022年发展态势，增长率相对2022年呈现稳定增长趋势，受新冠疫情后经济加快复苏影响，2023年、2024年甘肃省农村居民人均可支配收入绝对值和增长率均会出现加快增长态势。

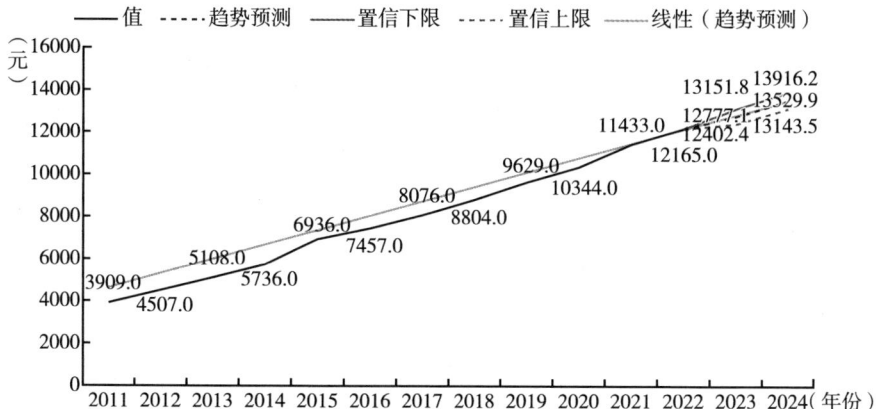

图9 2011～2024年农村居民人均可支配收入绝对值及预测

资料来源：2011～2022年《甘肃发展年鉴》，甘肃省统计局官网。

图10 2011～2024年农村居民人均可支配收入增长率及预测

资料来源：2011～2022年《甘肃发展年鉴》，甘肃省统计局官网。

三 小结

通过对2023年甘肃农业与农村经济发展面临的新形势和2023～2024年甘肃农业与农村经济发展形势与预测分析，2023～2024年甘肃农业与农村经济将呈现如下发展形势。

一是将面临诸多政策机遇。

二是主要仍呈现在量的增长，质的提升尚有待加快。

三是农业发展水平、效率、质量相对有所提升但不明显，产业结构有所优化。

四是粮食产量稳步增长，粮食安全得到有效保障。

五是农产品生产与市场对接进一步优化，个别农产品价格波动幅度较大的情况将得到进一步改善。

六是农村居民人均可支配收入稳定增长，收入增长率亦将呈现稳定增长趋势，农村居民生活消费支出将呈现快速增长态势。

七是第一产业固定资产投资增长率降幅较大，第一产业固定资产投资尚需进一步稳定在一定规模和水平。

八是三年抗击新冠疫情取得决定性胜利后，甘肃农业与农村焕发更多生机活力。

B.3

2023~2024年甘肃工业经济分析与预测

蒋 钦*

摘 要: 2023年前三季度,甘肃工业经济运行呈现供给恢复回升、需求相对不足、供给端恢复快于需求端的突出特征。从供给端看,1~9月甘肃工业增加值增速高于上年同期,在全国排名较上年同期前移8位;强工业行动取得阶段性成果;工业投资有效支撑全省经济加速增长;工业产销衔接小幅改善,企业效益边际改善。年内工业发展面临的突出问题主要在需求端,市场需求不足造成工业企业资金周转压力加大,规上企业盈利大幅下滑,部分市州工业持续稳步恢复的后劲不足。随着新一轮稳增长政策的落地实施,甘肃工业发展有能力继续保持质的有效提升和量的合理增长。甘肃加快实现工业强省、产业兴省战略目标和强工业行动目标,需同时抓好传统产业改造升级和新兴产业培育壮大,增强作为载体的工业园区的发展能级以助推强工业行动,激活企业家活力以发挥好企业领军人作用。

关键词: 工业经济 强工业行动 高质量发展 甘肃

2023年,甘肃深入实施强工业行动,工业生产保持较快增长态势,1~9月规模以上工业增加值增速高于上年同期和全国均值,工业产品产量增多降少,轻工业和国有企业生产好转,制造业和支柱行业对工业生产稳定恢复向好贡献突出,工业投资有效支撑了全省经济加速增长,强工业行动成效明显,工业发展质量稳步提升。但年内市场需求恢复低于预期,作为微观主体

---

* 蒋钦,甘肃省社会科学院区域经济研究所副研究员,主要研究方向为产业经济。

的工业企业生产运营困难较多，企业利润大幅下降问题突出，市州工业恢复不均衡。随着一系列推动宏观经济回升向好政策效果不断显现，市场需求将有所改善，甘肃工业将继续保持扩量提质发展态势，对全省经济发展的支撑作用也将进一步增强。

一 2023年前三季度甘肃工业经济运行状况

（一）规模以上工业生产回升向好，制造业贡献突出

2023年前三季度，甘肃工业总体保持恢复增长态势。分季度看，第一季度增加值增速逐月回升，4月累计增速达到峰值7.9%，与上年4月持平，第二季度增加值增长放缓但降幅明显低于上年同期，第三季度增加值增速再次小幅攀升，至9月，累计增速7.5%（见图1），分别高出上年同期和全国均值1.6个和3.5个百分点，居全国第6位，位次较上年同期前移8位。分三大门类看，2023年制造业引领甘肃工业增长，1~6月制造业增加值同比增长9.3%，拉动规模以上工业增长5.4个百分点；1~9月制造业增加值增速持续提升至9.8%，分别高出采矿业和电力、热力、燃气及水生产和供应业增加值增速5.0个和8.5个百分点，对规模以上工业的贡献率达77.6%。[①]

从工业用电量看，前三季度甘肃工业用电量同比增长8.6%；从行业看，39个行业大类中近七成行业实现正增长；从工业产品产量看，1~9月全省16种主要产品中分别有9种产品的产量绝对值和12种产品的增速高于上年同期，尤其是铜、铝等有色金属产品产量和新能源发电量呈两位数增长态势，有8种工业产品产量增速快于全国均值；从工业企业用工情况看，前三季度规模以上工业企业平均用工人数较上年同期增加1.1万人；此外，截

---

① 《2023年前三季度全省经济运行情况新闻发布会实录》，甘肃省人民政府网，2023年10月24日。

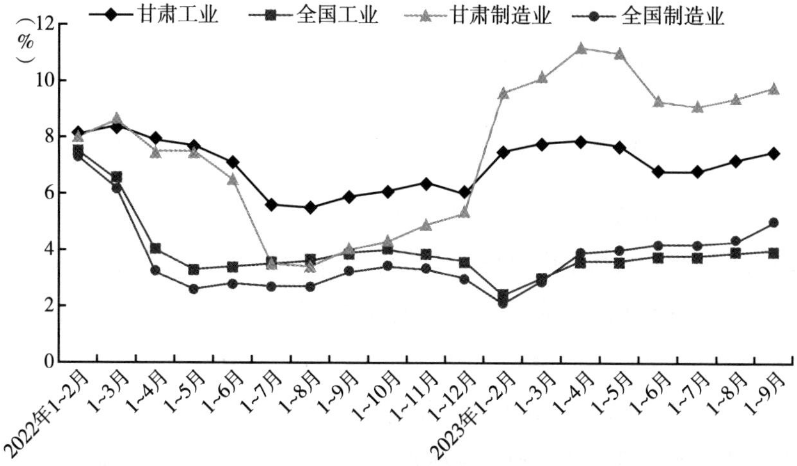

图1　2022年至2023年1~9月甘肃与全国工业增加值增速对比

资料来源：甘肃省统计局网站。

至9月底，121家停产规上企业复产、72家欠产企业达产。工业用电量、行业增长面、工业产品产量及增速、用工人数和企业复产情况等均反映出甘肃工业生产的稳步回升。

（二）轻工业和国有企业生产好转，支柱行业拉动显著

从工业内部结构看，2023年前三季度甘肃轻工业生产明显好转，1~9月规模以上轻工业增加值同比增长6.5%，增速较上年同期（-1.1%）提高7.6个百分点，重工业增加值增速较上年同期提高0.4个百分点；从企业经济类型看，国有企业、外商及港澳台投资工业企业生产加快，1~9月，规模以上国有企业和外商及港澳台投资工业企业增加值同比分别增长14.7%和4.9%，高出上年同期8.2个和6.3个百分点，其中省属国有企业围绕强工业、兴产业着力提升产能利用率，1~9月累计实现工业总产值超过3000亿元，其中金川集团、白银集团、兰石集团等重点企业同比增速达两位数以上。从全省重点工业行业看，1~9月11个重点行业中有10个行业增加值呈同比增长态势，有效拉动了全省工业稳定增长，其中，机械工业和有色工业

增加值同比分别增长 30.7% 和 15.5%，作为制造业脊梁的装备制造业同比增长 18.4%，均远高出全省规模以上工业增加值增速。

（三）强工业行动成效显现，工业高质量发展步伐加快

2023 年，甘肃深入实施强工业行动，工业扩量提质成效显现。新兴产业发展加快，1~9 月高技术产业和战略性新兴产业增加值同比分别增长 3.2% 和 9.6%，增速较上年同期由降转增，新能源产业规模继续扩大，前三季度风电和光伏发电量同比分别增长 21.8% 和 23.2%，在全省发电总量中的比重（32.0%）较上年同期提高 5.4 个百分点；工业创新能力进一步增强，前 8 个月规上工业企业研发经费占利润总额的比重（15.2%）较上年同期提高 2.0 个百分点；"三化"改造赋能传统产业，酒钢集团、白银集团等众多企业通过改造提高了产品品质、生产效率和效益；绿色低碳转型持续推进，1~9 月煤炭开采洗选业、非金属矿物制品业和黑色金属冶炼及压延加工业等 3 类重点耗能行业能源消费绝对量同比减少；企业梯度培育取得阶段性成果，前三季度上规入库工业企业 377 家，新入库企业增加值同比增长 1.9 倍，新增 207 家省级专精特新中小企业；民营经济活力增强，1~9 月规模以上工业民营经济增加值增长 9.5%，高出全省规模以上工业增加值增速 2.0 个百分点。

（四）工业投资支撑全省经济加速增长，重点项目推进有力

2023 年上半年，甘肃工业固定资产投资同比增长 43.4%，其中装备制造业投资增速高达 72.2%，工业投资对全省固定资产投资增长的贡献率达 85.8%[①]，拉动全省投资增长 11.5 个百分点；此后 4 个月，虽工业固定资产投资略有放缓，9 月累计增速 33.6%，但仍高出全省固定资产投资和全国工业固定资产投资 26.9 个和 24.6 个百分点（见图 2），拉动全省固定资产投资增长 9.1 个百分点[②]。前三季度，甘肃制造业和高技术制造业投资同比分

---

① 《2023 年上半年全省经济运行情况新闻发布会实录》，每日甘肃网，2023 年 7 月 24 日。

② 《2023 年前三季度全省经济运行情况新闻发布会实录》，甘肃省人民政府网，2023 年 10 月 24 日。

别增长11.0%和27.0%，分别高出全国制造业和高技术制造业投资4.8个和
15.7个百分点，工业和制造业投资有效支撑了甘肃经济加速增长。工业重
点投资项目进展顺利，2023年甘肃实施工业和信息化项目共1296项，总投
资7965亿元，当年计划投资2030亿元，截至9月底，开工率达95.0%，已
投资额完成当年计划的65.3%，由甘肃省工业和信息化厅监测的7个产业链
项目、"三化"改造项目和3个生态产业项目投资已分别完成年度计划投资
的72.9%、72.3%和56.2%。

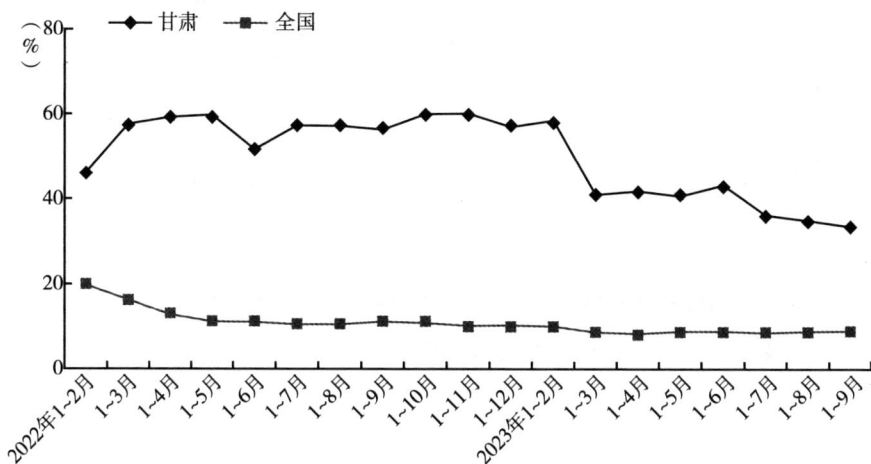

图2　2022年至2023年1~9月全国、甘肃工业固定资产投资增长对比

资料来源：国家统计局网站、甘肃统计局网站。

（五）工业产销衔接小幅改善，规上企业效益边际改善

2023年1~9月，甘肃规模以上工业企业产品销售率为97.1%，为2023
年以来各月累计值第二高点，且已连续3个月恢复至97.0%以上水平；产品
销售率降幅在年内连续8个月收窄，1~9月同比下降0.6%，降幅较年初2
月（-17.2%）收窄16.6个百分点，较上年同期（-1.7%）收窄1.1个百
分点。从产成品存货看，截至9月末，规模以上工业企业产成品存货416.2
亿元，同比增长3.4%，较2月（18.7%）下降15.3个百分点，较上年同期

（28.3%）下降24.9个百分点，增速已至自疫情发生以来较低水平（见图3）。在产销衔接有所改善的情况下，规模以上工业企业效益边际改善，两项利润降幅连续4个月收窄。

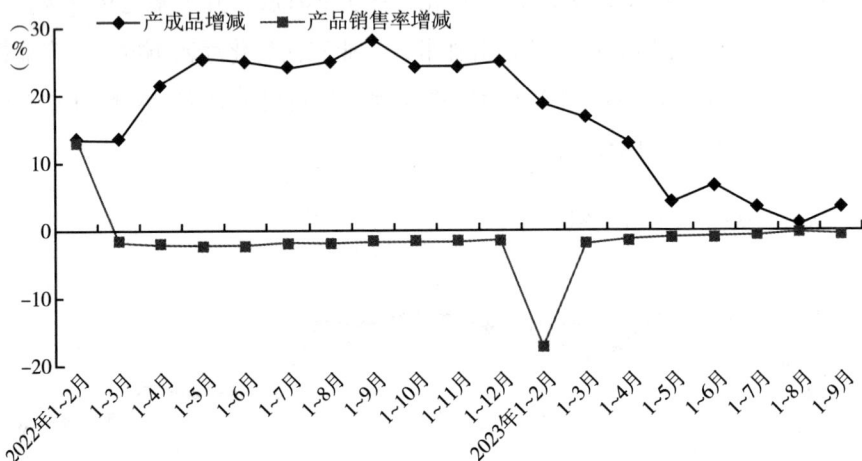

图3 2022年至2023年1~9月甘肃工业产成品和产品销售率增减变动

资料来源：国家统计局网站、甘肃统计局网站。

二 2023年甘肃工业经济发展面临的突出问题

（一）市场需求明显不足，工业发展后劲亟须增强

2023年，国内工业产品市场需求明显不足。1~9月，甘肃规模以上工业企业销售产值同比增长5.2%，较上年同期下降12.1个百分点，较第一季度下降4.3个百分点，自6月起需求有所回暖但仍不及生产，1~9月产品销售率持续保持下降态势且低于大多数甘肃工业产品产量增长速度。在需求疲软的情况下，工业产品价格走低，9月全国工业生产者出厂价格（PPI）同比下降2.5%，已连续12个月下跌，1~9月平均PPI比上年同期下降3.1%。分行业看，甘肃工业主要涵盖的石油和天然气开采业、黑色金属矿

采选业、黑色金属冶炼和压延加工业、有色金属冶炼和压延加工业等行业的PPI均呈下降态势。从主要产品看，2023年甘肃工业产品中产量增势最为强劲的铜、铝前7个月价格同比下降2.4%和11.7%。在市场需求不足、价格低迷等关键因素影响下，甘肃工业行业发展后劲不足。

（二）企业应收账款回笼延缓，资金周转压力持续加大

前三季度，甘肃规模以上工业企业应收账款同比增长15.8%，较上年同期增长8.7个百分点，应收账款上升幅度远超企业销售收入下滑幅度，一方面反映出企业产品需求下降迫使企业延长收款期，另一方面资金回笼变慢对企业资金流动性、资金成本、信用风险和业务范围等诸多方面造成了不利影响。应收账款无法按时收回致使企业因流动资金得不到及时补充而另寻借款以弥补现金缺口，造成企业资金成本增加，从每百元营业收入中的成本和资产负债率可窥见一斑，1~8月在甘肃规模以上工业企业营业收入降幅大于成本降幅的情况下，每百元营业收入中的成本费用为90.9元，同比增加0.9元，规模以上工业企业资产负债率58.1%，同比增长0.3个百分点，同时，收款放慢可能导致企业无法按时偿债，进而影响企业信用评级，使企业再次筹集资金难度加大，也会使企业因资金链不够稳健而无法扩大生产规模。

（三）规上工业企业盈利能力羸弱，企业亏损面同比扩大

2023年1~9月，甘肃规模以上工业企业营业收入较上年同期减少112.3亿元，增速由上年同期增长14.7%转为下降2.5%；营业利润和利润总额分别较上年同期减少114.4亿元和104.5亿元，增速同比分别下降36.7个和33.6个百分点，与上年同期相比由升转降，与年初1~2月相比降幅分别扩大12.3个和9.3个百分点。企业效益下滑，从量、价、本三项决定因素看均不利于企业盈利改善，甘肃超四成主要工业产品产量下跌和年内PPI尤其是原材料价格持续走低，导致营业收入下降，同时前8个月每百元营业收入中的成本均呈现增加状态。从亏损企业情况看，1~9月甘肃规模以上工业企业亏损面达

40.7%，较上年同期增加230家，亏损面扩大4.1个百分点；亏损企业亏损额161.9亿元，较上年同期扩大42.2亿元（见表1）。

表1　2022年1~9月与2023年1~9月甘肃规模以上工业企业效益对比

指标	2022年1~9月		2023年1~9月	
	绝对值	增长（%）	绝对值	增长（%）
营业利润（亿元）	536.8	15.9	422.4	-20.8
利润总额（亿元）	534.9	14.5	430.4	-19.1
营业收入（亿元）	8080.1	14.7	7967.8	-2.5
营业成本（亿元）	6815.3	16.2	6767.8	-1.8
四项费用（亿元）	405.4	4.3	413.1	-0.3
应收账款（亿元）	1350.5	7.1	1593.2	15.8
亏损企业数（家）	861	8.4	1091	13.2
亏损企业亏损额（亿元）	119.7	57.7	161.9	26.4

注：四项费用为1~8月数据。
资料来源：国家统计局网站、甘肃统计局网站。

（四）区域工业增长不均衡，部分市州生产恢复乏力

一是与周边省区相比，2023年前三季度甘肃工业整体生产恢复程度不及青海和宁夏，1~9月，青海和宁夏规模以上工业增加值增速分别为8.2%和9.6%，甘肃分别低于两省区0.7个和2.1个百分点。二是省内各市州工业增长差异较大，前8个月全省14个市州规模以上工业增加值呈"12增2降"态势。以市州发布的上半年工业经济运行情况看，金昌、庆阳、嘉峪关和陇南市等4市工业呈两位数快速增长态势，规模以上工业增加增速分别为16.1%、13.6%、12.4%和10.3%，酒泉市工业增速与全省持平，临夏和武威2市州工业恢复乏力，规模以上工业增加值增速分别为同比下降5.3%和2.7%，其他7个市州工业增加值增速在5.0%以下，特别是作为"一核三带"中心的省会兰州工业生产低位运行，上半年规模以上工业增加值同

比增长 0.9%，其中制造业仅增长 0.1%[①]，截至 8 月累计增速 3.9%，生产恢复缓慢。

三　甘肃工业发展宏观环境与前景预测

（一）宏观经济环境分析

2023 年前三季度，国内经济总体向好，发展质量稳步提升。年内积极因素累积较多，一是工业和服务业供给增长加快，1~9 月，全国规模以上工业增加值同比增长 4.0%，增速自 2 月起持续加快，服务业增势持续快于工业，服务业增加值同比增长 6.0%，对国民经济增长的贡献率为 63.0%；二是国内需求稳步扩大，消费拉动经济恢复向好，尤其是服务消费明显扩大，为消费增长提供了有力支撑，制造业和基础设施建设等固定资产投资重点领域保持较快增长；三是经济发展新动能持续壮大，前 9 个月新产品、新产业增长较快，绿色转型效果明显，新能源汽车和清洁能源产业都保持较快增速，产业升级态势持续，高技术产业投资两位数增长，装备制造业增加值增速快于工业，生产向数字化、网络化和智能化转型态势持续；四是推动经济回升的宏观政策和改革开放红利持续显效，扩内需促消费、加快建设现代化产业体系、促进民营经济发展的举措、全国统一大市场建设、共建"一带一路"等为推动国内经济恢复向好和稳定外贸发挥了积极作用。同时，国内经济持续稳定恢复向好也面临一系列挑战，国际环境更加复杂严峻，世界经济复苏乏力，全球制造业需求回落，国际经贸形势面临新变局，中国货物出口将持续面临下行压力，国内经济结构性矛盾和周期性因素叠加，内需仍显不足，持续恢复基础需进一步巩固。总体来看，中国经济长期向好的基本面没有改变，2024 年国内经济增长韧性和潜力可期。

从全国工业经济发展态势看，年内工业生产逐步趋稳。同时，工业向高

---

① 《2023 年上半年兰州市国民经济运行情况》，兰州市统计局网，2023 年 7 月 26 日。

质量发展继续推进，具体表现在如下方面，一是高端制造业保持较快增长，壮大了实体经济发展的根基；二是工业绿色化转型持续深入，新能源相关行业发展向好，为工业发展注入新活力；三是装备制造业和原材料制造业增长较快，对工业重点行业生产的带动作用增强；四是市场需求小幅改善，自8月起制造业采购经理指数（PMI）中新订单指数重返扩张区间，企业采购意愿增强，工业品出厂价格指数（PPI）降幅收窄，工业企业效益将有所改善。全国工业经济面临的主要问题是市场需求总体不足及导致的工业企业盈利下降，但第三季度出现利好变化迹象，企业成本、产品价格、订单量等决定利润的主要因素都向好转变，短期内工业企业利润将有所改善。

（二）先行指标走势

制造业采购经理指数（制造业PMI）：2023年9月，制造业PMI为50.2%，在4个月连续回升且环比增幅连续扩大后重返扩张区间，表明经济恢复态势趋好（见图4）。从5个分类指数看，生产指数（52.7%）和新订单指数（50.5%）都在临界值以上且较上月上涨，说明制造业产需两端均在持续改善，原材料库存指数（48.5%）和从业人员指数（48.1%）均较上月提升0.1个百分点，供应商配送时间指数（50.8%）较上月下降0.8个百分点，这也反映出制造业企业生产活动加快。从相关指数看，主要原材料购进价格指数（59.4%）和出厂价格指数（53.5%）均为年内高点，制造业市场价格总体水平继续回升，生产经营活动预期指数为55.5%，位于高景气区间，说明企业对市场预期保持乐观。分行业看，重点行业PMI均有回升，装备制造业和高技术制造业PMI均位于扩张区间，高耗能行业PMI（49.7%）虽低于临界点但较上月增幅相对较大，行业景气度改善；石油煤炭及其他燃料加工、化学原料及化学制口、有色金属冶炼及压延业等上游行业主要出厂价格指数处于65.0%左右的高位，反映出上游行业产品销售价格水平上升较快。从企业规模看，9月大型企业PMI（51.6%）位于扩张区间，中、小型企业PMI位于临界值以下，并且大型企业PMI较上月上升幅度最大，说明大型企业景气水平高于中、小型企业，产能释放有持续加快趋势。同时国家统计局 9 月调查结果也显示，制造业行业间竞争加剧，原材料成本高和资金紧张的企业数有所增加。

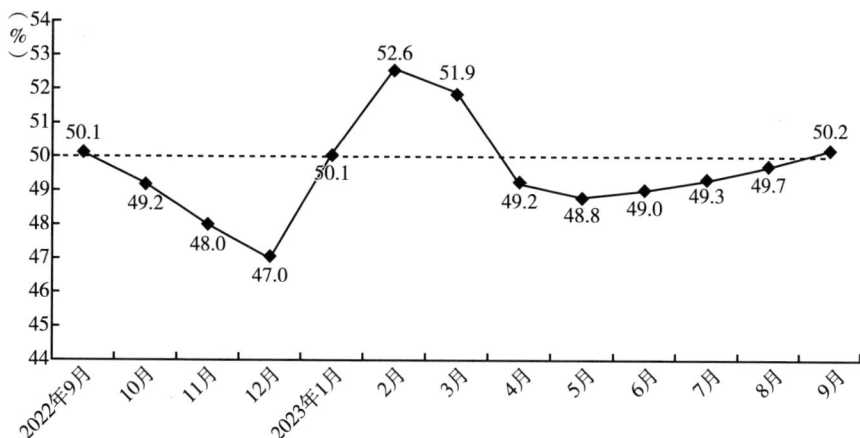

图 4　2022 年 9 月至 2023 年 9 月全国制造业 PMI 指数变化

资料来源：国家统计局网站。

工业品出厂价格指数（PPI）：上半年，受国际油价回落、工业品市场需求不足和上年基数较高等多因素影响，PPI 同比降幅呈扩大趋势，自 7 月以来，在国内政策效应不断累积、工业品市场需求改善和大宗商品价格有所回升的形势下，PPI 同比降幅连续 3 个月不断收窄，9 月 PPI 同比下降 2.5%，较 7 月收窄 1.9 个百分点。同期，PPI 环比表现出与同比相同走势，第三季度指标逐月提高，7 月 PPI 环比降幅收窄至 0.2%，8 月转为上涨 0.2%，9 月继续上涨至 0.4%。分行业看，输入性价格传导对甘肃工业品出厂价格影响较大，前三季度，甘肃工业重点行业中的石油和天然气开采业、黑色金属冶炼和压延加工业、石油煤炭和其他燃料加工业、有色金属冶炼和压延加工业价格同比分别下降 13.0%、11.55%、9.3% 和 4.5%。总体来看，前三季度 PPI 数据显示出中国经济在应对疫情、灾害和外部冲击等多重挑战中的稳定性、韧性与稳中向好的发展态势，下一阶段 PPI 将进一步温和修复。

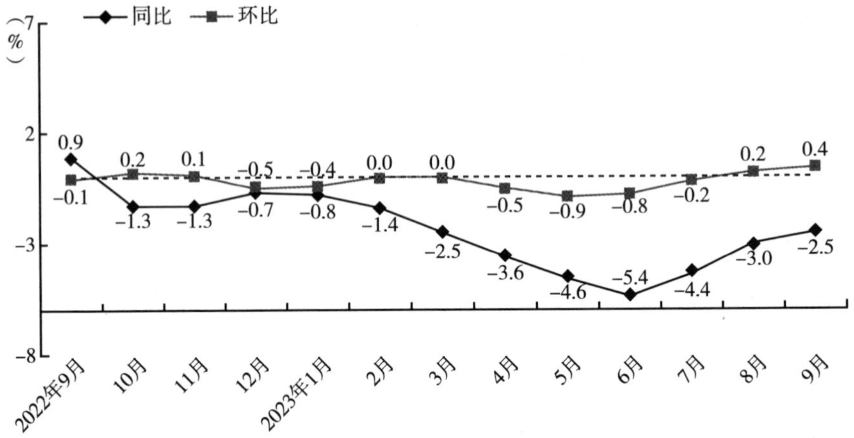

图5　2022年9月至2023年9月PPI涨跌幅

资料来源：国家统计局网站。

（三）甘肃工业发展趋势预测

综合2023年前三季度甘肃工业发展态势、当前宏观经济发展趋势和先行指标走势，甘肃工业经济平稳运行的积极因素较多，预计短期内工业生产将保持小幅增长态势，2023年全年规模以上工业增加值增速有能力实现年度预期目标，2024年，随着市场需求进一步改善，工业生产将进一步提速。同时，随着需求端改善，价格回升，工业企业营运将日渐好转，企业利润将整体改善。

四　持续推进甘肃工业高质量发展的对策建议

（一）以"三化"改造为主方向，加快传统产业转型升级

甘肃持续深入推进强工业行动和加快构建现代产业体系，应以占甘肃工业七成以上的传统产业改造升级为重点内容之一，尤其是以石化、冶金、有色工业三个优势产业为重点领域，瞄准高端化智能化绿色化"三化"改造。

高端化方面，加快企业创新体系建设，加大创新平台培育力度，引导企业加大科研投入，推动生产性服务业同先进制造加速融合，支撑产业向价值链高端迈进；智能化方面，要着眼于提高企业品质和生产效率，分层次推进企业智能化改造，优先支持兰石集团等龙头企业的智能化改造项目，再发挥龙头企业的引领作用，利用已取得的共性技术为其他企业提供改造解决方案，让其他企业以最小成本嫁接复制成功经验；绿色化方面，以推进工业领域"双碳"目标为重要抓手，持续推进绿色制造体系建设，分行业制定碳达峰实施方案，开展节能降碳技术改造，有序推动重点耗能行业的绿色低碳转型。此外，还应进一步研究完善"三化"改造相关引导和支持政策，对企业"三化"改造重点项目给予更多资金支持。

（二）培育壮大新兴产业，增强工业高质量发展新动能

甘肃实现工业强省、产业兴省战略目标，除传统产业升级外，还需培育壮大新动能，需依托风能、太阳能、中药材等资源优势和产业基础，大力发展壮大以新能源及新能源装备制造、生物医药、新材料为主的战略性新兴产业，转资源优势为产业优势和经济优势。新能源及新能源装备制造方面，以河西走廊为重点区域，加强新能源基地建设，以新能源资源优势引进配套产业，延长新能源产业链，打开产业发展新格局，形成具有持续竞争力的新的经济增长点；生物医药方面，加快构建1个引领创新生态系统、三大梯次产业集群、4类公共服务平台的"134"发展格局，合力推动生物医药产业跨越式发展；新材料方面，以打造国家重要新材料产业基地为目标，依托良好的产业基础和丰富的资源储备，发挥政策、平台和区位优势吸引上下游优质企业、新技术与专业人才精英汇聚甘肃，形成具有较强竞争力的有色金属新材料、先进钢铁、新能源锂电池等新材料产业集聚区，着力突破新材料品种、关键工艺技术和专用装备，提升新材料产业核心竞争力。

（三）提升工业园区承载力和发展能级，助力强工业行动

工业园区是工业企业集聚发展的重要场域，是推进产业转型升级的重要

空间载体。要充分发挥工业园区在强工业行动中的引擎作用，需以省内国家级经济技术开发区、高新技术开发区和6个省级代表性工业园区为重点，进一步提升园区承载力和吸附力。一是以适度超前理念完善基础设施建设，提升园区物流畅通度，加大环保投入，引进高效环保技术，实施污水处理和固废处理项目，补齐园区短板，提高园区生态环境质量；二是加强上下游产业布局，形成专精特新中小企业、制造业骨干企业和高新技术企业互联互撑、共生互补的产业集群发展模式，用好东西部产业协作机会加快承接产业转移；三是引导园区做优服务，创新园区管理模式，吸引社会资本和第三方运营机构等参与园区管理，对符合入园的企业和建设工程提供全程式、跟踪式领办、代办等精准化服务，加快推进工业互联网、5G布局建设，鼓励园区引进提供中间服务的现代物流、市场服务、网络信息等新兴产业。

（四）多措并举弘扬新时代企业家精神，激活市场主体活力

企业家是企业发展的领军人，在推动企业高质量发展和长远发展中起到"关键少数"的重要作用，而企业发展又是决定经济持续健康发展的最基础因素。在当前经济复苏不稳、动力不强的情况下，要充分弘扬企业家精神，激发企业创造创新活力。要重点解决产权保护方面的突出问题，建立非诉行政强制执行绿色通道，进一步清理涉企收费，依法保护企业家财产权、创新权益和自主经营权；要持续提高政府监管的公平性、规范性和简约性，营造更加公平的市场环境，给不同市场主体以平等的市场地位，保障企业家公平竞争权益；要构建亲清新型政商关系，加大政府对企业家的政策支持和服务力度，抓实"甘快办"各项服务措施，让市场主体第一时间获取政策信息、享受政策红利；要营造发挥企业家作用的舆论氛围，树立对企业家的正向激励导向，探索建立企业家容错纠错机制，对推动强工业行动做出突出贡献的企业家加大宣传报道；加强企业家队伍建议，建成知名企业、行业先进企业合作培养机制和市场化选人用人机制，加大对企业经营管理人才的培训。

B.4

2023~2024年甘肃服务业分析与预测

蒋 钦*

摘 要： 2023年，在经济社会运行回归常态化后甘肃服务业明显向上向好修复，服务业主要指标高开稳走且优于同期全国服务业均值，成为2023年甘肃经济运行的最大亮点。服务业主要行业运行特征明显，接触型聚集型行业恢复迅猛，新兴行业发展态势良好，交通货运业增长放缓，房地产业活力下降。当前经济运行积累的积极因素较多，预测短期内甘肃服务业将继续保持较快增长态势。同时，2023年甘肃服务业运行中存在的行业和消费恢复不均衡、行业间和区域间布局不均衡、规模以上服务业企业营运承压、农村服务业发展滞后等问题也较清晰，以问题为导向，建议甘肃应致力于做大做强生产性服务业、强化生活性服务业供给侧改革、加快构建现代服务业新体系、政策联动帮扶企业降本增效、深挖农村消费潜力并带动乡村服务业发展。

关键词： 服务业 恢复性增长 高质量发展 甘肃

2023年，随着经济社会恢复常态化运行，受疫情抑制的甘肃服务业总体向好修复，对全省经济增长的支撑作用明显提升，成为全省经济发展中的最大亮点。1~9月，甘肃服务业增加值增速和规上企业效益等服务业主要指标较上年大幅提升，同时高于全国均值；接触型服务业全面恢复，现代服务业增势较好，新业态新模式持续保持活跃，批零住餐、交通客运、文化旅游、金融等重点领域支撑作用不断稳固，房地产业受供需变化、政策调整和

---

* 蒋钦，甘肃省社会科学院区域经济研究所副研究员，主要研究方向为产业经济。

周期性因素影响，运行仍呈低迷态势，交通货运受全国制造业恢复相对缓慢影响增长放缓，但经济运行积极因素积累较多，预计短期内甘肃服务业仍将以高于全国平均水平的速度保持持续增长。

一 2023年前三季度甘肃服务业发展总体态势

（一）服务业恢复向好，对全省经济增长的支撑作用增强

2023年1~9月，甘肃服务业增加值4484.0亿元，较上年同期增加388.4亿元，在三次产业中服务业增加值增量最大，分别高出第一、第二产业3227.5亿元和1589.1亿元。从增速看，前三季度服务业增加值同比增长6.9%，与第一季度、上半年均保持了6.5%以上的较高增速，明显快于上年同期（3.7%）和上年全年（4.4%），并且高出同期全省GDP增速0.3个百分点，高出全国增速（6.0%）0.9个百分点（见图1），居全国第6位。从占比看，前三季度服务业增加值占GDP的比重为51.9%，较上年同期扩大1.5个百分点。总体上看，甘肃服务业较上年显著向好恢复，对全省经济加速增长的支撑作用明显增强。

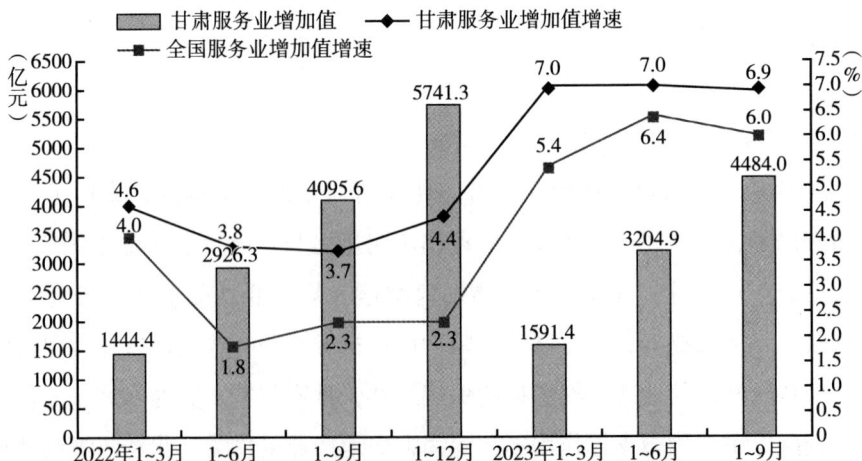

图1 2022年至2023年前三季度甘肃省服务业增加值及增速变化

资料来源：甘肃省统计局网站。

（二）接触型行业快速回升，现代服务业长势较好

接触型聚集型服务业提速恢复是 2023 年服务业运行中最显著的特征，甘肃住宿业和餐饮业营业额、交通运输业客运量和周转量、旅游业接待游客数和收入均由上年下降转为增长态势。前三季度，限额以上住宿业和餐饮业营业额同比分别增长 54.3%、30.7%，增速较上年同期分别提高 79.2 个和 38.4 个百分点；交通客运在居民日常出行、旅游等需求不断释放的带动下大幅增长，客运量与周转量同比分别增长 69.8% 和 106.1%，较上年同期分别提高 114.8 个和 142.2 个百分点；旅游业接待游客数和收入成倍增长，其中接待游客数已恢复至 2019 年同期水平。现代服务业保持较快增长态势，1~9 月信息传输、软件和信息技术服务业，租赁和商务服务业，科学研究和技术服务业增加值同比分别增长 12.3%、11.9% 和 6.2%。

（三）服务业新业态新模式保持活跃，创新动能持续增强

2023 年，甘肃市场主体规模不断扩大，前三季度，全省新增市场主体同比增长 10.2%，新设立企业增长 16.5%，其中多为服务业经营主体。同时，市场主体活力持续增强，即时零售、直播带货、夜间经济等消费新业态新模式成为消费增长的新引擎，也为服务业加快恢复注入新动力。传统商贸企业大力发展"消费大数据+电商化运营+物流配送"模式，即时零售、即时配送的同城消费新模式繁荣发展；电商行业通过直播带货持续增长，上半年跨境电商交易额 10.6 亿元，增长 39.0%，限额以上批零住餐业前三季度通过网络累计实现零售额 34.3 亿元，同比增长 29.1%，零售额和增速分别较上年同期增加 9.0 亿元、提高 1.5 个百分点。此外，甘肃积极拓展消费场景，鼓励各市州及县域依托重点商圈、步行街打造各具特色的夜间经济聚集区，成为激活消费市场、促进服务业发展的新动能。

（四）服务业投资波动较大，重点行业投资增长面扩大

2023 年，甘肃服务业固定资产投资呈现高开低走发展态势。第一季

度，甘肃服务业固定资产投资实现了增速（3.9%）由负转正，且高出全国服务业固定资产投资增速 0.3 个百分点，4 月增速达到峰值 6.4%，此后 5 个月增速逐月放缓，至 9 月累计增速同比下降 3.0%，低于上年同期 3.3 个百分点，低于全国 2.3 个百分点。甘肃服务业投资增速年内下滑主要原因是基建投资增速下降，从折线图看二者走势表现出高度一致性，基建投资累计增速 4 月达到峰值 13.2%，此后逐月下滑至 9 月1.7%（见图 2）。以往在经济下行压力较大时，基建投资通常作为托底工程逆势增长，2023 年甘肃固定资产投资更加侧重于结构调整，装备制造业和高技术制造业投资替代基建投资成为当前投资的主要支撑，将更有利于区域经济的长期健康发展。从重点领域项目投资情况看，前三季度服务业 14 个行业中有 10 个行业的项目投资增速较上年提高，增长面71.4%，较上年同期提高 21.4 个百分点，其中，住宿和餐饮业、批发和零售业与金融业投资增幅较上年同期分别提高 145.7 个、95.8 个和124.0 个百分点。

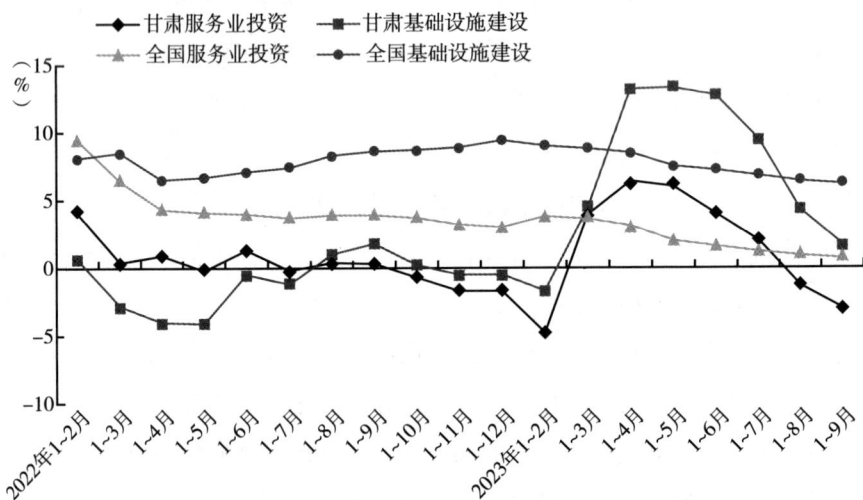

图 2　2022 年至 2023 年前三季度甘肃省及全国服务业固定资产投资增速对比

资料来源：根据甘肃省统计局网站月报数据和国家统计局网站数据整理。

（五）服务业效益大幅改善，规上企业营收和利润双提升

2023年1~8月，甘肃规模以上服务业企业营业收入、营业利润和利润总额较上年同期分别多增165.4亿元、41.1亿元和40.1亿元，尤其是营业利润与利润总额同比增速分别高达197.7%和154.0%，较上年同期分别高出187.2个和144.1个百分点（见表1）。同时，由于企业成本费用增幅不及收入，除两项利润指标大幅提升外，企业每百元营业收入中的成本也呈现下降态势，1~8月规模以上服务业企业每百元营业收入中的成本为95.5元，较上年同期减少4.6元。再从单户企业看全省服务业企业效益变化，平均每户企业每月实现的营业利润和利润总额分别较上年提高48.1万元和47.0万元，服务业市场主体对未来经营将更具信心。分类别看，现代服务业收益改善较好，上半年全省软件业务收入共15.7亿元，信息技术服务业收入10.7亿元。

表1　2023年1~8月及上年同期甘肃规模以上服务业企业效益对比

指标	2022年1~8月		2023年1~8月	
	绝对值	增长（%）	绝对值	增长（%）
营业收入（亿元）	988.0	4.1	1153.4	16.4
营业利润（亿元）	18.4	10.5	59.5	197.7
利润总额（亿元）	23.3	9.9	63.4	154.0
营业成本（亿元）	807.8	3.7	913.2	12.5
销售费用（亿元）	26.3	-3.3	27.4	5.4
管理费用（亿元）	65.2	-2.2	69.0	4.9
财务费用（亿元）	84.9	17.7	86.1	1.4
研发费用（亿元）	4.4	35.8	5.5	24.2
毛利润（亿元）	180.2	18.2	240.2	20.8
营业收入利润率（%）	1.9		5.2	
平均每户企业每月实现营业利润（万元）	21.4		69.5	
平均每户企业每月实现利润总额（万元）	27.1		74.1	
每百元营业收入中的成本（元）	100.1		95.5	

资料来源：甘肃省统计局网站。

二 2023年前三季度甘肃服务业重点行业运行特征

（一）消费市场强劲复苏，批零住餐业充分释放回升暖意

消费市场的活跃和繁荣是甘肃服务业增长的重要支撑，2023年甘肃抢抓消费反弹有利时机举办"云品甘味""田间行甘味产销季"等消费主题活动，消费潜力加快释放。上半年甘肃社会消费品零售总额增速（9.2%）居全国第7位，位次较上年同期前移14位；至9月末，社会消费品累计零售总额突破3255.0亿元，同比增长9.2%，增速比全国高出2.4个百分点。前9个月甘肃消费市场呈现三大特征，一是接触型消费运行全面改善，其中，限额以上零售业销售额增速较上年同期提高7.7个百分点，限额以上住宿和餐饮业营业额更是由上年下降转为大幅增长；二是乡村市场恢复快于城镇，前三季度乡村消费品零售额增速（9.7%）比城镇消费品零售额增速（9.1%）高出0.6个百分点；三是升级类商品销售活跃，1~9月化妆品类、金银珠宝类和汽车类零售额增长幅度分别较上年同期提高19.4个、11.0个和23.5个百分点（见图3）。

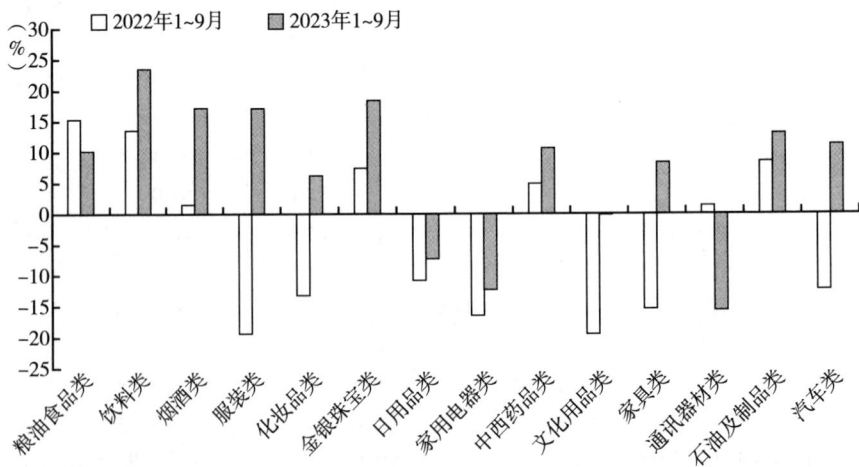

图3 2023年前三季度及上年同期甘肃限上单位各品类商品零售额增长情况

资料来源：甘肃省统计局网站。

（二）交通运输业运行出现反转，客增货减态势明显

2023年，甘肃交通运输业呈现与上年相反的发展特征，客运量因居民出行活跃而呈高速增长态势，经济下行、需求不足、能源价格上涨导致货运成本增加、制造业恢复较慢，加之车多货少等多重因素，货运量呈现小幅下滑趋势。1~9月，全省铁路、公路客运量和航空旅客吞吐量均由上年下降状态转为大幅上涨状态，其中，铁路和公路客运量较上年同期增幅分别提高165.7个和89.4个百分点；而同期货运量增幅收窄，货运量较上年同期增长6.0个百分点，其中，铁路货运量同比增长14.2%，增幅较上年同期下滑15.2个百分点，公路货运量同比增长2.7%，较上年同期增幅提高7.6个百分点，总体上货运业发展不及客运业（见图4）。

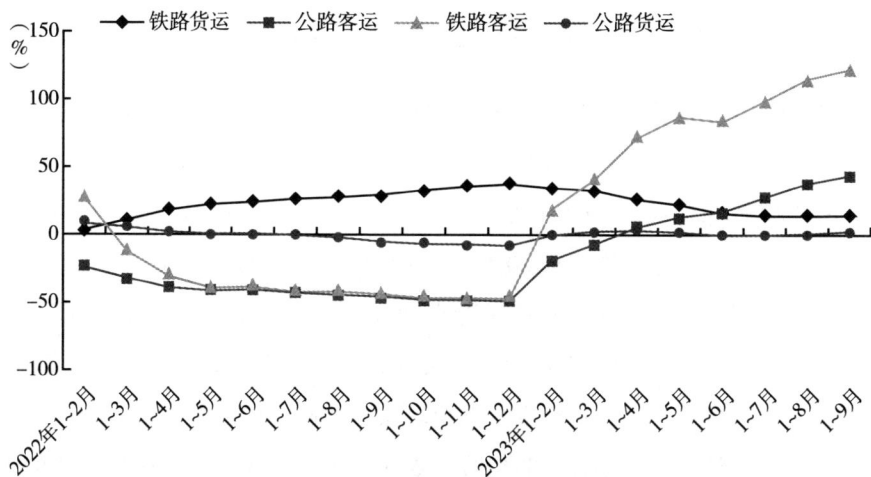

图4　2022年至2023年前三季度甘肃铁路、公路客/货运增速变动趋势

资料来源：甘肃省统计局网站。

（三）金融业信贷支持实体经济力度加大，居民储蓄意愿较强

2023年9月末，甘肃金融机构各项贷款余额同比增长7.8%，增速较上

年同期提高 0.9 个百分点，1~9 月新增贷款同比多增 493.8 亿元；9 月末各项存款余额同比增长 5.8%，增速较上年同期下降 3.2 个百分点，1~9 月新增存款同比减少 842.2 亿元。2023 年甘肃金融业存贷表现出以下特征，一是金融资源持续流向重点领域和薄弱环节，上半年甘肃制造业贷款同比增长 18.4%，普惠小微贷款增速（21.9%）和个体工商户贷款增速（22.6%）近 3 年首次超过 20.0%，向科创企业提供贷款 22.0 亿元，涉农贷款增速 9.0%，同比提高 2.4 个百分点；二是进一步降低企业贷款资金使用成本，上半年全省企业贷款、小微企业贷款加权平均利率分别为 4.4%、5.0%，同比下降 37.0 个和 21.0 个基点①；三是居民预防性储蓄意愿仍较强，9 月末住户存款余额同比增长 13.5%，增速较上年同期提高 1.0 个百分点，1~9 月住户新增存款同比多增 152.4 亿元，其中活期存款同比减少 112.7 亿元，而定期存款同比多增 265.1 亿元。

（四）文旅业持续升温，乡村旅游热度不减

2023 年，在国内游需求不断释放和省文旅厅实施 20 个专项行动等积极因素推动下，甘肃文旅市场供需两旺。1~9 月，全省接待游客超 3.0 亿人次，实现旅游综合收入 1910.0 亿元，同比分别增长 161.0% 和 234.5%，接待游客人数和收入分别恢复至 2019 年同期的 100.3% 和 89.0%②。2023 年甘肃文旅特点突出，一是文化和旅游融合加深，《大梦敦煌》、秦腔展演、敦煌"简牍中国"等活动以文塑旅，省文旅厅按"主题+时间+路线"形式，全新推出黄河风情、历史古镇等多条全域旅游线路，以旅彰文，有效扩大了甘肃特色文化传播。二是在文旅融合中农村元素持续渗入，乡村旅游热度不减，上半年，甘肃乡村游客接待量达 7562.5 万人次，实现旅游收入 224.6 亿元，显著高于 2019 年和 2022 年同期水平③，游客接待量和旅游收入分别

---

① 《人民银行兰州中心支行加大信贷投放支持实体经济高质量发展》，中国甘肃网，2023 年 7 月 26 日。
② 《2023 年前三季度全省经济运行情况新闻发布会》，甘肃省人民政府网，2023 年 10 月 24 日。
③ 《7562.5 万人次！甘肃乡村旅游市场热度持续升温》，中国甘肃网，2023 年 7 月 29 日。

占上半年全省总量的 54.0% 和 27.6%。三是文旅业经济效应放大，带动交通客运快速增长。

（五）房地产业活力下降，供需端呈现弱复苏趋势

从反映房地产活力的投资指标看，2023 年前三季度甘肃房地产投资受供需关系变化、政策调整等多重因素影响短期止跌压力较大，房地产开发投资同比下降 14.3%，降幅较上年同期扩大 15.4 个百分点，其中住宅投资同比下降 11.3%，增速较上年同期下降 16.5 个百分点，反映出甘肃住宅市场承压更大。房地产开发建设和销售好于全国，但与疫情前相比处于历史低位水平。1~9 月，全省施工面积较上年同期减少 172.3 万平方米，新开工施工面积同比下降 515.2 万平方米，其中，住宅新开工施工面积同比减少 439.0 万平方米；商品房销售好于上年，1~9 月商品房销售面积同比多增 26.5 万平方米，其中住宅销售面积同比多增 32.2 万平方米，商品房销售额同比多增 49.9 亿元，其中商品住宅销售额同比多增 47.0 亿元（见表 2）。

表 2　2023 年前三季度及上年同期甘肃房地产业主要指标对比

指标	2022 年 1~9 月		2023 年 1~9 月	
	绝对值	增长（%）	绝对值	增长（%）
房地产开发投资（亿元）	1175.6	1.1	1008.0	-14.3
其中：房地产住宅投资（亿元）	921.7	5.2	817.6	-11.3
房地产施工面积（万平方米）	11960.5	-3.6	11788.2	-1.4
其中：商品住宅施工面积（万平方米）	8714.6	-0.4	8619.0	-1.1
房地产新开工施工面积（万平方米）	1800.0	-31.0	1284.8	-28.6
其中：商品住宅新开工施工面积（万平方米）	1426.7	-28.4	987.7	-30.8
商品房销售面积（万平方米）	1159.1	-29.6	1185.6	2.3
其中：商品住宅销售面积（万平方米）	1098.5	-30.5	1130.7	2.9
商品房销售额（亿元）	668.9	-34.7	718.8	7.5
其中：商品住宅销售额（亿元）	628.3	-35.5	675.3	7.5

资料来源：根据国家统计局网站和甘肃省统计局网站月报数据整理。

三 2023年甘肃服务业发展存在的突出问题

（一）行业恢复不均衡，生产性服务业回升低于预期

2023年，甘肃多类服务行业复苏态势明显，但部分行业仍处于低迷状态。从重点营利性行业看，物流业、外贸、货运等生产性服务业恢复不及预期。其中，物流业在低位波动，9月物流业景气指数56.1%，连续两个月重返扩张区间；从分项指数上看，资金周转率、服务价格指数和主营业务利润指数均处于收缩区间，业务活动预期指数为50.0%，而主营业务成本处于扩张区间，反映出物流业成本压力较大、利润空间较窄和新增需求不足；外贸从第二季度开始锐降，1~9月全省进出口总值为382.4亿元，增速持续下降至12.2%，其中出口总值同比增长5.3%，进口总值同比下滑16.6%。从行业投资情况看，前三季度，甘肃租赁和商务服务业、居民服务业项目投资增速同比分别下降33.2%和31.1%，降幅较上年同期下降35.7个和71.9个百分点。

（二）消费市场恢复不均衡，同时存在增长趋缓倾向

2023年前三季度，甘肃14类零售商品中，日用品类、家用电器和音像器材类、文化办公用品类和通讯器材类等4类商品零售仍处于同比下降状态，其中，通讯器材类商品因价格上涨、产品同质化等因素影响增速由上年同期的增长1.3%下滑为下降15.7%，家用电器和音像器材类消费因收入弹性较大且受房地产业下行拖累而同比下降12.3%。同时，需要注意的是消费市场出现走低风险，第二季度社会消费品零售总额增长较第一季度放缓，第三季度7~8月增速持平，9月增速环比下降0.5个百分点（见图5）。其原因有上年基数影响和月度间的正常波动，但也反映出在疫情积压的部分消费逐步释放后，全省消费市场有回落可能。

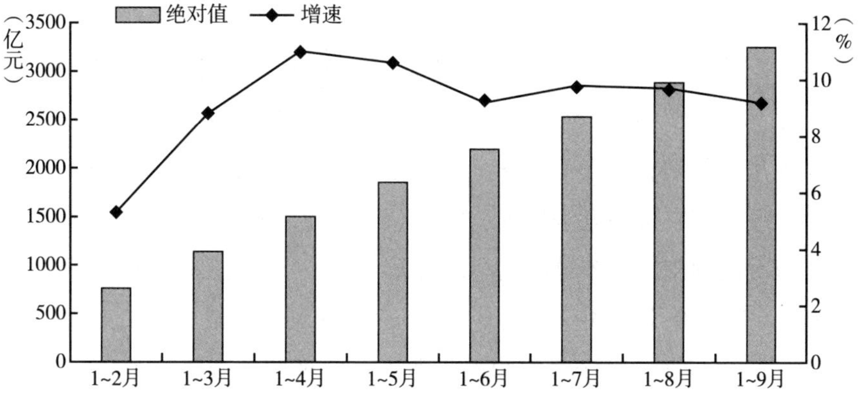

图5 2023年前三季度甘肃省社会消费品零售总额及增速变化

资料来源：甘肃省统计局网站月报。

（三）新兴服务业发展滞后，市州服务业发展差异过大

随着甘肃服务业规模不断壮大，行业间和市州间服务业发展的差异性愈加明显。从行业分布看，全省服务业以批发，交通运输、仓储和邮政业等传统生产性服务业与零售、住宿和餐饮等传统生活性服务业为主，软件和信息技术服务业、科学研究和技术服务业等新兴产业虽发展速度较快但占比仍较小；规模以上生产性服务业企业以批发与贸易经济代理服务企业数量最多，节能与环保服务、生产性租赁服务和生产性支持服务企业较少。从地区分布看，规模以上服务业企业主要集中在中心城市，尤其是省会兰州市，2023年上半年兰州市规模以上服务业企业占全省总量的57.8%，实现的营业收入500.5亿元，占全省总量的59.1%；规模以上节能与环保服务企业仅分布在兰州、平凉和庆阳3市，规模以上生产性租赁服务企业仅分布在兰州和嘉峪关2市。

（四）企业营运压力较大，规模及吸纳就业能力有所收缩

疫情三年对市场主体影响深远，当前众多服务业企业经营仍面临困难。从服务业企业数量看，2023年8月底甘肃规模以上服务业企业1067家，较

年初有 5 家企业退库；从企业用工情况看，前 7 个月规模以上服务业企业用工缩减，7 月末用工人数为 28.6 万人，同比减少 2.7%，较第一季度减少 0.3 万人，降幅扩大 1.9 个百分点（见图 6），8 月因暑期假日旅游带动，服务业企业用工猛增；从市州服务业运行情况看，部分市州服务业企业营运压力较大，主要存在市场竞争加剧、需求不足、用工成本上升、应收账款回笼慢和工资等刚性支出较多等问题。嘉峪关市前五个月规模以上服务业企业亏损面达 32.5%，9 个服务行业大类中有 5 个行业利润下滑，用工人数同比下降 2.6%[①]。张掖市前 7 个月规模以上服务业企业营业成本增速 13.7%，利润总额同比下降 174.8%，企业亏损面达 50.9%，期末用工人数同比下降 6.5%[②]。

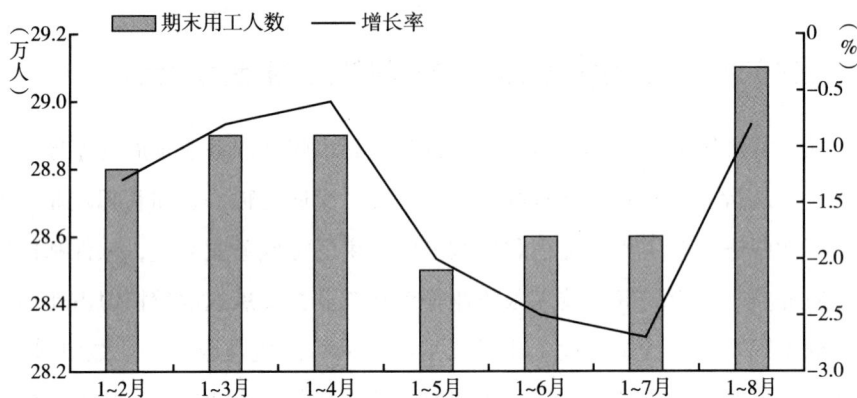

图 6　2023 年 1~8 月甘肃规模以上服务业企业期末用工人数及增速变化

资料来源：甘肃省统计局网站月报。

（五）农村居民消费水平低，制约全省服务业扩容提质

对比甘肃农村和城镇居民收支，发现当前农村消费滞后是甘肃省发挥消费拉动经济增长基础性作用和服务业持续扩容提质的突出短板。2023 年前

---

①　嘉峪关统计局：《2023 年 1-5 月嘉峪关市规模以上服务业运行情况分析》，2023 年 7 月 17 日。
②　张掖市统计局：《2023 年 1-7 月张掖市规模以上服务业运行情况分析》，2023 年 9 月 20 日。

082

三季度，甘肃农村居民人均消费支出 8697.0 元，仅是城镇居民人均消费支出的 43.3%，比全国农村居民人均消费支出少 4301.0 元；主要支出项目中，衣着、居住和教育文化娱乐等 3 类消费支出比重低于城镇居民，而食品、生活用品及服务、交通通信和医疗等 4 类消费支出比重高于城镇居民。制约甘肃农村消费需求增长的因素较多，其中最重要的是农村居民收入低，前三季度，甘肃农村居民人均可支配收入不及城镇居民人均可支配收入的三成，比全国农村居民人均可支配收入少 6949.0 元，抑制了农村居民即期消费的积极性；其次是农村居民保障水平低，医保、社保水平与城市尚有差距，保障面窄，服务滞后，进一步限制了农村居民消费欲望；最后是农村消费环境差，基建不完善、消费安全问题时有发生和商务发展滞后等不利于农村消费需求的扩大。

四　甘肃服务业发展前景预测

（一）宏观经济走势分析

2023 年全球经济复苏总体乏力。国际货币基金组织（IMF）、联合国和世界银行等对世界经济进行分析、判断和预测的权威机构对 2023 年全年世界经济增速的预测值均下调至 3.0% 以下，同时各大机构一致认为世界经济面临多重下行风险，增长疲弱。全球经济下行、需求疲弱致使外需走弱，中国出口下行压力加大。但这并不意味中国经济前景黯淡，IMF 预测 2023 年中国经济增速将为 5.2%，称中国是 2023 年亚洲经济增长的最强驱动力，联合国发布的《2023 年世界经济形势与展望》将中国经济增速由之前的 4.8% 上调至 5.3%，世界银行最新发布的《全球经济展望》报告将中国 2023 年经济增速上调至 5.6%，国际机构纷纷看好中国经济前景。

从国内看，前三季度中国经济稳步恢复，生产需求基本平稳，经济运行积极因素积累较多。主要表现在如下几个方面。一是国内投资和消费需求持续扩大，固定资产投资缓中趋稳，1~9月同比增长3.1%，基础设施、制造业投资等重点领域投资增速快于全部固定资产投资增速，未来仍将继续发挥稳增长作用；消费市场总体保持回暖态势，特别是服务消费支撑作用明显，1~9月服务零售额同比增长18.9%，高出同期社会消费品零售总额增速12.1个百分点。二是产业升级态势持续，1~9月高技术产业投资同比增长11.4%，高出全部投资增速8.3个百分点，装备制造业1~9月增加值同比增长6.0%，快于全部规模以上工业增加值增速2.0个百分点，高技术服务业固定资产投资同比增长11.8%，高出全国服务业投资增速11.1个百分点。现代服务业发展向好，前三季度信息传输、软件和信息技术服务业，租赁和商务服务业，金融业增加值同比分别增长12.1%、9.5%和7.0%。三是国内就业和物价总体稳定，其中城镇调查失业率低于上年同期，居民消费价格环比上涨。四是创新驱动发展动能持续增强，科技投入持续增加，相关高技术产品的制造快速增长，绿色低碳转型动能不断集聚，新能源相关产业发展向好，以新能源汽车和光伏电池等为代表的新能源产品增长较快，对上下游行业的带动作用增强。

从全国服务业发展整体走势看，2023年前三季度全国服务业呈现恢复性增长态势。未来现代服务行业发展将更加稳健，接触型聚集型服务业运行回归常态，2023年第四季度进入消费旺季、各地促消费政策力度持续加大、就业形势有所缓和、消费场景更加丰富等多重积极因素将推动消费保持较快增长，同时，餐饮、旅游等行业个性化服务和差异化服务模式将成为主流趋势；新业态新模式将更加快速发展，"云"看展、VR试衣、AI+实体店模式+短视频等新涌现的新模式将在更多区域和服务业领域推广应用，即时零售、直播带货等新业态将成为主流，消费线上线下融合加深将带动快递业规模扩增；基础建设投资在项目储备充足和政策支持到位等利好因素推动下仍将保持平稳也将较快增长。但同时也应注意到，当前外部环境更加复杂严峻，国内需求仍显不足，服务业持续向好恢复的基础还需进一步稳固。

（二）先行指标分析

2023年1~9月，服务业商务活动指数持续保持在景气区间，9月，服务业商务活动指数为50.9%，市场供需呈平稳趋升走势（见图7）。

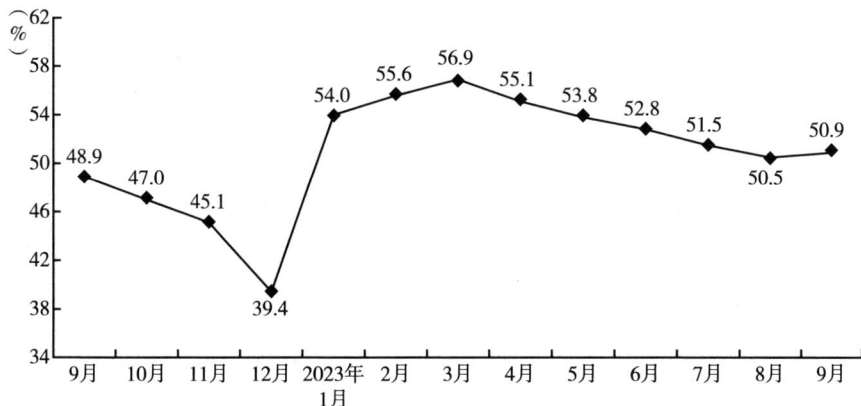

图7 2023年1~9月服务业商务活动指数

资料来源：国家统计局网站。

从5项分类指标看，服务业新订单指数（47.4%）和从业人员指数（46.9%）低于临界点，投入品价格指数（52.1%）、销售价格指数（50.0%）和业务活动预期指数（58.1%）处于较高景气水平，反映出服务业面临需求不足和用工景气度不高问题，但企业对市场恢复发展预期向好。

分行业看，服务业持续保持恢复性增长的积极因素较多。一是随着制造业采购经理指数回升和暑期、节假日消费增长，制造业企业和消费品批发企业采购意愿增强，9月批发业商务活动指数升至53.0%以上，新订单指数也有所上升，表明社会商品流通趋于活跃；二是银行业的商务活动指数和新订单指数连续2个月环比上升，且均在60.0%左右，表明实体经济融资需求有所趋升；三是零售业和邮政业商务活动指数较上月环比上升，且均在50.0%以上，显示出居民线上线下消费活动表现良好。

（三）甘肃服务业发展前景

甘肃服务业延续前三季度向好发展态势，存在多重利好因素。一是城乡居民收入增长较快，前三季度全省居民人均可支配收入同比增长 7.6%，高出全国平均水平 1.3 个百分点，其中，城镇居民人均可支配收入增速较第一季度加快 3.6 个百分点，高出全国增速 0.9 个百分点，农村居民人均可支配收入增速较第一季度加快 2.0 个百分点，高出全国增速 0.3 个百分点，城乡居民收入比较上年同期差距缩小。二是营商环境持续改善，2023 年甘肃开展"优化营商环境攻坚突破年"行动，企业开办线下"一窗通办"和线上"一网通办"改革落地见效，各行业资质审批时间均有缩减，数字政府建设取得突破性进展，全省政务服务事项全程网办率达到 98.0% 以上，"甘快办"手机端可办理事项由 6.7 万项增加到 18.5 万项，省大数据中心建成"陇商通"一键服务系统，形成全省统一的服务企业诉求平台。三是政策支撑不断强化，2023 年甘肃先后出台《加大服务业重点行业扶持 全面促进消费增长若干政策措施》《甘肃省促进服务业领域困难行业恢复发展的若干措施》《甘肃省助力中小微企业稳增长调结构强能力若干措施》《关于进一步促进民营经济发展的近期若干措施》等政策文件，政策措施的落实缓解了服务业市场主体尤其是困难行业和小微企业的发展压力，上半年全省政府采购授予中小企业合同份额占比达 93.0%，对交通运输和餐饮业等行业小微企业和个体工商户新增发放创业担保贷款 62.7 亿元①，截至 9 月全省举办近 470 场政银企保对接活动，为企业授信金额超过 1350.0 亿元，受惠企业近 6.6 万家。

综合来看，前三季度甘肃服务业恢复增长态势较好，增加值增速高于全国均值，主要的服务行业——批零住餐业、交通运输业、旅游业和金融业等主要指标也高于全国平均水平。结合当前甘肃服务业发展面临的宏观经济环

---

① 《瞄准一流求突破——甘肃推动营商环境持续改善赋能高质量发展》，中国甘肃网，2023 年 8 月 21 日。

境和服务业先行指标走势，预计短期内甘肃服务业加速恢复虽仍将面临需求不足等问题，但在多项积极因素叠加作用下，甘肃服务业将延续小幅回升向好态势，并且也将保持优于全国服务业发展平均水平的良好态势。

五 促进甘肃服务业高质量发展的对策建议

（一）以专业化提升和两化融合为方向，做大做强生产性服务业

以推动生产性服务业向专业化和价值链高端发展、促进生产性服务和制造业深度融合为两大方向，重点应加强四方面工作。一要鼓励符合条件的制造业盘活固定资产发展物流等生产性服务业；依托规模以上生产性服务企业，在信息技术咨询服务、广告设计、机械租赁等领域扩大业务范围并提高服务层次和质量。二要引导制造业进行主辅分离，鼓励规模以上制造业对工业设计、物流运输、检验检测等内置服务和非主营业务进行分离。三要大力推动生产性服务业数字赋能，引导生产性服务企业拓展信息技术应用场景，深化线下实体服务和线上数字服务融合。四要进一步推进生产性服务业集聚发展，加快兰白、天水和酒嘉商贸物流聚集示范区和区域物流聚集区建设，加快中川北站物流园、兰州空港物流园集聚区建设，引进省外电子信息、软件、互联网等领域百强企业入驻电子信息产业园和大数据产业园，促进信息产业聚集发展。

（二）以提升服务品质为重点，强化生活性服务业供给侧改革

生活性服务业扩容提质的发力端主要在供给侧，应以适应消费需求变化为主线，增加有效供给，提升服务质量，改善消费环境。首先，应加强市场调研，掌握居民消费需求变化，从而引导企业提供高品质、多元化和个性化的产品与服务，实现供需匹配。其次，应加大甘肃服务业开放力度，引进或培育壮大一批市场竞争力强的龙头企业和服务品牌，丰富生活性服务业供给主体。再次，应进一步完善服务消费领域质量标准体系，加强家庭服务业、

文化旅游业、餐饮、体育娱乐业等主要日常生活性服务行业的服务标准化建设，加大对产品质量和服务质量的抽查力度与后处理力度，提高这些领域的优质服务供给。最后，加强生活性服务业行业诚信建设，建立并完善全省统一的信用信息平台建设，建立跨部门联动响应机制和失信惩戒机制，完善网络商品的风险监控、网上抽查、源头追溯和属地查处制度。

（三）加快构建现代服务业新体系，优化服务业空间布局

立足甘肃省情和产业发展目标，加快构建以四大生产性服务业、三大生活性服务业和四大新型服务业为主体的现代服务业新体系，以各类服务业发展重点领域为重点，培育新增长点，做大做强甘肃现代服务业。一是按照"一圈引领、两轴带动、多点支撑"的生产性服务业空间格局，做大做强现代物流、金融、商务、服务外包等四类生产性服务业，重点加快兰州国际物流中心建设，建成兰州新区绿色金融改革创新试验区，支持陇南国家电子商务示范城市建设。二是促进养老、家政、家庭社区智能服务等三大生活性服务业向便利化精细化品质化提升。三是积极发展科技信息服务、跨境寄递服务、会计审计、智慧会展等新型服务业。在空间布局上，重点对兰州市服务业进行疏解，促进批发、物流、医疗、教育、科研机构和部分行政机构向城区外围迁移，减少兰州市过于集中的传统服务业业态；提升其他市州辐射功能和县区的空间中介作用，形成以市州城市为极点向县区辐射的现代服务业布局模式，并加快发展市州和县区的服务业态。

（四）多重扶持政策协同联动，切实减轻企业营运压力

持续落实中央和甘肃促进服务业稳健发展的相关政策措施，用好存量政策，进一步挖掘增量政策，集成配套政策，切实减轻企业压力，精准服务保障企业发展。各职能部门协调联动，加强对企业的走访调研，及时了解企业生产经营中面临的主要困难，以问题为导向，从税费负担、融资成本、人工成本等重点方面研究帮助企业降本增效的具体措施，及时协调解决企业困难问题。放宽服务消费领域市场准入，落实国家发展改革委最新发布的《关于

做好2023年降成本重点工作的通知》，围绕增强税费优惠政策的精准性针对性完善省级税费优惠具体措施，引导金融资源精准滴灌，继续增加对服务业小微企业的首贷、续贷和信用贷，持续提升金融对实体经济的服务质效，延续阶段性降低部分社保、失业保险和工伤保险率政策，缓解企业用工成本压力。

（五）深挖农村居民消费潜力，带动乡村服务业发展

结合甘肃实际与国家发展改革委《关于恢复和扩大消费的措施》中促进农村消费具体措施，主要应从加快发展现代农业、改善消费环境和完善社保体系等入手。一是发展现代农业，提高农民居民收入水平，促进农村居民消费并带动乡村服务业发展。出台优惠政策鼓励国有和民间资本投资现代农业，鼓励农业专业人才和农村经营大户开办现代农业企业，帮助龙头企业做大做强，壮大农村专业合作社、家庭农场等现代农业经营方式；深化农业与第二、三产业的融合发展，尤其是农产品深加工和乡村旅游；建立农产品市场信息平台，引导农民网上销售农产品。二是要大力改善农村消费环境，打通农村流通基础设施建设"最后一公里"，完善农村电子商务和快递物流配送体系，实现快递村村通，为农村居民消费提供更加便捷的环境；加大农村打假力度，遏制假冒伪劣商品流向农村。三是进一步完善社保体系，提高农村居民低保、养老、医疗保障标准，消除或减轻农村居民消费顾虑。

参考文献

《经济研究》智库经济形势分析课题组：《2023年上半年中国经济回顾与下半年经济展望》，中国社会科学院经济研究所，2023年8月3日。

杨耀武：《推动服务业高质量发展以吸纳更多新增就业》，《上海证券报》2023年8月18日。

甘肃省经济研究院宏观经济研究室：《2023年甘肃经济展望》，甘肃经济信息网，2023年2月20日。

蔡文正：《激发消费活力促进提档升级》，《甘肃日报》2023年5月12日。

B.5
2023～2024年甘肃财政金融业分析与预测

常红军*

摘　要：　2023年1~9月，甘肃省财政金融总体保持平稳运行态势，甘肃省财政部门和金融机构加力提效实施积极的财政政策和稳健的货币政策，围绕甘肃省经济社会发展目标和存在的主要问题，切实发挥财政金融在甘肃经济发展中的引领支撑作用，进一步完善税费支持政策，结合全省经济社会发展实际需求不断优化信贷结构，银行业规模持续稳步扩大，金融机构总体经营实力和能力进一步增强；证券业稳步发展，资本市场服务实体经济能力不断提升；保险业民生保障功能增强，保险资金继续加大对甘肃省经济建设支持力度。2024年，甘肃财政金融总体将继续平稳运行，宏观调控能力将进一步提高，财政政策和货币政策积极性进一步提高，防范化解重大金融风险能力和成效逐步提升，着力提升财政金融服务支持区域经济发展实操能力和管理水平，促进甘肃财政金融业实现高质量发展。

关键词：　财政金融业　信贷结构　甘肃

2023年1~9月，甘肃省财政金融总体保持平稳运行态势，甘肃省财政部门和金融机构加力提效实施积极的财政政策和稳健的货币政策，围绕甘肃省经济社会发展目标和存在的主要问题，切实发挥财政金融在甘肃经济发展中的引领支撑作用，进一步完善税费支持政策，结合全省经济社会发展实际需求不断优化信贷结构，银行业规模持续稳步扩大，金融机构总体经营实力和能力进一步

---

*　常红军，甘肃省社会科学院区域经济研究所副研究员，主要从事区域经济、财政金融研究。

增强；证券业稳步发展，资本市场服务实体经济能力不断提升；保险业民生保障功能增强，保险资金继续加大对甘肃省经济建设支持力度。甘肃省对财政金融工作一直十分重视，围绕实现省委省政府总体工作要求和目标，积极引导和督促财政金融机构转变观念、改进服务，探索支持地方经济发展的新思路、新办法，为全省经济社会高质量发展作出新的贡献，积极推进财政金融支持带动战略实施。

一 2023年甘肃省财政金融形势分析

（一）2023年甘肃省财政形势分析

自2023年以来，甘肃省各级财政部门紧紧围绕党中央、国务院各项部署，省委省政府"三抓三促"行动要求，笃定年度工作任务和预期目标，财政运行总体平稳，国家各项财税政策落实到位，争取中央支持成果显著，"三保"及各项重点支出保障有力。

1. 全省一般公共预算收支情况

（1）一般公共预算收入

1~9月，全省一般公共预算收入747.6亿元，同比增长12%。其中，税收收入517.4亿元，占一般公共预算收入的比重为69.2%，同比增长24.3%；非税收入230.2亿元，占一般公共预算收入的比重为30.8%，同比下降8.3%。其中，省级收入208.2亿元，同比增长4.7%；市县级收入539.5亿元，同比增长15.1%（见表1）。主要税收收入中国内增值税244亿元，同比增长83.3%；企业所得税65.1亿元，同比下降5.3%；土地增值税20亿元，同比下降16.1%。

表1 2023年1~9月甘肃省一般公共预算收入情况

单位：亿元，%

月份	一般公共预算收入		税收收入			非税收入			省级收入		市县级收入	
	收入	增长	收入	占比	增长	收入	占比	增长	收入	增长	收入	增长
1~9	747.6	12	517.4	69.2	24.3	230.2	30.8	-8.3	208.2	4.7	539.5	15.1

（2）一般公共预算支出

1~9月，全省一般公共预算支出3388亿元，同比增长5.4%。其中：省级支出585.5亿元，同比增长12.9%；市县级支出2802.5亿元，同比增长4%（见表2）。主要支出科目中，教育支出554.8亿元，同比增长3.9%；科学技术支出33.7亿元，同比增长36.2%。

表2　2023年1~9月甘肃省一般公共预算支出情况

单位：亿元，%

月份	一般公共预算支出		省级支出		市县级支出	
	支出	增长	支出	增长	支出	增长
1~9	3388	5.4	585.5	12.9	2802.5	4

2.政府性基金预算收支情况

（1）政府性基金预算收入

1~9月，全省政府性基金预算收入231.1亿元，同比下降2.9%。其中：省级收入94.7亿元，同比增长22.8%；市县级收入136.4亿元，同比下降15.3%（见表3）。全省政府性基金收入中，国有土地使用权出让收入107.4亿元，同比下降24.7%；车辆通行费收入74.5亿元，同比增长22.3%。

表3　2023年1~9月甘肃省政府性基金预算收入情况

单位：亿元，%

月份	政府性基金预算收入		省级收入		市县级收入	
	收入	增长	收入	增长	收入	增长
1~9	231.1	-2.9	94.7	22.8	136.4	-15.3

（2）政府性基金预算支出

1~9月，全省政府性基金预算支出670.9亿元，同比下降49.9%。其中：省级支出162.2亿元，同比下降42.1%；市县级支出508.6亿元，同比下降51.9%（见表4）。全省政府性基金预算支出中，国有土地使用权出让收入安排的支出为113.5亿元，同比下降32.1%；车辆通行费安排的支出73.1亿元，同比增长3.4%。

表4　2023年1~9月甘肃省政府性基金预算支出情况

单位：亿元，%

月份	政府性基金预算支出		省级支出		市县级支出	
1~9	支出	增长	支出	增长	支出	增长
	670.9	−49.9	162.2	−42.1	508.6	−51.9

3. 国有资本经营预算收支情况

1~9月，全省国有资本经营收入18.6亿元，同比增长436.9%；全省国有资本经营支出15.6亿元，同比增长329%。

4. 为全省经济社会高质量发展加大财力支撑力度

2023年甘肃省各级财政部门在推动财政收入水平提高的同时，注重调整优化支出结构，确保省市各级政府各项重大政策重大项目落实资金保障，以财政积极支持方式和举措支持全省经济社会高质量发展。一是着力推动县域经济发展。省级财政拿出专项资金继续对重点工作任务和项目完成情况良好的市州给予奖励，在全省范围内安排新增专项债券，重点用于支持产业园区建设和培育主导产业。二是持续加大科技创新支持力度。为深入推进省委、省政府"强科技"行动，甘肃省财政厅将科技支出作为重点领域优先保障，加大省级财政对科技创新支持力度。2023年甘肃省级财政科技预算安排资金比上年增长12.9%，占省本级一般公共预算支出的2.7%，提前实现2025年达到2.5%的目标。三是持续加大民生投入。2023年省级年初预算安排衔接补助资金72亿元，主要用于支持巩固脱贫攻坚成果同乡村振兴有效衔接，通过财政资金发挥政府持续发力作用，促进脱贫群众稳定增收，巩固脱贫攻坚成效。

5. 甘肃省财政厅首次开展县级财政运行综合绩效评价

为更好地推动甘肃省财政体制改革，厘清财政事权和支出责任划分，规范省以下转移支付，加强基层财力保障，防范债务风险，实现基本公共服务均等化，甘肃省财政厅选取金塔县、甘州区、康县、甘谷县、正宁县、庄浪县六县区开展了县级财政运行综合绩效评价。这是甘肃省首次开展相关探索，对于完善"全方位、全过程、全覆盖"预算绩效管理体系、促进县级政府提高财政运行效率、提升公共服务质量，具有重大意义。

（二）2023年甘肃金融形势分析

2023年1~9月，甘肃省金融机构进一步强化服务实体经济，落实重大金融工作部署，加大对重点领域的融资支持力度，为全面实施"四强"行动、推动构建"一核三带"区域发展格局提供强有力的金融保障。着重推进信贷投放，提高直接融资比重，加快推进企业挂牌上市进程，着力推动重点企业债券发行。加大改革创新力度，指导兰州新区2023年10月获批西部首个国家科创金融改革试验区。持续守牢风险底线，建设甘肃智慧金融平台，加大金融风险隐患处置力度，坚决守住不发生区域性系统性风险底线。

1. 甘肃金融运行形势良好

截至9月末，全省金融机构各项贷款余额27407.67亿元，同比增长7.78%。人民币贷款余额27318.85亿元，同比增长7.96%；全省金融机构各项存款余额26298.84亿元，同比增长5.79%；人民币存款余额26242.75亿元，同比增长5.87%。1~9月，全省完成直接融资440.44亿元，同比增长85.06%，其中，股权市场融资112.91亿元，债权市场融资327.53亿元；全省保险业累计实现原保险保费收入454.08亿元，同比增长11.01%；其中，产险公司累计实现149.62亿元，同比增长11.52%；寿险公司累计实现304.46亿元，同比增长10.77%；全省赔付支出151.19亿元，同比增长29.17%。[①]

2. 甘肃证券业继续稳定健康发展

甘肃资本市场继续稳定健康发展，对促进甘肃省经济发展方式转变和经

---

① 《金融简报（2023年9月）》，http://jrjg.gansu.gov.cn/sjrb/c106969/202310/173786742.shtml，2023年10月30日。

济结构调整的能力和作用进一步提高。截至8月末，甘肃辖区上市公司共有36家，其中，A股上市公司35家，H股上市公司1家。35家A股上市公司，总股本666.21亿股，总市值2936.4亿元；在上海证券交易所主板上市15家，在深圳证券交易所主板上市16家，在创业板上市4家；从地区分布看，兰州市20家，白银市、酒泉市各4家，陇南市3家，天水市2家，武威市、嘉峪关市各1家，其余7个市（州）无上市公司；从控股股东看，中央企业控股2家，地方国资控股14家，民营资本控股16家，无实际控制人3家（见表5）。甘肃辖区拟上市公司共有5家，分别是甘肃皓天医药科技股份有限公司、定西高强度紧固件股份有限公司、甘肃银行股份有限公司、金昌宇恒镍网股份有限公司、华龙证券股份有限公司。甘肃辖区新三板挂牌公司共有25家，其中，兰州市13家，白银市、嘉峪关市各2家，定西市、酒泉市、临夏回族自治州、平凉市、庆阳市、天水市、武威市、张掖市各1家。截至8月末，甘肃辖区有1家证券公司，111家证券分支机构，其中，25家证券分公司，86家证券营业部。客户托管资产总额2068.63亿元，同比增长15.63%；证券资金账户数335.5万户，同比增长1.75%。1~8月，辖区证券分支机构累计实现证券交易额13666.32亿元，同比增长1.17%。截至8月末，甘肃辖区有1家期货公司、6家期货分支机构。客户权益总额9.95亿元，同比增长26.27%；期货账户数1.87万户，同比增长5.08%。1~8月，辖区期货经营机构累计实现期货交易额4213.26亿元，同比减少2.26%。截至8月末，在基金业协会登记并且注册地在甘肃的私募基金管理人共有37家，备案的私募基金有66只，基金净值总规模139.16亿元。私募基金管理人中，私募证券投资基金管理人3家，私募股权、创业投资基金管理人33家，其他私募投资基金管理人1家。从注册地分布看，兰州市34家，天水市、张掖市和金昌市各1家；从控股类型看，国有控股23家，自然人及其所控制民营企业控股12家，其他类型2家。①

---

① 2023年8月末甘肃资本市场基本情况（2023.10.13）中国证券监督管理委员会甘肃证监局，http：//www.csrc.gov.cn/gansu/c104572/c7436976/content.shtml。

表5 甘肃省辖区上市公司情况

单位：家

项目	具体情况	数量
上市交易所	上海证券交易所主板上市	15
	深圳证券交易所主板上市	16
	创业板上市	4
所在地区	兰州市	20
	白银市	4
	酒泉市	4
	陇南市	3
	天水市	2
	武威市	1
	嘉峪关市	1
控股股东	中央企业控股	2
	地方国资控股	14
	民营资本控股	16
	无实际控制人	3

3. 甘肃省信贷结构持续优化，企业融资成本持续下降

在贷款投向上，甘肃金融机构充分发挥结构性货币政策工具精准优势，金融资源重点支持重点领域和薄弱环节，增强经济发展动能。一是制造业贷款增势强劲。2023年上半年，全省制造业贷款余额2342亿元，同比增长18.4%；其中制造业中长期贷款余额1349亿元，同比增长23.4%，高于各项贷款增速14.2个百分点。二是小微企业融资保障有力。上半年，全省普惠小微贷款、个体工商户贷款增速分别达21.9%、22.6%，近3年首次超过20%。三是科创企业金融服务优化。甘肃金融机构联合省工信厅、科技厅开展"规上工业和专精特新企业银企对接月"活动，建立政府部门推名单、人民银行当好"客户经理"、商业银行上门对接的"3+N"协作模式，活动期间，累计向124家企业提供贷款支持22亿元。四是支持全面推进乡村振兴。制定印发《关于开展"一县一业一品"金融服务乡村振兴专项行动的通知》，通过探索"再贷款+"、财政金融联动、供应链金融服务等多种形式，打造了"支种贷""红牛活体抵押贷""金橄榄"等金融服务品牌。上半年，全省涉农贷款增速达9%，同比提升2.4个百分点。

在降低企业融资成本方面，中国人民银行兰州中心支行推动辖内金融机构落实存款利率市场化调整机制，持续释放贷款市场报价利率改革效能，推动降低实体经济综合融资成本。上半年，全省企业贷款、小微企业贷款加权平均利率分别为4.43%、5.03%，同比分别下降37个、21个基点。

4. 实施金融"四大工程"激发市场活力

2022年12月24日，甘肃省人民政府办公厅发布了《关于实施金融"四大工程"激发市场活力的意见》，要求全省在继续落实稳经济一揽子政策和接续政策、衔接已有各项金融助企措施的基础上，大力实施金融供给扩大工程、产业金融发展工程、服务质效提升工程、融资渠道拓宽工程等金融"四大工程"，认真研究用足用活金融政策和金融工具，进一步优化金融环境，促进金融资源向甘肃省重点发展领域、薄弱环节和生产经营需要金融加大支持力度的企业、行业倾斜，进一步增强企业信心，用金融市场力量激发企业活力，推动经济社会发展良性快速发展，实现金融与实体经济的良性互动。

5. 甘肃省金融监管局量化2023年度全省金融业发展关键核心指标

为确保甘肃省2023年经济增速达到6.5%，甘肃省金融监管局将2023年度全省金融业发展11项关键核心指标进行了量化，具体如下：2022年到2023年金融业增加值从925亿元增加到985亿元，同比增长6.5%；社会融资规模增量从1923亿元增加到2600亿元，同比增长35%；贷款余额从25390亿元增加到27675亿元，同比增长9%；农村脱贫人口小额贷款余额从226亿元增长到248亿元，同比增长10%；企业挂牌上市5家；直接融资规模从575亿元增加到700亿元，同比增长22%；险资入甘从51亿元增加到100亿元，同比翻番；融资担保在保额增量从247亿元增长到284亿元，同比增长15%，到2023年底融资担保在保余额达到700亿元；高风险机构从41家减少至13家，2023年净减少28家；不良资产清收处置453亿元；地方金融组织从704家减少至665家，净减少39家。

6. 甘肃省启动金融顾问制度为企业发展提供金融咨询服务

2023 年 4 月，甘肃省正式启动金融顾问制度，为企业发展提供全面客观的"定制式、贴心式"金融咨询服务，促进金融与实体经济深度融合、协同发展。2022 年底，甘肃省金融监管局会同中国人民银行兰州中心支行、甘肃银保监局、甘肃证监局等 10 家单位联合印发《关于建立金融顾问制度的实施意见》，遴选在甘银行、证券、基金、保险等金融机构，小贷、担保等地方金融组织，律师事务所、会计师事务所、资产评估公司等中介机构有金融、法律、财会等领域从业经历的专业人才，组建了金融顾问库。与此同时，甘肃省金融监管局联合省科技厅、省工信厅、省商务厅等部门，筛选推荐了 131 家有金融服务需求的企业，主要包括行业龙头企业、发展潜力企业、上市后备企业、纾困帮扶企业等，形成省级金融顾问对接企业名单库。金融顾问将以团队形式为企业提供公益性服务，每月至少 1 次通过座谈交流、电话沟通、视频连线、实地调研等方式，向企业宣讲金融政策、金融产品，了解企业融资需求，积极为企业提供融资建议和服务。

7. 甘肃省颁布实施企业挂牌上市行动方案（2023~2025 年）

2023 年 8 月，甘肃省人民政府办公厅印发了《甘肃省企业挂牌上市行动方案（2023—2025 年）》，要求牢牢把握资本市场改革发展机遇，紧紧围绕促进实体经济发展，激发市场创新活力，拓展市场广度深度，促进直接融资与间接融资协调发展，提高直接融资比重，提升企业竞争力，促进资本形成和股权激励，更好发挥资本市场优化资源配置的作用，壮大企业挂牌上市"板块"，推动企业上市与打造现代产业集群相结合，促进甘肃多层次资本市场持续健康发展。

8. 强化科创金融服务支持科技强省

为深入贯彻党的二十大关于强化企业科技创新主体地位、发挥科技型骨干企业引领支撑作用、营造有利于科技型中小企业成长良好环境的决策部署，进一步加大对科技型企业融资的支持力度，中国人民银行甘肃省分行、国家金融监督管理总局甘肃监管局、中国证券监督管理委员会甘肃监管局、甘肃省地方金融监督管理局、甘肃省发展和改革委员会、甘肃省科学技术厅、甘肃省工业和信息化厅、甘肃省财政厅、甘肃省市场监督管理局联合印发《强化科创金融服务支持科技强省若干措施》，结合甘肃实际，细化强化科创金融服务，围绕重点领域和企业需求，强化融资供给。

9. 实施构建"财政+金融"模式支持实体经济高质量发展

2023年8月，甘肃省政府办公厅出台《关于构建"财政+金融"模式支持实体经济高质量发展的实施意见》，提出按照省委、省政府重大决策部署，强化财政政策资源集成，用足用活金融工具，加快构建"财政+金融"模式，推动"政府+市场"同向发力，盘活整合国有资产资源，统筹配置财政政策资金，打造财政金融政策工具包，通过市场化运作方式，服务实体经济，充分发挥财政资金引导激励作用，撬动金融资源和社会资本支持实体经济发展，推进中国式现代化甘肃实践取得更好的成效。

二 甘肃财政金融运行中存在的问题

2023年甘肃财政金融稳定运行，在为甘肃经济实现高质量发展发挥重大支持推动作用的同时，由于经济受国内外大环境影响继续下行、消费乏力、经济结构调整、金融强监管等多种原因，也存在一些不容忽视的问题。

1. 甘肃省经济增长仍面临诸多挑战

影响甘肃经济持续恢复增长的困难和挑战依然不少，经济发展还面临不少不确定因素。一是需求收缩、供给冲击、预期转弱压力仍然较大，城乡发展、区域发展、产业发展不平衡特征依然明显；二是工业持续增长基础不牢，产业转型升级步伐还需进一步加快；三是消费恢复乏力，高质量发展新动能新引擎蓄积不够。

2. 依然存在财源紧张、财政困难等问题

财政收入增长还面临不少困难和挑战，依然存在财源紧张、财政困难等问题。保持较大幅度增长的基础尚不牢固。落实国家发展战略、巩固脱贫攻坚成果、保障和改善民生、债务还本付息等支出需求将进一步增加。总体来看，2023年财政收支矛盾依然突出，呈现紧平衡状态。

3. 需要加大政策和资金支持力度

甘肃区位优势明显，农业省份特色鲜明，发展文旅产业具有深厚的文化底蕴，风光、水电、矿产等自然资源富集。近年来，甘肃省围绕新能源、现代化工、矿产品加工、农产品加工等产业大力实施工业强省战略，经济发展势头良好。甘肃省在优化转移支付分配方式、财政资金配套、重点产业发展、重大基础设施配套资金等方面需要加大政策和资金支持力度。

4. 全省金融工作存在不少差距、不足和困难

全省金融工作取得了明显实效，但同时也存在不少差距、不足和困难。如金融对乡村振兴等薄弱环节支持的针对性还不强，中小微企业融资问题还比较突出。防范化解金融风险形势依然严峻，风险隐患复杂，高风险机构和不良资产占比较高，存量风险较大。金融改革成效还未充分显现，金融业发展与甘肃省经济社会深层次需求还不匹配，绿色金融总体规模偏小，对绿色发展的支撑作用不明显。

5. 金融资源配置结构须进一步优化和调整

当前，甘肃的高端制造业、中小微企业、绿色产业、科技创新、县域经济发展等领域普遍面临资金需求难以解决的问题，金融资源主要集中在国有企业、资源类企业等，配置不平衡问题突出。金融体系须对金融资源配置结构进一步优化和调整，从长远规划，引导和支持金融资源向新能源、高端制造业、中小微企业、科技创新、县域经济等领域聚集，在提升区域内有限金融资源的运行效率的同时，为甘肃省经济高质量发展助力。

三 2024年甘肃省财政金融运行发展预测

（一）财政

2024 年，甘肃省各级财政部门坚决贯彻党中央、国务院方针政策和省委、省政府决策部署，全面落实中央和省委经济工作会议、全国财政工作会议精神，深入研判财政经济形势，注重财政支出结构调整，加强财政资源统筹，

强化预算源头管控，增强重大战略任务财力保障，提高财政资源配置效率和财政资金使用效益，促进全省经济社会高质量发展。充分考虑省委、省政府实施"四强"行动、强化"四个主引擎"、推动"9个聚力"等决策部署落地见效对财政增收的积极效应，考虑产业结构不够优化、创新主体活力不足、县域经济实力较弱等实际对财政增收带来的压力，坚持应保尽保、能省则省，量入为出、精打细算，注重财政事权与支出责任相匹配，在落实好"三保"任务的基础上，坚持依法行政，积极争取中央支持，着力保障重点支出，积极防范政府债务风险，坚决落实过紧日子要求，深入推进财税体制改革，加大对重大战略、重点领域的支持力度，为全省经济社会高质量发展作出积极贡献。

（二）金融

2024年，甘肃省银行业金融机构继续有效落实积极的货币政策，引导金融机构创新融资产品、优化金融服务、扩大债务融资，提升金融资源使用效率，注重做好薄弱环节金融服务工作，切实抓好金融风险防范化解工作，提高资本市场服务甘肃实体经济能力，为全省经济结构调整和高质量发展提供有力的金融支持。

四 甘肃省财政金融业发展的对策建议

2024年，甘肃省十分重视财政金融工作，注重财政金融业进一步深化改革，强化推进落实财政金融改革发展的政策举措，充分发挥资金对社会资源的有效调配作用，发挥财政金融在甘肃省经济社会高质量发展的积极带动推进作用。

1.注重发挥财政在甘肃经济社会发展中的重要作用

甘肃应发挥财政资金杠杆效应，提高财政资金使用效益，加快经济结构调整和区域经济协调发展，有效带动和引导社会投资。一是充分发挥财政有效调节资源配置作用，加大对甘肃重点行业和区域地区发展的财政支持力度，积极探索财政支持甘肃经济社会发展的模式和方法，保证甘肃省的重点建设，促进甘肃经济结构优化和经济发展方式转变；二是通过财政支持、税收政策和财政补贴等手段，带动和促进民间投资，引导社会资金和资源进入甘肃经济社会发展领域；三是提高民众消费能力，财政可通过调整税收和增加社会保障支出，提高民众消费能力。

2. 充分发挥金融对甘肃经济发展的推动作用

一是提升金融资源使用效率。甘肃省金融机构应从甘肃经济社会发展的实际需求出发，认真执行稳健积极货币政策，引导金融机构创新融资产品、优化金融服务、扩大债务融资，准确把握政策执行的力度和节奏，综合运用各类货币政策工具，引导金融机构盘活存量、优化增量，创新提升金融资源使用效率，促进辖区货币信贷和社会融资规模合理均衡增长，为全省经济高质量发展提供有力的金融支持。二是着力做好薄弱环节金融服务工作。针对甘肃省存在的乡村振兴、小微企业、县域产业、创业创新等薄弱环节，甘肃省金融机构需从实际和长远考虑，精准有效施策，着力做好薄弱环节金融服务工作，切实提升普惠金融覆盖率。三是推动保险资金在甘肃落地，做好保险资金为经济服务的宣传推介工作，推动促进符合条件的企业和项目与保险机构资管部门开展合作，探讨以优质企业股份为依托吸引险资入股等方式，引进保险长线投资资金，大幅扩大"险资入甘"规模。四是切实抓好金融风险防范化解工作。甘肃省金融机构要充分考虑到金融风险，强化企业和政府风险监测和源头管控，杜绝发生系统性金融风险。

3. 认真做好财政管理绩效工作

聚焦财政部财政管理绩效考核结果，听取预算绩效管理处对加强财政管理绩效工作建议，客观分析甘肃省财政管理情况，提升绩效管理理念，向绩效管理要财力，进一步做好绩效管理，强化绩效结果导向，依据绩效评价结果统筹整合项目资金，优化财政资金结构和使用方式，优化财政资源配置，提升公共服务质量，提高财政管理水平，提升财政履职效能。

4. 提高资本市场服务甘肃实体经济能力

随着金融支持实体经济方式的多样化和我国资本市场的快速发展，甘肃省各级政府和大中型企业应该认真研究资本市场的发展趋势，认真分析资本市场的产品和工具，充分利用资本市场加快甘肃省经济高质量发展。一是充分利用多层次资本市场，提升直接融资比重。根据企业上市相关政策法规要求，结合甘肃经济发展战略和产业发展规划，加快培育特色经济产业、优势产业等重点领域和行业的优势企业上市，鼓励支持新兴科创型企业在北交所、创业板、科创板上市融资，积极利用企业债、公司债等融资工具进行债务融资，支持重点企业通过资本市场做大做强。二是积极引进和培育证券、保险、基金、信托、资管等多元化金融市场主体，扩大甘肃金融市场，丰富金融产品和金融衍生工具，实现甘肃省金融机构多元化。三是大力推广 ABS（资产证券化）、ABN（资产支持票据）、PPP（政府和社会资本合作）、REITs（不动产投资信托基金）等融资模式，盘活政府和企业存量资产，提高资金周转效率，着力降低地方政府杠杆率，为基础设施建设投资提供强大融资支持。

5. 强化财政金融"联动化"

财政金融是支持甘肃经济发展的重要手段，甘肃省应认真落实《关于构建"财政+金融"模式支持实体经济高质量发展的实施意见》，加强甘肃省财政金融联动，进一步加强信贷政策与财政政策、产业政策、就业政策等宏观政策的有机协调配合；推动财政金融联动能够充分发挥财政资金的杠杆效应，解决经济发展资金供给不足问题，提高财政投入绩效，增强金融供给能力，用财政资金撬动更多金融资源，发挥金融等市场化手段的优势和作用，做大发展甘肃经济的推力。

参考文献

甘肃省财政厅网站，http：//czt. gansu. gov. cn。
甘肃省地方金融监督管理局网站，http：//jrjg. gansu. gov. cn。
中国人民银行甘肃省分行网站，http：//lanzhou. pbc. gov. cn。
国家金融监督管理总局甘肃监管局网站，http：//www. cbirc. gov. cn/branch/gansu。
中国证券监督管理委员会甘肃监管局网站，http：//www. csrc. gov. cn/gansu。

B.6
2023~2024年甘肃固定资产投资状况分析与预测

杨春利*

摘　要： 2023年，甘肃围绕"三个清单"着力稳定固定资产投资的基本盘，强化固定资产投资的"硬支撑"，不断释放政策潜能，优化固定资产投资的"软环境"，以更实举措、更大力度、更高标准推动稳投资、促发展各项工作。前三季度全省投资运行较为平稳，主要表现出民间投资增速放缓、工业投资稳步增长、高技术产业投资动能强劲、民生投资加力推进、重大项目投资支撑有力等基本特征，同时存在固定资产投资下行压力不断加大、民间投资领域增长缺乏动力、投资环境有待进一步优化等问题，面对当前投资发展形势，未来应主要做好重大项目谋划推进、强化政府投资引导作用、充分激发民间投资活力、持续扩大有效投资、不断深化投资领域改革等方面的工作。

关键词： 固定资产投资　经济增长　甘肃

一　2023年甘肃省固定资产投资运行基本情况

2023年，甘肃全面贯彻落实党的二十大和习近平总书记对甘肃重要指示精神，紧紧围绕省第十四次党代会和省委十四届二次全会安排部署，坚持稳中求进工作总基调，继续发挥好投资拉动作用，坚持"三个清单"支撑固定资产投资持续稳定增长，因时因势保持合理投资力度，以更有力的举

---

* 杨春利，甘肃省社会科学院区域经济研究所副研究员，主要研究方向为区域经济与可持续发展。

措、更高效的安排、更精准的投入，积极做好投资各项工作，为推动全省经济高质量发展作出更大贡献。

（一）固定资产投资运行平稳

2023年上半年，甘肃省固定资产投资增速较快（见图1），同比增长13.4%，高于全国平均水平（3.8%）9.6个百分点，居全国第五位，固定资产投资连续30个月保持两位数增速，有效支撑了全省经济加速增长。1~9月，全省固定资产投资同比增长6.7%。分产业看，第一产业投资同比下降8.6%，降幅较第一季度收窄18.2个百分点；第二产业投资增长33.8%，1~9月平均月增长率为41.4%，其中，工业投资增长33.6%；第三产业投资同比下降3%。从投资三大领域看，基础设施投资增长1.7%，制造业投资增长11.0%，房地产开发投资下降14.3%。1~9月设备工器具购置投资增速为41.9%，比全部固定资产投资增速高35.2个百分点，对整体投资的带动作用明显。

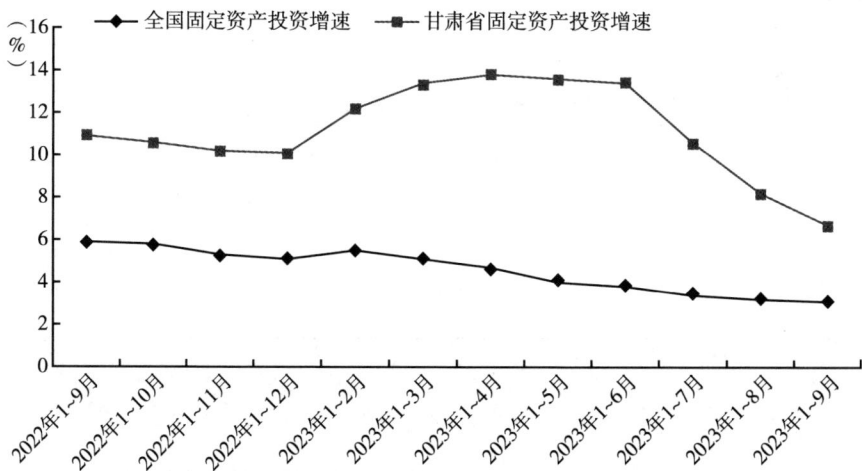

图1　2022年和2023年1~9月全国及甘肃固定资产增速变化趋势

资料来源：甘肃省统计局。

（二）民间投资增速放缓

近年来，甘肃民间投资为全省经济高质量发展发挥了"稳定投资增长、促进经济发展，创造就业机会、增强经济活力，推动创新发展、优化经济结构"的积极作用，为进一步稳定甘肃民营企业投资预期，激发甘肃民营经济活力，促进民间投资，2023 年甘肃省发展改革委制定印发《贯彻落实国家发展改革委进一步抓好抓实促进民间投资工作努力调动民间投资积极性任务清单》，提出多条具体措施，助力全省民间投资"大展身手"。然而，总体来看，宏观经济较为平稳，但是局部产业领域的发展存在一定的波动，使民营经济对未来经济发展缺乏信心；同时，民间投资具有周期性特征，相对灵活且注重效率，随着传统产业转型升级投资门槛提高，民间资本投资成本进一步提高。另外，受市场大环境影响，房地产市场持续疲软，全省房地产开发投资增速开始下降，2023 年 1~9 月房地产开发投资同比增速为 -14.3%，加之制造业投资增速也出现下降趋势，因而上半年全省民间资本投资乏力，民间投资出现周期性放缓，投资增速连月下滑（见图 2），1~9 月全省民间投资同比下降 4.1%。

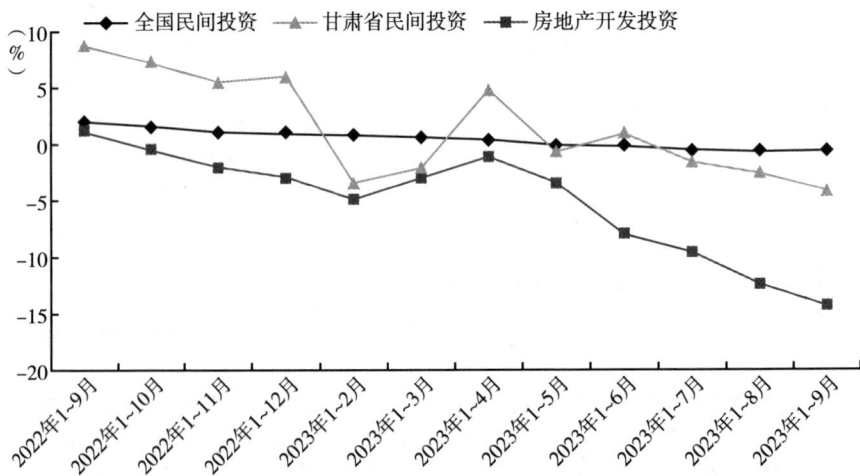

图 2　2022 年和 2023 年 1~9 月全国及甘肃省民间投资增速变化趋势

资料来源：甘肃省统计局。

（三）工业投资稳步增长

工业是甘肃经济增长的支柱行业，工业投资的进度决定着产业发展的速度，2023 年以来，面对压力挑战和不确定因素，全省上下以强工业行动为牵引，抢抓机遇，用足红利，紧抓实现新型工业化关键任务，改造提升传统产业、培育壮大新兴产业、前瞻布局未来产业，补齐短板、拉长长板、锻造新板，持续推动工业经济稳增长、提质量、优结构。1~9 月，甘肃省工业固定资产投资同比增长 33.6%，增速较 1~8 月有所下降，但是供应业领域投资增速呈现较大增长幅度，尤其是在制造业、采矿业、电力、热力、煤气等行业，如制造业投资增长 11%，增幅较上年同期回落 35.5 个百分点；采矿业投资增长 124.2%，较上年同期提高 126.1 个百分点。同时，随着甘肃省重点项目的不断推进，各市州的工业固定资产投资趋于增长；2023 年甘肃省实施 500 万元以上工业和信息化重点项目共 1296 项，总投资达到 7965 亿元，当年计划投资为 2030 亿元，1~9 月完成投资 1326.2 亿元，占全年投资的比重达到 65% 以上，1231 个项目已开工建设，项目开工率较高；工业项目有效投资进一步提升，2023 年甘肃省重点监测的 7 个工业和信息化产业链投资项目共有 228 项，总投资 2580 亿元，2023 年计划投资 496 亿元，1~9 月完成投资 361.5 亿元，209 个项目已开工建设，重点产业链的开工项目达到 90% 以上，有效投资不断提升。

（四）高技术产业投资动能强劲

2023 年以来，全省各地坚定不移地贯彻新发展理念，持续加大高技术产业投资力度，有效地助力传统产业转型升级和新兴产业不断发展，持续推动甘肃省已有产业向高端化、智能化、绿色化转型，激发对新兴产业投资活力，2023 年甘肃省高技术产业的固定资产投资保持快速增长。2023 年甘肃省省列重点项目中，产业转型升级及科技创新投资项目有 34 个，1~6 月，甘肃省高技术产业投资增长达到 28.4%，全国高技术产业投资增长 12.5%，在高技术投资领域甘肃省比全国投资增速高出 15.9 个百分点。从高技术投资的主要领域来看，电子及通信设备制造业投资增长 73.2%，装备制造业投资增长 72.2%，投资动能强劲。1~8 月，在高技术服务业投资中，信息技术服务、信息传输和软件等领域服务业投资增长达到

46.7%；研究和试验发展、技术推广和应用服务业等科学研究和技术服务业固定资产投资增长34.8%。

（五）民生投资有力推进

民生投资主要领域是基础设施，基础设施投资重点涉及电力、热力、燃气及水生产和供应，交通运输、仓储和邮政业，水利、环境和公共设施管理业等领域。1~9月，部分民生投资领域投资高位平稳推进（见图3），投资增速较快的行业：一是电力、热力、燃气及水生产和供应业投资增长达到39.7%，二是卫生和社会工作投资增长34.5%，三是公共管理和社会组织投资增长87.6%。投资增速都在30%以上。同时，交通运输、仓储和邮政业投资增长0.3%，水利、环境和公共设施管理业投资增长4.8%，投资增速较为平稳。从具体项目来看，2023年固定资产投资的重大项目中社会民生项目占6个，包括兰州市城关区地质灾害搬迁避让安置点建设项目、民勤县2023年乡村建设示范行动创建项目、景泰南生态新城建设项目、陇南市武都区生态及地质灾害避险搬迁安置项目、宕昌县教师及医务人员保障性安居工程、兰州大学"双一流"建设支撑项目（四期）。另外，中川机场三期机场工程、天水至陇南铁路、连霍高速清水驿至忠和段扩容改造、打扮梁至庆城段公路等基础设施建设项目以及庆阳油气产能建设、宝丰多晶硅上下游协同风力发电、瓜州"光热储能+"等工业项目推进较快。

（六）重大项目投资支撑有力

2023年，甘肃省各地各部门狠抓重大项目，坚持政策跟着项目走，推动资源要素向重大项目倾斜，保障重大项目落地实施；实时追踪重大项目实施情况，围绕重大项目加强调度，促进项目及时开工、按时投产；紧盯项目开工率、资金到位率以及投资完成率，促使重大项目建设提速。2023年甘肃省重大建设项目共有287个，主要包括续建项目148个、计划新开工项目119个、预备项目20个。2023年甘肃省精细推进"三个清单"项目，支撑

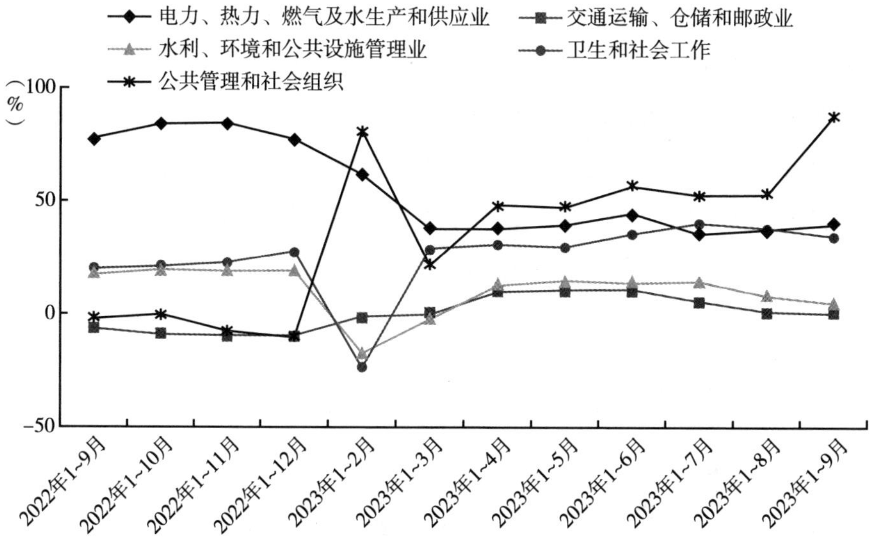

图3　2022年和2023年1~9月甘肃省民生投资主要领域变化趋势

资料来源：甘肃省统计局。

全省固定资产投资持续稳定增长。1~6月，全省重大项目"三个清单"项目完成投资3004亿元，年度计划投资5668亿元，完成年度投资计划的53%。上半年，"三个清单"项目持续有力推进，主要体现在省列重大项目建设、重点投资项目、重大前期项目的完成度较好。一是287个省列重大项目建设完成年度计划投资的56%，完成投资1404亿元；其中，亿元以上的重大项目发挥对投资"压舱石"的作用，拉动项目投资增长22.9个百分点，有效支撑全省固定资产投资持续高位推进。二是重点投资项目完成1050个，占年度计划投资的51%，完成投资1600亿元。三是206个重大前期项目中，27个已完成前期工作、开工建设，其余项目前期工作有序推进。

二　面临的主要困难

（一）固定资产投资下行压力加大

长期以来，固定资产投资通过领先于需求的投资来推高经济增速，包括制造业、房地产、基础设施建设等主要领域，是经济发展的关键动力，近10年来，全国及甘肃固定资产投资均保持较快的增速，但由于投资边际效益不断下降，加之制造业投资产能过剩，房地产市场投资预期转弱，地方政府基础设施建设投资债务压力加大，服务业投资领域深层次改革问题等多重因素，固定资产投资增速总体上呈现下降态势（见图4）。当前，国内需求依旧不足，重点领域风险隐患较多，固定资产投资下降压力相对较大。

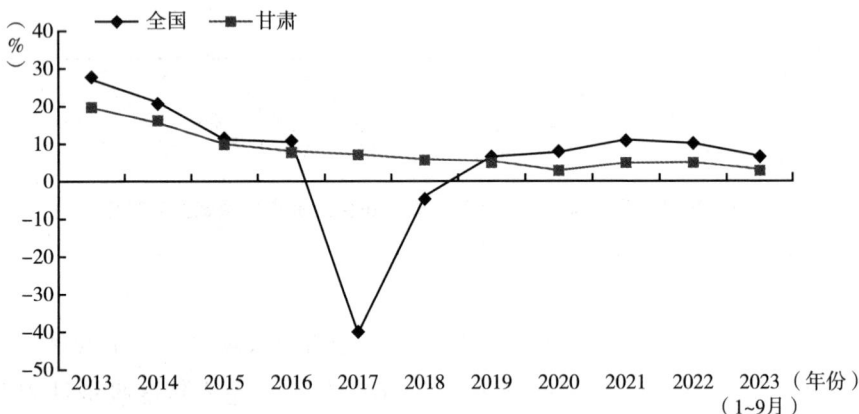

图 4　2013~2023年全国及甘肃省固定资产投资增速变化趋势

资料来源：甘肃省统计局。

（二）民间投资领域增长缺乏动力

受错综复杂的宏观经济形势、经营及建设成本上升、盈利空间下降、产业链和供应链不畅等因素影响，民营企业投资信心仍然不强，企业对未来的预期转弱，投资信心和意愿下降，即使获得利润则不愿增加投资。从民间投资的主要行业来看，2023年1~9月全省批发和零售业，住宿和餐饮业，房地产业，文化、体育和娱乐业等投资增速有所回升（见表1）。但是，近两年来，具有良好回报的投资项目匮乏，部分产业转型升级投资门槛提高。同时潜在的经济增速下行压力加大，以往民间投资的重点领域房地产市场低迷，房地产业处于调整和修复期，房地产销售和投资呈现下降的趋势（见图5）。民间投资积极性不高、活力不强，并且传统产业新增投资空间减小、新兴产业培育仍需时间，导致民间投资动力显著不足。

表1 2018~2023年甘肃省民间投资主要行业的情况统计

单位：%

行业	2018年	2019年	2020年	2021年	2022年	2023年（1~9月）
制造业	-13.4	24.8	5.0	15.5	46.9	11
批发和零售业	-25.7	-12.9	-28.7	-33.3	4.7	85.2
住宿和餐饮业	-34.1	-6.3	-35.4	-32.2	-16.2	116.7
房地产业	-9.3	-1.2	7.6	0.3	-9.3	-0.4
租赁和商务服务业	14.4	8.6	36.4	-14.8	-11.9	-33.2
居民服务和其他服务业	-52.6	31.3	43.2	-20.9	36.8	-31.1
文化、体育和娱乐业	7.5	-9.4	9.9	-18.7	-19.7	-0.8

资料来源：甘肃省历年统计公报。

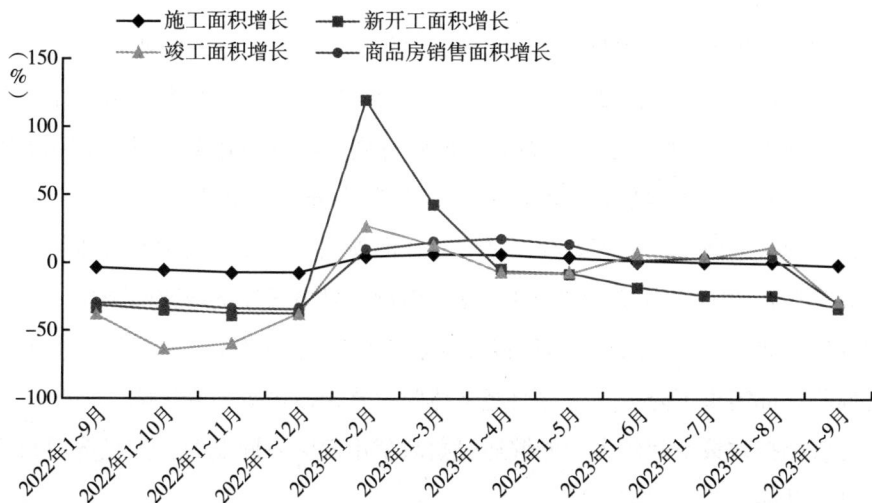

图5 2022年和2023年1~9月房地产开发投资实物完成情况

资料来源：甘肃省统计局。

（三）投资环境有待进一步优化

良好的投资环境有利于经济要素高效配置。甘肃经济发展水平低，投资政策和环境等条件滞后于东部发达地区，加上生态环保政策影响，使得外来资本投资门槛较高。部分领域投资仍存在一些制度性障碍，因而难以吸引外资和民营资本。近几年，甘肃着力优化营商环境并取得一定成效，但在政策实际执行过程中，民营企业抗风险能力较差，部分企业在破产清算债务执行等方面处于劣势地位，财产安全相对更难以得到保障，因此部分民营企业仍然对权益保护、监管政策等方面比较担忧。另外，部分地区迫于经济指标或绩效压力，不得不干预企业正常生产经营活动，致使企业自主发展权力受到一定程度的限制或影响，不利于民营企业发展壮大。

三　固定资产投资运行形势分析

（一）形势分析

根据 IMF 预计，2023 年全球约 93% 的发达经济体经济增速将放缓，全球经济增速将从上年的 2.7% 降至 1.5%，2024 年发达经济体增速预计将进一步降至 1.4%。相比之下，新兴市场和发展中经济体在 2023 年和 2024 年的经济增长前景基本稳定，其经济增速预期将分别达到 4.0% 和 4.1%。然而，各地区之间存在显著差异，其中，亚洲新兴市场和发展中经济体的经济增速有望在 2023 年上升至 5.3%。IMF 维持了对中国经济增速的预测，预计中国经济 2023 年、2024 年两年将分别增长 5.2% 和 4.5%。尽管目前中国经济面临外部需求下降、一些主要经济体收紧货币政策等不利影响，但中国相关经济调控政策空间较大，能够通过财政货币政策协同发力，为经济增长注入新的动能。

综合 2023 年甘肃省固定资产投资提升和压低因素，若第四季度继续保持前三季度的增势，预计 2024 年固定资产投资同比增速会略微上升，总体保持平稳。从行业看，一是制造业投资增速稳中有降，继续维持在相对较高的水平上。2023年1~7月甘肃制造业投资增速在25%以上，党的二十大报告强调制造业是立国之本、强国之基，发展经济的着力点是实体经济，必须加快建设制造强国，实施产业基础再造工程和重大技术装备攻关工程，支持专精特新企业发展，推动制造业高端化、智能化、绿色化发展，这有利于推动制造业投资尤其是高技术制造业稳步增长。

二是基础设施建设投资或继续保持中高速增长，2023年甘肃省基础设施建设投资保持在9%以上，能源、交通、水利和新型基础设施建设仍是基建投资的重点领域。2023年下半年，在专项债不断扩容、政策性金融工具持续加量的支持下，实物工作量加快形成，或迎来一批新项目开工小高峰，对2024年基建投资形成支撑。此外，由于2022年基建支持力度较大，2023年财政增量工具更加紧缺，可用结余资金与往年相比略显不足，预算内资金对基建的支持力度将有所减弱，同时叠加高基数效应，预计基建投资难以长期保持高速增长。总的来说，预计2024年基建投资依然强劲，但增速较2023年有所放缓。

三是民间投资增速有望加快。市场需求将逐步恢复，有利于提振民间投资者信心，从而推动民间投资恢复。2023年7月，国家发展改革委《关于进一步抓好抓实促进民间投资工作努力调动民间投资积极性的通知》发布，鼓励民间资本参与新型基础设施及相关领域投资建设和运营等，这一举措或将推动民间投资加快恢复。

（二）预期目标

从图6可以看出，从2018年开始全省固定资产投资增速趋于上升，2018～2023年年增长率平均值为6.4%，近三年为10%以上，预计2024年全省固定资产投资增长仍然维持在10%左右，其中，根据各产业往年增长率平均值，以及经济形势预判，第一产业预期增长4%左右，第二产业预期增长仍然在20%以上，第三产业预期增长2%左右。

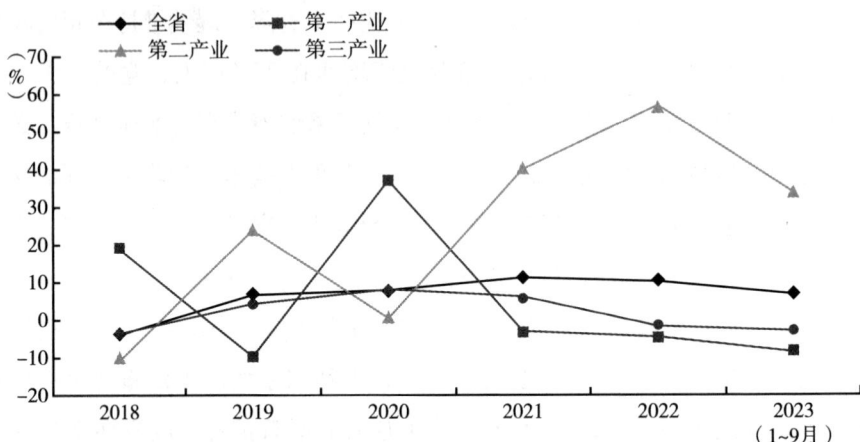

图6　2018年至2023年1~9月甘肃省固定资产投资年增速趋势

资料来源：根据甘肃省历年统计公报整理。

四　相关对策与建议

（一）抓好重大项目谋划推进

重大项目是支撑固定资产投资稳定增长的"压舱石"，对短期经济增长和长期高质量发展具有双向促进作用，抓好重大项目谋划推进对于促进固定资产投资增长至关重要。重大项目的谋划要重点关注国家政策、发展前沿、招商引资以及切实落实重大项目。一是根据国家发展前沿导向、政策导向，以前沿视角和地域产业发展特色，结合地区资源禀赋优势，重点筛选增强发展动能、带动全省短期和长期全局发展的重大项目。同时，要加大对地区发展有利的重大项目储备，阶梯式推进重大项目建设。二是全力保障重大项目的落地实施，加快推进项目审批工作和开工前项目准备工作，强化投资项目的资金保障、要素保障等，细化重大项目清单，分类实施，有力、有序、有效推进重大项目建设。

（二）积极发挥政府促进有效投资的引导作用

政府投资具有双重作用：一方面，通过政府投资对国家经济发展实施宏观调控，有效落实国家高质量发展的战略目标；另一方面，通过政策导向引导和扩大社会资本的有效投资。具体来看，发挥政府促进有效投资的引导作用主要体现在以下几个方面。一是基础设施建设、高技术产业、传统产业转型升级以及民生保障等领域是重大项目的投资主要领域，要发挥政府对全社会投资的引导作用，以政策导向为手段，促进和吸引民间投资进入重大项目的投资建设中，补齐地区产业链短板。二是不断优化政府支出结构，提高支出效率，将政府投资支出的重点放在产业链和供应链安全、科技创新和攻关、民生建设、乡村振兴、粮食安全、经济高质量发展等领域，使政府投资更具有全局性和长期性。三是根据地区发展特点，结合产业布局和发展潜能，加大对潜能产业的固定资产投资，进一步具体落实到省级、市级重点项目的建设中，深挖地区"三次产业"新潜能。四是合理统筹财政资源，适度扩大财政支出规模，保障省级、市级重大项目财力，均衡市州间财政支出水平，促进有效投资。

（三）充分激发民间投资活力

长期以来，民间投资是固定资产投资的主力军，发挥民间投资对固定资产投资的促进作用，支撑全省固定资产投资平稳运行。一是发挥好政府对民间投资的撬动作用，建立良好的营商环境，放宽民间资本进入重大项目的准入条件，打造新型的政商关系，提高政府服务水平，积极利用投资补助、贷款贴息等方式，支持符合条件的民间投资项目建设，撬动民间资本投资。二是加大对民营企业金融支持力度，在发挥政府投资引导和放大效应的基础上，破解民营企业融资难、融资贵等问题，加大对民间投资的支持力度，拓宽民营企业金融政策的覆盖面。三是借助重大项目牵引，有效拉动民间资本增长，省、市重大项目建设，包括基础设施的建设，民营企业通过民间资本参与有效缓解地方财政压力，提高民间资本的使用率。

（四）持续扩大有效投资

有效投资的扩大促进和稳定经济增长，把扩大有效投资作为推动投资扩量的重中之重。一是要立足当前国家经济发展动向和地区发展状况，准确把握投资的重点领域，持续扩大有效投资。二是要聚焦短板领域和薄弱环节，以巩固产业链优势、补齐产业链短板、优化产业链配套、强化产业链重点环节为重点，加快推进政府投资与民间投资相互补充，强化有效投资增长"硬支撑"，以强化有效投资为经济发展赋能，促进经济发展回暖提速、整体好转。三是要将有效投资作为稳定增长的基石，强化"走出去""请进来"相结合进行招引项目，立足于国家所需、甘肃所能统筹发展，不断加大招引力度，以吸引高质量外来有效投资赋能甘肃高质量发展。

（五）不断深化投资领域改革

不断深化投资领域的改革，通过市场化、法治化的手段降低非制度性成本和制度性成本释放经济潜力。一是增强民间投资信心，以推动混合所有制改革为主线，强调市场中的竞争原则，鼓励国有企业与民营企业合作，进一步消除民营企业不断发展的市场障碍，在政府采购和招标、市场准入、要素获取等方面为民营企业创造更多的发展机会。二是优化民间投资的社会环境和市场环境，民营企业要创造和拓展市场空间，改善经营预期，更大力度地推进"放管服"改革，用市场改革激发民间投资活力。三是有效需求的增加是民间投资的重要活力来源，采取措施稳定和促进重点领域消费，有效需求需要高质量供给，有效带动、激发民间投资。因地制宜地创新举措，消除民间投资的障碍，从根本上解决民间投资从"可以投"到"愿意投"的关键问题，不断推动固定资产投资实现高质量发展。

参考文献

刘畅：《全球经济复苏仍面临持续挑战》，《经济日报》2023年7月27日。

马红祥、张旭春、张帆：《甘肃经济实现"赶超进位"的基础、路径及战略举措》，《甘肃理论学刊》2023年第4期。

B.7

2023～2024年甘肃招商引资分析与预测

索国勇*

摘　要： 2023年，甘肃省实施"引大引强引头部行动"和"优化营商环境攻坚突破年行动"，全力打造招商引资"强引擎"，不断改善营商环境，在经济活跃区开展精准招商引资活动，通过举办第二十九届兰州贸易洽谈会等，引进了一批世界财富500强、中国企业500强、民营企业500强的集团公司投资项目，招商引资规模达到近五年以来最大。本报告仅从招商引资签约项目数量、省外资金实际到位额、投资资金来源地、资金投向产业和行业、省外投资总体规模、政府招商引资措施等方面，分析甘肃招商引资的实际状况，并对2024年招商引资发展趋势进行分析与预测，针对存在的问题提出相关对策建议。

关键词： 招商引资　头部企业　甘肃经济

招商引资是推动甘肃经济社会高质量发展的外在动力和关键要素，是调整甘肃经济结构、转变发展方式、实现创新发展的根本途径。甘肃在深化改革中提升市场基础水平，克服新冠疫情带来的不利影响，认真落实稳定经济的各项政策，把招商引资工作同加快转变经济发展方式结合起来，把激发内生动力同借助外在力量结合起来，以高质量改革促进高水平开放，以高水平开放促进招商引资提质增效。近年来，甘肃结合国内外经济形势变化，不断创新招商引资模式，将政府招商与企业招商相结合，按照

---

* 索国勇，甘肃省社会科学院区域经济研究所副所长，副研究员，主要研究方向为政治经济学。

"招龙头、补链条、聚集群"的主导思想，开展多种招商活动，积极"走出去"，努力"请进来"，重视签约项目的落地建设，全省招商引资呈现总体向好的态势。

2022年，全省共实施新建、续建招商引资项目2745个，到位资金4301.06亿元，同比增长22.55%；2023年1~9月，全省共实施新建、续建省外招商引资项目3961个，到位资金4938.86亿元，同比增长50.74%，共新签约项目2874个，总金额8713.18亿元，招商引资规模达到近五年以来最大，成效显著。

一　甘肃招商引资现状分析

2023年甘肃省实施"引大引强引头部行动"和"优化营商环境攻坚突破年行动"，全力打造招商引资"强引擎"，以招商引资成效新突破为经济社会发展赋能。具体从招商引资签约项目数量、省外资金实际到位额、投资资金来源地、资金投向产业和行业、省外投资总体规模、政府招商引资措施等方面进行分析。

（一）签约项目与资金实际到位情况分析

1. 省外投资总体到位资金情况分析

2022年，全省共实施新建、续建招商引资项目2745个，到位资金4301.06亿元，同比增长22.55%。其中，新建项目1725个，到位资金2582.01亿元，占全部到位资金的60.03%；续建项目1020个，到位资金1719.05亿元，占全部到位资金的39.97%。

2023年1~9月，全省共实施新建、续建省外招商引资项目3961个，到位资金4938.86亿元，同比增长50.74%。其中，新建项目2789个，到位资金2900.86亿元，占全部到位资金的58.74%；续建项目1172个，到位资金2038.00亿元，占全部到位资金的41.26%（见图1）。

2023年1~9月，全省共新签项目2874个，签约总额8713.18亿元。其

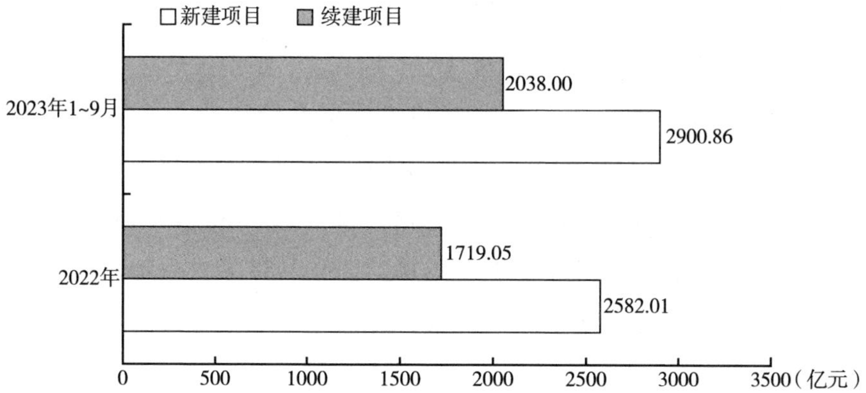

图1 新建、续建项目实际到位资金

资料来源：甘肃省经济合作局。

中，引进10亿元以上大项目197个，签约金额4589亿元，同比增长14.94%，占签约总额的52.67%。引进中国核工业集团、中国华能集团、中国铝业集团等"三个500强"企业83家，签约项目232个，签约金额1955.96亿元，同比增长24.52%，占签约总金额的22.44%。

2. 2019~2023年兰州投资贸易洽谈会签约项目分析

第二十五届（2019年7月）兰州投资贸易洽谈会。签约项目507个，签约总额2417.58亿元。截至2019年12月，开工项目439个，开工率86.59%；累计到位资金1057.09亿元，资金到位率43.73%。其中已建成项目213个，占签约项目数的42.01%。

第二十六届（2020年7月）兰州投资贸易洽谈会。签约项目587个，签约总额2730.80亿元。截至2020年12月，开工项目510个，开工率86.88%；当年到位资金676.67亿元，资金到位率24.78%。其中已建成项目124个，占签约项目数的21.12%。

第二十七届（2021年7月）兰州投资贸易洽谈会。签约项目697个，签约金额3909.26亿元。截至2021年12月，开工627个，开工率89.96%；到位资金1478.06亿元，到位率37.81%。

第二十八届（2022年7月）兰州投资贸易洽谈会。签约项目898个，签约金额 5311.13 亿元。截至 2022 年 12 月，开工 837 个，开工率 93.21%；到位资金 1495.98 亿元，到位率 28.17%。

第二十九届（2023 年 7 月）兰州投资贸易洽谈会。签约合同项目 1172 个，签约金额 5607.69 亿元，签约项目数、签约金额比上届分别增长 30.51%、5.58%，其中，新能源、新材料产业项目占总签约额的 33.77%，"三个 500 强"企业签约项目占总签约额的 23%。38 家央企与甘肃共签约 央地合作项目 72 个，总投资额 1443 亿元，项目数量、签约金额都创历届 新高（见表 1）。

表 1 　 2019~2023 年兰州贸易洽谈会签约项目情况

单位：个，亿元

届　　数	签约项目数	签约金额	到位资金
二十五届	507	2417.58	1057.09
二十六届	587	2730.80	676.67
二十七届	697	3909.26	1478.06
二十八届	898	5311.13	1495.98
二十九届	1172	5607.69	

资料来源：甘肃省经济合作局。

3. 省级重大招商活动签约项目实施情况

2022 年 5 月，苏浙招商活动签约项目 95 个，签约金额 415.64 亿元；8 月，省政府分管领导带队赴山东招商，签订 18 个合同项目，投资额 51.17 亿元。截至 2022 年 12 月，共开工 81 个，开工率 85.26%，到位资金 121.1 亿元，到位率 29.14%；2022 年山东招商活动签约项目 18 个，签约金额 51.17 亿元。截至 2022 年 12 月，开工 17 个，开工率 94.44%，到位资金 15.67 亿元，到位率 30.62%。

2023 年 1~6 月，甘肃省在厦门、港澳、上海、杭州、重庆、北京、石家 庄、乌鲁木齐、成都、长沙等地开展招商推介活动，共签约框架协议项目 67 个，签约金额 1135.29 亿元；签约合同项目 98 个，签约金额 583.14 亿元。

（二）资金来源投向及投资规模分析

1. 资金来源区域分析

2022 年，甘肃省的投资来源于北京、陕西、广东、上海、浙江、山东、吉林、宁夏、江西、海南和湖北等省区市。其中投资额排前六名的省市依次为北京、陕西、广东、上海、浙江和山东，投资金额都超过 300 亿元，分别占全省实际到位资金的 15.56%、14.47%、8.77%、8.42%、8.06% 和 7.09%，以上六个地区投资总和占全年到位资金总额的 62.36%，是投资的主要来源。与 2021 年相比，吉林、宁夏、江西、海南和湖北在甘肃省投资增长较大，增幅均达到 100% 以上，广西、湖南、福建、广东等地在甘肃省投资为负增长。随着央企在甘肃省投资强度不断加大，北京投资资金同比增长 53.53%，成为省外投资第一大省（市）。值得注意的是，受疫情防控和房地产市场下行等因素影响，广东已连续两年在甘投资为负增长，2021 年为-5.28%，2022 年为-15.76%。

2023 年 1~6 月，在甘肃投资金额排名前五的省市依次是北京、陕西、浙江、广东、上海，到位资金分别为 423.75 亿元、395.17 亿元、266.01 亿元、196.64 亿元和 162.88 亿元，占总量的 53.96%，发达地区及周边省份依然是甘肃招商引资项目主要投资来源地（见图 2）。

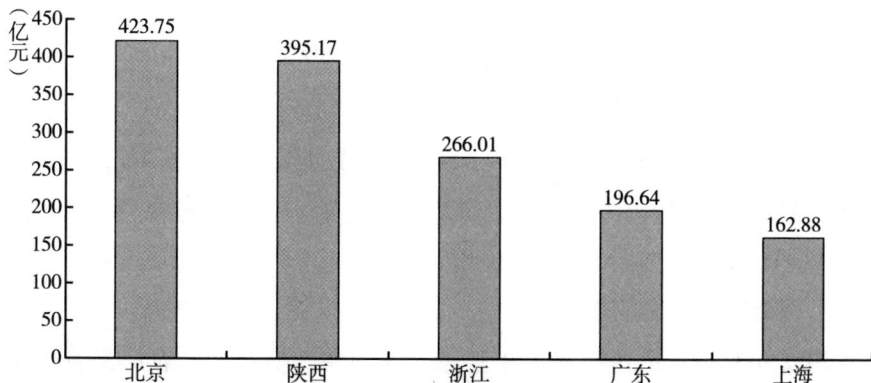

图 2 2023 年 1~6 月资金来源分地区情况

资料来源：甘肃省经济合作局。

2. 资金投向产业类型分析

2022 年，全省招商引资省外到位资金 4301.06 亿元。其中，第一产业到位资金 310.74 亿元，占资金总额的 7.22%；第二产业到位资金 2259.75 亿元，占资金总额的 52.54%；第三产业到位资金 1730.56 亿元（见图 3），占资金总额的 40.24%。从投向产业类型的资金占比看，第二产业到位资金占比同比增长 10.4 个百分点，占全年到位资金的一半以上。2022 年，签约的第二产业项目 859 个，签约总额 4379.07 亿元，占全年总签约额的 62.65%，较上年同期增长 12.31 个百分点。

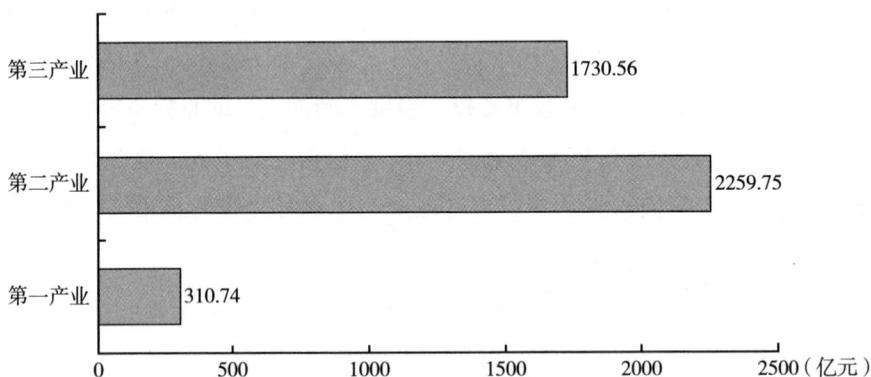

图 3　2022 年资金投向分产业情况

资料来源：甘肃省经济合作局。

2023 年上半年，第一产业到位资金 249.99 亿元，占 9.40%；第二产业到位资金 1426.98 亿元，占 53.68%；第三产业到位资金 981.4 亿元，占 36.92%（见图 4）。其中，第二产业资金流入较上年同期增长 70.57%，"强工业"战略得到深入实施，全省工业项目引进驶入"快车道"，第二产业资金流入大幅增长，产业结构不断优化。

3. 资金投向行业领域分析

2022 年甘肃省招商引资成果显示，新能源、房地产、农产品及加工、化工和商贸物流等行业领域成为投资的主要领域，以上 5 个行业到位资金总计 2871.33 亿元，占全部到位资金的 66.76%。与上年相比，招商引资资金

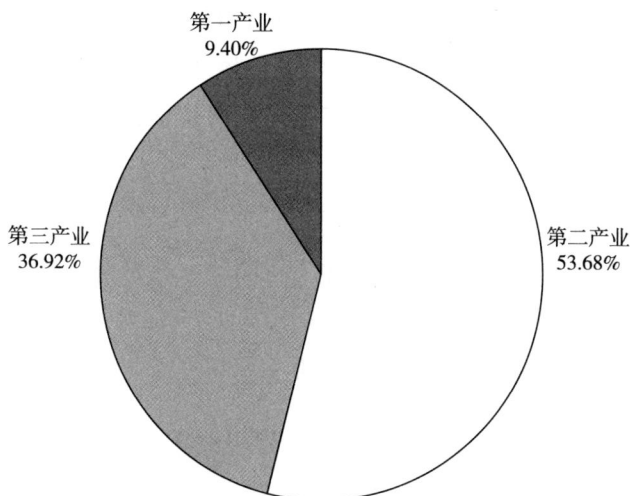

图 4　2023 年 1～6 月资金投向分产业比重

资料来源：甘肃省经济合作局。

投向行业有较大变化，新能源、信息技术、装备制造、有色冶金等行业持续
向好，到位资金同比分别增长了 186.19%、122.44%、98.64%、77.58%
（见图 5），特别是新能源产业实际到位资金 1000 多亿元，占全部到位资金
的近 1/4；大健康、文化旅游、商贸物流等行业受疫情影响较大，到位资金
下降明显，出现负增长，分别为 -13.57%、-21.61%、-39.70%。

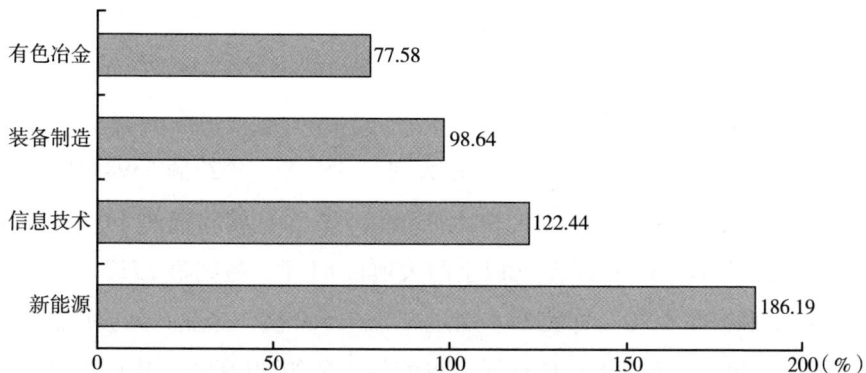

图 5　2022 年资金投向分行业比重

资料来源：甘肃省经济合作局。

2023 年，新兴业态布局持续加力，上半年到位资金增速排名前 5 的行业为有色冶金、生态环保、信息技术、新能源及新材料、现代农业。其中，有色冶金同比增长 461.84%，生态环保同比增长 233.97%，信息技术同比增长 158.94%，新能源及新材料同比增长 94.59%，现代农业同比增长 94.48%（见图 6）。

实际到位资金量排名前 5 的行业为新能源及新材料、房地产、现代农业、基础设施、商贸物流，到位资金总计 1841.68 亿元，占上半年到位资金的 69.28%。特别是新能源及新材料产业实现到位资金 645.08 亿元，占上半年到位资金的近 1/4。

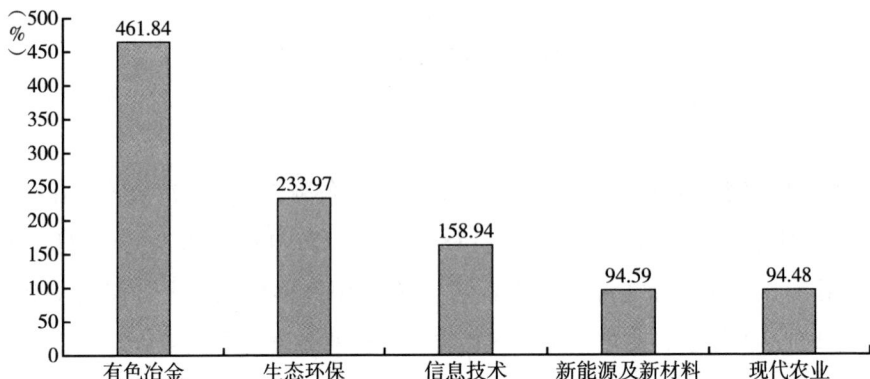

图 6　2023 年 1~6 月资金投向分行业比重

资料来源：甘肃省经济合作局。

4. 引进项目投资规模分析

2022 年全年引进 5 亿元以上的较大项目 357 个，签约额 5398.81 亿元，占签约总额的 77.23%；10 亿元以上大项目 168 个，签约额 4133.54 亿元，占签约总额的 59.13%；20 亿元以上的大项目 64 个，签约额 2712.69 亿元，占签约总额的 38.81%（见表 2）。引进"三个 500 强"企业，共签订投资项目 156 个，签约金额 1466.03 亿元，占签约总额的 20.97%。华能环县风光综合新能源示范项目、海亮兰州新区年产 15 万吨高性能铜箔材料项目、宝武兰州新区10万吨负极材料项目等一批规模较大的项目落地实施，行业龙头项目带动产业聚集效应明显。

表2　2022年引进规模较大项目情况

投资规模	项目数量(个)	签约金额(亿元)	占投资总额比重(%)
5亿元以上	357	5398.81	77.23
10亿元以上	168	4133.54	59.13
20亿元以上	64	2712.69	38.81

资料来源：甘肃省经济合作局。

2023年1~6月，甘肃省招商引资项目投资规模表现出四个方面的特色。一是重大项目占比不断扩大，全省引进10亿元以上大项目60个，签约额1283.34亿元，同比增长110.90%，占签约总额的48.30%；20亿元以上大项目19个，签约额759.75亿元，同比增长69.20%，占签约总额的28.59%。重大项目示范引领作用明显，成为全省发展靠项目的重要抓手（见表3）。

表3　2023年1~6月引进规模较大项目情况

投资规模	项目数量(个)	签约金额(亿元)	占投资总额比(%)
10亿元以上	60	1283.34	110.90
20亿元以上	19	759.75	69.20

资料来源：甘肃省经济合作局。

二是头部企业投资持续增长，在甘投资"三个500强"企业数量达到36家，共有75个投资项目落地，签约金额609.97亿元，同比增长30.09%，占签约总额的22.85%。国家能源、华电集团、华能集团、海亮集团、宝丰集团等"三个500强"企业扎根甘肃，龙佰集团、东方钛业等行业龙头企业投资带动产业聚集，"引大引强引头部"行动效果明显，已成为甘肃省招商引资的有力"助推器"。

三是中央企业投资加速领跑，甘肃共引进央企投资项目57个，其中亿元以上项目41个，占比71.93%，投资总额422.20亿元，同比增长100.37%，占上半年签约总额的 15.89%。中央企业长期看好甘肃丰富的资源优势，一批基础设施、新能源、新材料、石油化工等产业合作项目加快布局。

四是非节会签约额大幅增长，新签订非节会项目 1249 个，签约金额 2202.01 亿元（见表 4），较上年同期签订项目 489 个，签约金额 1203.91 亿元，同比分别增长 156%、83%。

表 4　2023 年引进"三个 500 强"中央企业项目投资规模

投资企业	项目数量(个)	投资金额(亿元)	占投资总额比重(%)
"三个 500 强"	75	609.97	22.85
中央企业投资亿元以上项目	41	422.20	15.98
非节会签订项目	1249	2202.01	—

资料来源：甘肃省经济合作局。

5. 分地区引资规模分析

从分地区引资规模分析看，2023 年 1~6 月到位资金排名前 5 的市州为兰州（含兰州新区）、酒泉、定西、庆阳、天水，到位资金分别为 496.23 亿元、335.01 亿元、310.01 亿元、300.67 亿元、227.53 亿元（见图 7），合计占上半年全省到位资金总额的 62.80%。

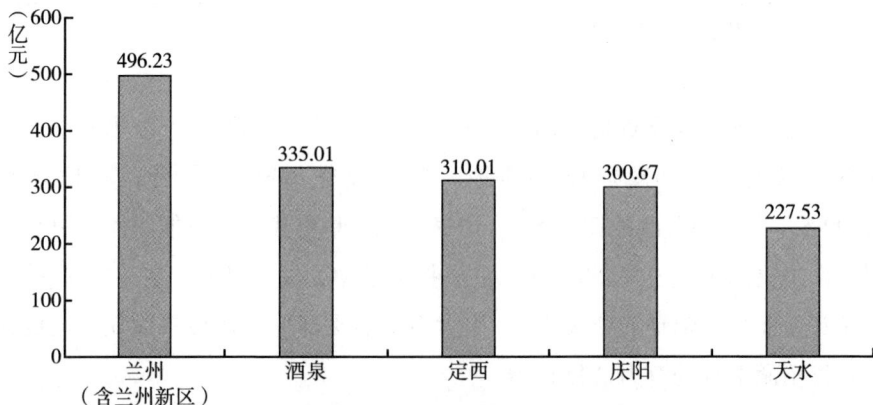

图 7　2023 年 1~6 月引资规模排名前 5 市州

资料来源：甘肃省经济合作局。

到位资金增速排名前5的市州为嘉峪关、甘南、平凉、陇南、武威，同比增长902.89%、137.35%、131.81%、116.90%、78.65%。对当年新引进项目签约额及增速、开工率、到位率等指标进行综合评估，排名前三的市州为酒泉、天水、武威，后三名为兰州、甘南、临夏。

（三）政府招商引资举措分析

2023年甘肃省大力创新招商模式，持续改善营商环境，不断加大招商力度，加大经济活跃区招商力度，注重引进新能源、制造业和数字经济等具有潜力和带动作用的行业。

1. 攻坚破难，以制度优化营商环境

良好的营商环境能提高甘肃对于外来投资的吸引力，从而带动经济社会的高质量发展。甘肃省通过强化制度保障改善营商环境，2019~2022年先后出台了《中共甘肃省委甘肃省人民政府关于进一步加强招商引资工作的意见》《甘肃省文物局关于做好省级重大招商引资项目用地供应区域化评价涉及文物工作的通知》《甘肃省十大类生态产业发展支持政策》《甘肃省关于大力支持省级重大招商引资项目的若干措施》《关于贯彻落实〈优化营商环境条例〉若干措施的通知》《甘肃省人民政府关于进一步加强招商引资促进外资增长若干措施的通知》《关于坚决打赢新冠肺炎疫情防控阻击战促进经济持续健康发展的若干意见》《关于进一步加强招商引资工作的意见》《关于应对新冠肺炎疫情支持中小微企业平稳健康发展的若干措施》《关于切实保护和激发市场主体活力促进民营经济持续健康发展的若干措施》《甘肃省关于应对新冠肺炎疫情影响促进招商引资快速增长的实施方案》，特别是2022年发布了《甘肃省人民政府关于加大招商引资力度推动高质量发展的意见》《甘肃省省级招商引资财政奖补实施办法》等，在招商引资的体制机制、政策保障方面都有了创新和突破，招商引资的质量和效能得到新的提升。

2022年，为强化服务，改善营商环境，全省成立100多个项目代办服务实体化运作机构，为有需要的招商引资企业提供备案登记、土地规划、工商注册、环评等行政审批事项的无偿代办服务。出台《甘肃省招商引资项目投诉受理办法（暂行）》，依法依规受理、解决招商引资企业投诉问题。修订《甘肃省招商引资统计调查制度》《甘肃省招商引资成效评价实施办法》，进一步规范填报招商引资项目统计数据，招商引资成效评价更加科学合理。

2023 年，甘肃省把打造一流营商环境作为吸引优质招商项目的"优先工程"，制定发布《全省优化营商环境攻坚突破年行动方案》《领导干部包抓联招商引资企业工作方案》《甘肃省招商引资工作考核办法（试行）》等，建立完善重大项目省级领导包抓联、"六必访"、"白名单"等工作机制，做到招商引资项目落地建设"全天候""全流程""全链条""全周期"服务。结合主题教育，组织开展营商环境问题专项整治，推动化解全省重大项目遗留问题，依法依规受理处置企业投诉，保障企业合法权益。持续提升政务服务智慧化、标准化、规范化、便利化水平，全省成立 100 多个项目代办服务实体化运作机构，倾情倾力服务企业和项目建设，切实为招商引资企业"精准滴灌"，确保签约项目落地见效。

2. 突出经济活跃区精准招商引资

为推动招商引资工作更加顺应和遵循市场规律，及时修订《甘肃省招商引资工作方案》，编制招商引资指南、招商引资项目手册、产业招商地图等，采取"线上招商"与"线下对接"、以商招商、中介招商、商（协）会招商等多种模式，有重点、有针对性地开展精准招商，2022 年甘肃共开展外出招商活动 195 次，举办线上招商活动 236 次。其中，甘肃省赴山东招商，签订 18 个合同项目，投资额 51.17 亿元；赴厦门成功举办甘肃省重点产业招商推介会，构建同 37 家省外甘肃商会、27 家异地在甘商会工作协调机制，设立甘肃驻沙特阿拉伯商务代表处，依托中国金融信息中心、江苏省苏商发展促进会、浙江日报报业集团、山东省浙江商会设立 4 个招商引资合作基地，依托江苏、浙江等地甘肃商会设立 5 个招商引资联络中心。

2023 年上半年，甘肃招商代表团先后赴厦门、港澳、上海、杭州、重庆、北京、石家庄、乌鲁木齐、成都、长沙等地进行招商推介，共签约框架协议项目 67 个，签约金额 1135.29 亿元；签约合同项目 98 个，签约金额

583.14亿元。全省各市州主动"走出去"考察推介项目2407次,"请进来"招商企业考察投资项目共计2561次。2023年9月,甘肃代表团先后赴福建省、广东省开展招商引资活动,涉及的行业有新能源、装备制造、新材料、数字经济、电子信息、文化旅游、生物医药、现代农业等,共签约合同项目96个,签约金额479.09亿元。

3.创新方法,政企联合招商引资

2023年,各市州结合自身产业发展、资源禀赋实际,借鉴发达地区先进经验,积极探索创新招商方法,实践了许多富有成效的招商路径。嘉峪关市和酒钢集团公司开展地企联合招商,围绕打造千亿元级产业链对接洽谈重点企业,已成功引进河北文丰氧化铝及新材料、浙江甬金不锈钢板带等一批产业关联度大、延链补链效果明显的配套项目。金川集团公司、金昌市国投公司和省国投集团合作开展产业基金招商,设立规模为10亿元的甘肃镍都产业投资基金,重点支持新材料、新能源电池和电池材料项目,已完成南通瑞祥新材料有限公司增资扩股1.5亿元股权投资、云南国钛金属股份有限公司1亿元投资,有力地推动了金川集团上下游建链延链补链强链。酒泉、张掖、金昌、平凉强化园区招商,下放90项管理审批事项和48项监管事项,推动实现企业办事"一站式、全流程、不出园"。大力建设标准化厂房,鼓励企业"拎包入住、轻装上阵",有效地解决了企业前期固投成本过高、建设周期过长的问题。庆阳、天水、白银、金昌挂图精准招商,明确已建项目、在建拟建项目、谋划招引项目,绘制产业链招商图谱,对已有项目注重培育壮大,减少引进或不再引进已饱和项目,重点对接产业链缺项企业,加大补链延链项目引进力度,打造产业集群。兰州、武威、陇南、定西、甘南等市州开展驻外定点招商。依托市政府驻外机构或设立重点地区招商机构,常态化开展宣传推介、专题招商,及时搜集项目信息,成功举办各类招商推介活动2400余场次。

二　甘肃招商引资存在的问题

甘肃省通过完善政策优化营商环境,政企联动创新招商模式,广开门路拓宽引资渠道，不断提升招商引资质量，取得了一定成效。受国际国内经济形势等因素的影响，招商引资中还存在诸多不足和问题。

（一）评估体系缺失，营商环境基础支撑不足

一是对营商环境评估重要性的重视不够。迄今为止甘肃省还没有形成成熟的关于营商环境的综合评估体系，显示出对营商环境评估工作的疏忽。对政府服务、行政效率、司法公正、税费负担、基础设施、人才储备、资源潜力、项目储备、自然环境等影响招商引资的关键要素缺乏科学的评估，造成对自身营商环境的认知不足。因此，无论是改善营商环境的举措，还是具体的招商引资工作，都存在急功近利和好大喜功的盲目推进做法，造成诸多后续弊端。

二是营商硬环境综合效能不足。甘肃的基础设施建设经过多年努力，虽然有很大的改善，但是尚未达到综合效能优良的状态，基础设施建设还处于整体落后的状态，主要城市的供水系统、交通桥梁等基础设施陈旧落后，省会城市的基础设施与现代化城市还相差甚远，导致投资效率低下，消费投资结构失衡，产业结构不合理，城市综合效率差，优质资源流失等。营商硬环境整体滞后，综合效能不足直接影响了招商引资的质量和综合竞争力。

三是营商软环境优化提升缓慢。甘肃民营企业发展空间狭窄，低收入和高物价导致消费水平不高，基本生活成本甚至高于京上广深等发达地区。生活成本高，发展空间窄，就业创业资源匮乏，优秀青年不愿回乡，人才流失严重等一系列问题，导致招商引资的软环境优化提升缓慢。

营商环境差表现为社会整体经济活力不强，突出表现为软硬营商环境的改善速度达不到资本运行规律和经济高质量发展的需要，从而成为经济发展和招商引资的瓶颈，抑制了资源优势转化为产业优势，抑制了民营经济的成长，导致其发育成长过慢、形成的经济规模太小，未能成为经济运行的重要主体力量。

在招商引资评估体系缺失、营商环境的硬环境和软环境差距拉大、体制

和机制的活力不足等因素的合力作用下，甘肃的经济总量与人均水平，与全国的平均水平差距逐年拉大，投资增长乏力，城乡居民收入增长缓慢。这种经济社会发展的低质量现状，造成营商环境的综合效能不足，深刻地影响了甘肃招商引资的质量和成效。营商环境综合效能有待持续优化。

（二）兑现承诺不易，引进项目落地困难较大

一是出于政府各部门权责划分的原因，招商引资工作经过前期的对接、考察、谈判、达成条件直至签约完成，然后对接移交给本地的工业园区或其他相关部门，围绕该项目的招商引资工作即算告一段落，至于后续具体如何落实则不再负有责任，而接受项目的园区或部门又对前期签约时的承诺条件重视不够或者无法协调兑现，造成新的矛盾和问题。部分市县政府甚至在拆迁工作还没做完的情况下就将项目用地签约卖出，以致当后续拆迁遇到问题无法推进时，就给投资企业带来超预期的损失，引发招商引资中的诚信问题。

二是地方招商引资政策的连续性不够、普适性偏低，导致政府公信力降低。现阶段各市的区和县政府针对如何实现有效招商都形成了行之有效的方法和措施。如重大项目"一事一议"、项目的园区普惠政策、引进高级人才的补贴政策等。问题在于一旦地方主要领导换届调离，前任领导曾经颁布的地方性政策措施如果得不到继任者的认可，则有可能会被停止或撤销，导致上届领导承诺给投资商的尚未兑现和正在执行的政策，变为悬而不决的历史遗留问题，致使投资者受损失望、政府公信力降低。

三是在招商引资工作中，政府为了提高招商引资成效，在发达地区投入大量的物力人力，并且向企业承诺低地价、重奖励、多补贴等各项优惠政策，也引来了不少投资项目，但由于国家政策调整，土地、建设等手续办理难度加大，一些项目的签约承诺无法及时兑现。有的项目办理事项涉及省政府直属诸多部门协调，如工商局、税务局、住建局、财政局、自然资源局、环保局等，市县一级部门协调起来有一定的难度，如敦煌文博会遗留问题及许多矿权办理问题等。还有不少项目因涉及拆迁补偿等问题，引起司法纠纷

难以解决，如甘肃鹏飞隔热材料项目等，这些方面的问题导致引进项目具体落地时困难重重。

（三）引资质量不高，签约项目附加值及财税贡献率低

近年来，甘肃省各市州都不同程度地引进签约了一批项目，然而一些大项目主要集中在城市综合体方面，以食品加工、商贸物流、种植养殖、文化旅游开发为主的项目数量虽然较多，但大多规模较小，缺乏产业带动作用，科技含量不高，财税贡献率低，强链、延链、补链作用不强，带动经济社会发展引领作用不明显。甘肃招商引资项目一般性项目居多，高附加值、高科技含量的税源型、科技型项目少，特别是缺乏市场前景好、产业关联度大、产业链条长、带动能力强、财税贡献率高的产业项目，招商引资项目质量有待提高。

三　招商引资发展趋势分析与预测

招商引资的规模对甘肃的经济稳定和增长有着深刻的影响，从2018年至2023年上半年招商引资成效在投资规模方面的体现分析来看，2018年投资规模较大，2019年呈现历史最低点，此后呈逐年上升趋势，截至2022年达到近五年一个高峰。

2018年和2022年的实施项目及其实际到位资金都均达到近五年的最高水平，实际投资规模都在4000亿元以上。其中2018年共实施项目4141个，到位资金4070.41亿元；2022年共实施项目2475个，到位资金4301.06亿元，是近五年来省外投资项目资金规模最大的一年。2023~2024年甘肃省外引进的新建、续建项目投资规模将继续保持这一水平，波动不会过大。

从投资额分项目规模分析来看，近五年引进投资金额较大规模的项目中，投资金额在1亿~5亿元的项目占有基础地位，投资量表现出较为稳定的特征，对甘肃省经济社会发展贡献较大，但投资金额在5亿元以上的大型项目具有很强的带动作用，是引领经济高质量发展转型升级的重要力量。

从省外投资资金来源地来看，近年来，甘肃省招商引资成效表现突出，其省外投资资金来源地省份虽然每年都有增减变化，但资金来源较为稳定的省份有5个左右，均呈现较强的投资意愿和持续性特征，从中可以分析出甘肃省外来投资资金的主要来源地为北京、陕西、广东、上海、浙江等，由此可以预见2023~2024年，甘肃省外来投资资金的主要来源地将依然以这五个省市为主，外来投资的资金来源地变化不大。

从资金流向分产业类型来看，近年来，甘肃省外来资金投向第三产业的高峰期是2019年和2020年，投资第三产业的资金都达到全部投资额的近50%，投资第二产业的高峰是2022年，投资第二产业的资金量占全部投资额的63%，而投资第一产业的资金始终偏低，一般不超过投资总额的10%，产业投资类型不平衡特征较为明显。

从投资项目分行业类型来看，近五年，甘肃省外来资金投资流向的特点是，投资由传统的房地产和商贸流通等行业转向新能源、生态环保、信息技术、装备制造和有色冶金行业，而大健康、文化旅游、商贸物流等行业受经济环境变化和疫情影响较大，投资热度下降，到位资金下降明显。从资金投资流向的行业变化中可以看出，甘肃省外来投资资金在高附加值、高技术含量项目的比重有所增加。2023~2024年新能源、高端制造业以及优质服务业吸引外来资金投资的趋势将进一步持续。

四　对策建议

对于甘肃经济体来说，招商引资是稳增长调结构的重要方式，为应对经济环境的变化和疫情作用下引发的招商引资激烈竞争，以及招商引资的硬环境和软环境提升慢等长期存在的相关问题和难点，本文提出以下对策建议。

（一）坚持绿色发展理念，引进生态产业项目

随着原材料成本的不断提高、资源开发要求的提升，经济体以低成本、高投资和低附加值支撑的产业化已经难以为继，探索产业转型发展路径，提

升产业发展水平成为经济体普遍关注的问题。同时全球范围的环境和资源约束日益凸显，"绿色发展、低碳发展、可持续发展"成为世界经济和社会发展的新方向。甘肃在加速生态环境改善的同时，仍然要坚持绿色低碳发展的理念，在招商引资工作中持续引进生态产业项目，特别是在引进和接受东南沿海地区产业转移项目时要严把生态关，使甘肃在优化资源配置的同时，推动奠定可持续发展的深厚基础，为未来的发展保留足够的环境资源空间。

（二）聚焦前沿科技成果，提升招商引资质量

建立在人工智能、清洁能源、机器人技术、量子信息技术、虚拟现实、生物技术相结合基础上的第四次工业革命的影响范围和强度逐渐扩大，新技术、新业态和新产业层出不穷。甘肃具有丰富的、有待开发的清洁资源、生物资源，这为甘肃发挥后发优势、利用第四次工业革命带来的机遇提供了条件，有利于推动应用符合自身发展条件的新技术、新业态和新产业，形成新的发展优势和竞争力。甘肃的招商引资工作应当以此为着眼点，重视招商引资在新技术、新业态和新产业方面的项目设计，并由此作为新动能的起点，充分利用好以优质资源为基础的后发优势来促进甘肃招商引资质量提升。

（三）持续改善营商环境，带动高端要素聚集

影响甘肃招商引资工作质量的主要因素在于营商环境，而补上营商环境的短板，必须提高三个方面指标比重。

一是动用"硬手段"建设营商"硬环境"。充分发挥制度优势改善营商硬环境，持续优化基础设施建设，通过便捷的交通、清洁的水网、充沛的电网、迅捷的信息网、便捷的金融、稳定的物价、良好的生态等大幅度提高营商硬环境建设水平。对甘肃来说，营商硬环境的建设是其他发展条件的基础，是甘肃城市竞争力提升、招商引资质量提升的关键。

二是立足"硬环境"改善营商"软环境"。对甘肃来说，只有立足于高质量的营商硬环境，才能发挥出政策优势和文化优势，只有立足于高质量的营商硬环境才能留住人才、留住资源、留住企业和项目，从而真正达到改善

和提升营商"软环境"的效果。

三是依托"营商环境"激发"经济活力"。动用"硬手段"建设好营商"硬环境",立足"硬环境"优化营商"软环境",再依托良好的"营商环境"来激发"经济活力",适应拓展经济腹地与扩大开放的现实需求,以便甘肃的资源优势通过扩大开放市场,寻求到广阔的外部市场空间,并转化为产业优势。在这个基础上以创造公平竞争的制度环境,把培育民营经济主体、激发以民营经济为重点的市场主体活力作为重要目标,才能化解突出矛盾,增强招商引资优势,激发国内外投资热度,并带动人才、资金、技术等中高端要素在甘肃集聚,从而以实力推动和实现甘肃经济社会的高质量发展。

(四)健全政企银协商机制,强化金融服务项目职能

金融与实体经济是相互促进、相互依存的。产业大招商离不开金融机构特别是银行的支持,而招商成果也能为金融企业进一步发展提供支持。

一是建立健全政、银、企沟通协商机制。各市县区政府可以联合驻地商业银行以座谈会、对接洽谈会等形式,向金融机构推荐产品有市场、发展潜力大、经营情况稳定的引资企业,方便银行掌握相关信息,根据实际情况予以授信支持。

二是要提高银行等金融机构的服务效能,降低企业融资成本,要严格执行银保监会、央行的各项规定,着力规范金融机构的收费行为,规范融资中介的服务收费行为,规范金融机构上浮贷款利率的行为,切实降低企业融资成本。同时,要优化信贷审批流程,精简动产、不动产抵押登记流程,压缩办理时限,提高项目融资时效,改善企业融资贵、融资难的痛、难点,不断为产业大招商和实体经济发展注入资金。

三是通过政府、银行、担保公司、再担保公司、企业共同分担风险,降低银行顾虑,提高银行积极性,推动更多资金投向小微企业。

四是大力引进省外商业银行和金融机构进驻甘肃,扩大贷款产品供给,从源头上引入活水,促进金融业良性竞争发展。

五是积极探索企业融资新途径。创新融资方式，探索通过发行企业债券、在新三板进行股权融资、吸引创投资金等方式，多渠道为引资企业缓解融资难问题。

（五）设置评价机制，形成营商环境评价制度

营商环境是企业发展的土壤，营商环境的优劣直接决定了地区招商引资乃至经济发展的速度和质量。鉴于目前甘肃对营商环境的评价体系和评价制度的缺失，已经严重影响到甘肃经济的发展质量和速度，为促进甘肃招商引资质量不断提升，有必要设置营商环境评价机制，形成具有可以对接国际和省外经济体的营商环境评价体系，以便对营商环境做出科学的评价，定期公布评价结果，将评价成果作为改善营商环境、开展招商引资等经济活动的重要决策参考，使招商引资各项工作更加清晰明确、企业投资项目更具效能，通过一流的营商环境引出成效卓著的招商引资效能，从而形成推动甘肃经济社会高质量发展的合力。

参考文献

宾国宇：《广西建设园区精准招商大数据平台对策研究》，《法治与经济》2019年第6期。

周剑明、王鹏：《新发展格局下我国产业结构升级面临的压力与对策》，《经济纵横》2021年第6期。

宋林霖、何成祥：《从招商引资至优化营商环境：地方政府经济职能履行方式的重大转向》，《上海行政学院学报》2019年第6期。

巫春勇：《开发区招商引资工作激励管理研究》，《纳税》2020年第2期。

B.8

2023~2024年甘肃对外贸易分析与预测

王军锋*

摘　要： 2023年1~9月，甘肃对外贸易呈现稳规模、调结构、扩需求、强方式、优伙伴、培市场、育主体等运行特征，进口萎缩拖累进出口整体走弱，对共建"一带一路"国家、RCEP成员国、上合组织成员国出口稳步提高。甘肃进出口存在需求不振；出口产品单一性趋强，出口市场更加聚集；关键性原材料进口依赖强化，进口来源地更趋固化等三大突出问题。2024年要立足全力稳住外贸基本盘，持续优化营商环境；立足共建"一带一路"国家贸易，持续优化对外贸易结构；立足兰州和天水两大跨境电子商务综试区，持续优化贸易方式；立足加快引培专精特新企业，持续优化对外贸易市场主体。

关键词： 对外贸易　"一带一路"　RCEP　上合组织　甘肃

一　2023年对外贸易运行分析

面对复杂严峻的外部环境和国内多重困难挑战，我国对外贸易总体呈现外贸规模稳定、机电产品拉动作用明显、出口优于进口、资源型产品进口扩大、民营企业进出口活力增强、与共建"一带一路"国家贸易占比提高等特征。中国海关总署统计数据显示，2023年1~9月，全国进出口贸易总值达到30.8万亿元，同比微降0.2%。其中，出口总值17.6万亿元，同比增

---

* 王军锋，甘肃省社会科学院资源环境与城乡规划研究所副研究员，研究方向为区域经济、对外贸易、企业治理、民间金融。

长 0.6%；进口 13.2 万亿元，同比下降 1.2%。机电产品出口 10.3 万亿元，占出口总值的 58.5%；能源、金属矿砂、粮食等进口同比增长 16.5%；民营企业进出口活力增强，民营企业进出口总值占比提高到 53.1%；与共建"一带一路"国家贸易占比达 46.5%，特别是与中亚国家进出口增长高达 33.7%。

据兰州海关发布的数据，截至 2023 年 9 月底，甘肃省进出口总值 382.4 亿元，同比下降 12.2%。其中，出口总值 93.1 亿元，同比增长 5.3%，高于全国平均水平 4.7 个百分点；进口总值 289.3 亿元，同比下降 16.6%（见表 1）。总体来看，2023 年，甘肃对外贸易运行呈现稳规模、调结构、扩需求、强方式、优伙伴、培市场、育主体等特征。

表 1 2023 年 1~9 月甘肃省累计进出口状况

单位：亿元，%

月份	进出口		出口		进口	
	总额	增长率	总额	增长率	总额	增长率
1~2	98.7	−8.4	28.4	30.3	70.3	−18.2
1~3	175.7	5.9	45.3	45.1	130.4	−4.2
1~4	212.1	0.8	57.9	48.4	154.2	−10.0
1~5	247.0	−8.8	66.2	34.5	180.8	−18.3
1~6	274.8	−15.7	68.5	18.6	206.3	−21.9
1~7	300.3	−18.6	77.2	12.4	223.1	−24.3
1~8	331.4	−21.2	84.0	8.7	247.4	−26.8
1~9	382.4	−12.2	93.1	5.3	289.3	−16.6

资料来源：中国兰州海关官网。

1. 稳规模，进出口总量在全国位次稳固，进出口增长率显著下滑

为了深入贯彻落实党中央、国务院外贸稳规模优结构政策措施，甘肃省政府出台《促进经济稳中有进推动高质量发展若干政策措施》，兰州海关在《海关优化营商环境 16 条》的基础上推出 20 条细化措施，深化国际贸易"单一窗口"功能应用，进一步提升跨境贸易便利化水平，突出稳定进出口

规模。2023年1~9月，甘肃进出口高峰期出现在3月，自4~6月持续萎缩下滑，6月跌入谷底，7月有所反弹，8月又出现反弹不力的状况，9月又显示出一定量的反弹。与上年同期比，甘肃进出口表现出波动明显、稳规模压力持续增大的特征。

2023年1~9月，甘肃进出口总值稳居全国第28位，分别比宁夏155.7亿元、西藏76.5亿元、青海34.5亿元多226.7亿元、305.9亿元、347.9亿元。但受进口下滑影响，甘肃进出口增长率在西部12个省区市中处于第九位，分别比西藏、新疆、内蒙古、青海、广西、贵州、宁夏、四川低138.5个、59.5个、41.4个、31.9个、30.6个、19.0个、6.5个、6.2个百分点，仅分别比重庆、陕西、云南高0.3个、5.1个、10.8个百分点（见表2）。

表2　2023年1~9月西部12个省区市进出口总值及增长率

单位：亿元，%

省区市	进出口总值	进出口增长率
四川	6873.6	-6.0
重庆	5416.3	-12.5
广西	4981.5	18.4
陕西	2962.9	-17.3
新疆	2528.4	47.3
云南	1913.3	-23.0
内蒙古	1379.9	29.2
贵州	480.4	6.8
甘肃	382.4	-12.2
宁夏	155.7	-5.7
西藏	76.5	126.3
青海	34.5	19.7

资料来源：各省区市海关官网。

2. 调结构，出口同比增长率居全国第11位，机电农产品出口强劲增长

甘肃打造新材料基地和集成电路省级外贸转型升级基地，实施多元化税收担保，减轻外贸企业负担，引导专精特新中小企业加快国际化步伐，加快

兰州新区进口贸易促进创新示范区建设，积极组织企业参加进博会、广交会、服贸会和俄罗斯国际食品展览会等45个境内外展会，组织举办"一带一路"、RCEP等重点国别贸易对接会，推动特色产业出口结构升级，培育壮大出口龙头企业，特色领域出口取得新突破。

2023年1~9月，甘肃出口总值仍位于全国第29位，比西藏71.5亿元多21.6亿元，比青海19.6亿元多73.5亿元。出口同比增速居于全国第11位、西部第七位，分别比云南、陕西、重庆、宁夏、四川等省区高49.7个、19.9个、14.8个、13.3个、7.1个百分点，但分别低于西藏、新疆、内蒙古、青海、广西、贵州119.9个、43.5个、15.4个、8.2个、7.8个、7.7个百分点（见表3）。

表3　2023年1~9月西部12个省区市出口总值及增长率

单位：亿元，%

省区市	出口总值	出口增长率
四川	4328.6	−1.8
重庆	3638.6	−9.5
广西	2473.0	13.1
新疆	2133.8	48.8
陕西	1908.1	−14.6
云南	680.9	−44.4
内蒙古	535.7	20.7
贵州	317.4	13.0
宁夏	115.1	−8.0
甘肃	93.1	5.3
西藏	71.5	125.2
青海	19.6	13.5

资料来源：各省市区首府城市海关官网。

主要出口类产品继续保持增长。前9个月，甘肃省机电产品出口43.8亿元，同比增长2.6%；农产品出口19.4亿元，同比增长23.3%，其中，种子、鲜苹果、果蔬汁、蔬菜及食用菌分别出口3.9亿元、3.5亿元、2.7亿元和 1.9 亿元，分别增长 38.3%、29%、63.1% 和 20.8%；劳动密集型产品出口 5.4 亿元，同比增长 58.1%；铜材及制品出口 4.4 亿元，同比增长 193.7%；未锻造金（银）出口 3.1 亿元，同比增长 365.6%（见表4）。从五大出口商品占比看，机电产品仍稳居第一，占全部出口总值的 47.1%，与上年同期比略有回落；农产品出口占全部出口总值的 20.8%，与上年同期比提高了 3.7 个百分点。机电产品与农产品出口占全部出口总值 2/3 还多，共同成为甘肃出口主导产品。

表4 2023 年 1~9 月甘肃省五大出口商品

单位：亿元，%

出口商品	出口值	同比增长率	占比
机电产品	43.8	2.6	47.1
农产品	19.4	23.3	20.8
劳动密集型产品	5.4	58.1	5.8
铜材及制品	4.4	193.7	4.7
未锻造金（银）	3.1	365.6	3.2

资料来源：中国兰州海关官网。

甘肃农产品出口领域实现多项新突破。一是竹草制品实现首次出口，金昌市以公路运输方式向哈萨克斯坦出口 2300 张胶合板。二是鲜切玫瑰实现首次出口，临夏州以空运方式向哈萨克斯坦出口 6000 支鲜切玫瑰。三是西兰花实现首次出口，甘肃茂雄领鲜农业科技有限公司种植的 7 批次 58.2 吨新鲜西兰花经酒泉海关出口马来西亚。四是豆制品实现首次出口，位于陇南市徽县的甘肃兆丰农业开发有限责任公司生产的豆铃卷通过冷链运输车方式出口英国，陇南徽县某企业生产的 576 千克豆铃卷顺利发往泰国，这是甘肃豆铃卷首次出口泰国。五是活牛首次自营供应澳门市场，位于平凉市的甘肃丰盛盛达养殖有限公司养殖的 16 头活牛出口澳门，2023 年前 4 个月，甘肃活牛外销 488 头，货值 1359.6 万元，同比均增长 40% 以上，继续保持稳中向好态势。六是甘肃省金徽酒股份有限公司生产的 10 箱白酒顺利首次出口贝宁。七是金昌海关西瓜种子首次出口荷兰。八是甘肃陇南一批橄榄油顺利输往西班牙，这是陇南橄榄油继出口韩国、意大利后开拓的新市场。九是陇南西和县一批 44.88 吨的鲜苹果运往印度尼西亚，这是陇南鲜苹果首次出口印度尼西亚市场。十是陇南君御堂进出口贸易有限公司生产的 1 批货值 21.9 万元的西和半夏顺利发往韩国，这是"西和半夏"首次实现出口。十一是庆阳环县某企业生产的 25 吨冷冻羊肥肠、羊肚油、羊肝等产品出口海外；据统计，2023 年第一季度，甘肃冷冻羊肉产品出口 917.9 万元，同比增长近 4 倍。十二是产自甘肃陇南的 60 吨冷水鲟鱼顺利出口越南。十三是 246.4 吨由秦安长城果汁饮料有限公司生产的浓缩苹果汁发往南非。2023 年前两个月，甘肃省出口浓缩苹果汁货值达 1.3 亿元，同比增长 99.9%。十四是平凉和庆阳两市苦杏仁出口货值达 670 余万元。十五是平凉海关已帮助辖区企业注册出境水果果园 5 个、出境水果包装厂 3 家，鲜苹果出口近 300 万元。十六是陇南成县出产的 25.5 吨核桃仁顺利发往伊拉克，这是甘肃成县核桃仁首次出口伊拉克。

3. 扩需求，进口同比增速居西部第十位，农产品、燃料油进口保持高增长态势

2023 年 1~9 月，甘肃进口值居全国第 27 位、西部第八位。同比增长率居全国第 29 位、西部第十位，分别比西藏、新疆、内蒙古、青海、广西、宁夏、云南、贵州、四川低 158.9 个、56.4 个、51.9 个、45.6 个、40.8 个、14.5 个、13.1 个、4.2 个百分点（见表 5）。

表 5　2023 年 1~9 月西部 12 个省区市进口值及增长率

单位：亿元，%

省区市	进口值	进口增长率
四川	2545.0	-12.4
广西	2508.5	24.2
重庆	1777.8	-18.2
云南	1232.4	-2.1
陕西	1054.8	-21.6

省区市	进口值	进口增长率
内蒙古	844.2	35.3
新疆	394.6	39.8
甘肃	289.3	-16.6
贵州	163.0	-3.5
宁夏	40.6	1.5
青海	14.9	29.0
西藏	5.0	142.3

资料来源：中国兰州海关官网。

2023年1~9月，金属矿砂、机电产品、高新技术产品、农产品、燃料油成为甘肃进口量最大的商品，其中金属矿砂、机电产品、高新技术产品均呈负增长态势，农产品、燃料油出现高增长态势。从占比看，金属矿砂占一半以上，达57.1%；机电产品、高新技术产品、农产品、燃料油分别占9.8%、6.9%、4.9%、3.6%（见表6）。

表6　2023年1~9月甘肃省五大进口商品

单位：亿元，%

进口商品	进口值	同比增长率	占比
金属矿砂	165.3	-10.8	57.1
机电产品	28.3	-40.7	9.8
高新技术产品	20.1	-49.0	6.9
农产品	14.1	66.2	4.9
燃料油	10.3	617.0	3.6

资料来源：中国兰州海关官网。

甘肃省开通"曼谷—兰州"客运航班腹舱带货业务，6月4日，一架由春秋航空公司执飞的"曼谷—兰州"客运航班腹舱载运160千克金枕榴梿抢"鲜"入境，顺利抵达兰州中川国际机场，这标志着甘肃省开通"曼谷—兰州"客运航线腹舱带货业务，也意味着兰州中川国际机场进境水果指定监管场地开始常态化运行。10月，金昌海关监管武威进境肉类指定监管场地进口白俄罗斯牛肉顺利通关。该批牛肉重量 21 吨，货值约 80 万元，采用公路运输方式从阿拉山口入境，运抵指定监管场地，标志着武威进境肉类指定监管场地进口肉类业务常态化运行。

4. 强方式，一般贸易保持增长，加工贸易与保税物流呈下降趋势

2023 年前 9 个月，甘肃对外贸易方式仍呈现高度依赖传统方式的一般贸易、加工贸易和保税物流三大方式，服务贸易等发展尤为缓慢。

甘肃一般贸易进出口值 289.7 亿元，同比增长 0.1%，占外贸总值的75.8%。其中，出口 68.0 亿元，同比增长 11.2%；进口 221.7 亿元，同比下降 2.9%。

加工贸易进出口值 89.9 亿元，同比下降 31.4%，占外贸总值的 23.5%，比上年同期下降 6.7 个百分点，表明甘肃承接加工贸易转移难度加大。其中，出口 23.2 亿元，同比下降 6.4%；进口 66.7 亿元，同比下降 37.2%。

保税物流贸易方式进出口值 1.8 亿元，同比下降 86.8%，占外贸总值的0.5%。其中，出口 1.2 亿元，同比下降 25.1%，进口 0.6 亿元，同比下降95.0%（见表 7）。

表 7 2023 年 1~9 月甘肃省进出口贸易方式

单位：亿元，%

贸易方式	进出口值			出口值		进口值	
	总额	增长率	占比	总额	增长率	总额	增长率
一般贸易	289.7	0.1	75.8	68.0	11.2	221.7	-2.9
加工贸易	89.9	-31.4	23.5	23.2	-6.4	66.7	-37.2
保税物流	1.8	-86.8	0.5	1.2	-25.1	0.6	-95.0

资料来源：中国兰州海关官网。

在 2023 年中国国际服务贸易交易会上，甘肃省运输服务、技术服务、中医药服务、特色餐饮等领域 14 个服务贸易项目在会上签约，签约金额1.1 亿美元。同时，医用重离子加速器、分散式污水处理、便携式太阳能储能电源、节能夹层玻璃等四项服务贸易创新成果线上线下同步向全球发布，

充分展示了甘肃服务贸易的发展状况和成果，促进服务贸易发展。

5. 优伙伴，以国际货运班列和跨境电商为支撑，共建"一带一路"的东盟、中亚和RCEP成员国成为甘肃主要对外贸易区域

兰州、武威、天水三大国际陆港相继建立，甘肃省已构建起中欧、中亚、南亚、"西部陆海新通道"以及中吉乌班列的"四向六条"立体开放通道网络，覆盖欧洲、亚洲的20多个国家和地区。

自2016年成立以来，兰州国际陆港先后开通中欧、中亚、西部陆海新通道、南亚、中吉乌、陇海大通道6条国际货运班列贸易通道，打通阿拉山口、霍尔果斯、二连浩特、伊尔克什坦、吉隆、樟木等10个出境口岸，可通达莫斯科、杜伊斯堡、汉堡、阿拉木图、塔什干等22个国家34个城市，国际货运班列累计开行1231列，累计发送货物81890标箱，货值约125.72亿元，货重约120.88万吨，去程主要是日用百货、机械设备、汽车配件、服装布料、纯碱、石棉等货品，回程以粮食、石油焦、棉纱、冰冻海产品等为主要货品。2023年3月9日，兰州新区首趟数字化"中吉乌"国际多式联运货运班列发车，"数字技术"为"一带一路"通道运输高质量发展赋予新的动力。2023年上半年兰州国际陆港实现货运吞吐量约393.6万吨，完成进出口贸易额1.7亿元；累计完成货运吞吐量4517.3万吨。

自2014年甘肃首列"天马号"开行以来，武威国际陆港抢抓"一带一路"建设机遇，先后建成投运"两中心两口岸一场站"外向型经济平台，截至目前，累计发运国际货运班列199列，货运总值约29.7亿元，货运总量约33.3万吨。

2023年3月25日，甘肃（定西）—哈萨克斯坦（库斯塔奈）中亚国际货运班列顺利首发。该班列共55节，装载汽车配件、布料等商品共计436吨，货值2073万元，从甘肃省定西站发车后，由霍尔果斯口岸出境发往哈萨克斯坦库斯塔奈。

2022年兰州陆港跨境电商业务实现"零"的突破，实现跨境电商贸易额约588.4万美元，折合人民币约3995.5万元，2023年上半年跨境电商业务共实现贸易额约166.1万美元，折合人民币约1208.0万元。

2023 年 1~9 月，共建"一带一路"的东盟、中亚、RCEP 成员国成为甘肃主要对外贸易区域。自 2013 年提出"一带一路"倡议以来，十年间，甘肃与共建"一带一路"国家进出口值达到 2902.2 亿元，占全省外贸进出口值的比重从 2013 年的 62.2% 上升至 2022 年的 66.45%。近五年来，甘肃省与共建"一带一路"国家进出口值年均增长 14.1%，占贸易总额比重达 65.36%，始终高于全国平均水平。2023 年前 9 个月，甘肃省对共建"一带一路"国家进出口值 282.8 亿元，占同期甘肃省外贸进出口总值的 74.0%。甘肃对东盟进出口值 71.8 亿元，增长 65.7%。对 RCEP 成员国进出口值 105.4 亿元，增长 9.2%，占同期甘肃省外贸进出口总值的 27.6%。

2023 年 1~9 月，哈萨克斯坦、印度尼西亚、俄罗斯、澳大利亚、中国香港、蒙古国、中国台湾、刚果（金）、马来西亚、韩国成为甘肃十大贸易伙伴。其中与哈萨克斯坦贸易占全省 1/4 左右，一直稳居第一位。俄罗斯一跃从上年同期第九上升到第三位，刚果（金）从上年同期第二位跌落到第八位（见表 8）。甘肃十大贸易伙伴，亚洲国家或地区占据七席，欧洲、非洲和澳大利亚各一席。甘肃与美国贸易额达 7.3 亿元，仅次于秘鲁 8.7 亿元而居第 12 位。

表 8　2023 年 1~9 月甘肃省十大贸易伙伴

单位：亿元，%

地区	总额	增长率	占比
哈萨克斯坦	94.8	-4.7	24.8
印度尼西亚	46.2	72.1	12.1
俄罗斯	23.8	27.5	6.2
澳大利亚	18.6	-32.4	4.9
中国香港	17.6	-20.6	4.6
蒙古国	17.0	-21.7	4.5
中国台湾	16.9	-30.9	4.4
刚果（金）	16.7	-43.8	4.3
马来西亚	13.2	233.6	3.5
韩国	9.7	-47.6	2.5

资料来源：中国兰州海关官网。

从进出口增速看，甘肃与贸易总额排名前20国家或地区中，与乌兹别克斯坦贸易增长355.9%，与马来西亚贸易增长233.6%，与秘鲁贸易增长176.2%，与越南贸易增长139.2%，均呈现成倍增长态势。

6. 培市场，中国香港、美国、韩国成为甘肃三大出口地，对上合组织成员国出口强势增长

甘肃在拓展出口市场、增强出口动能方面，立足亚洲传统出口市场，通过推进贸易数字化等举措，不断挖掘美洲、欧洲、拉丁美洲等区域市场的产品出口增长潜力。2023年1~9月，中国香港、美国、韩国、俄罗斯、乌兹别克斯坦、中国台湾、越南、哈萨克斯坦、印度、刚果（金）共同成为甘肃省十大出口市场。其中，从出口市场占比看，中国香港、美国、韩国分别以18.8%、6.3%、6.1%居前列，对这三地出口额占全省近1/3。从出口增长速度看，面向乌兹别克斯坦、刚果（金）、哈萨克斯坦出口增速分别以2303.1%、401.1%、183.9%居前三位，向越南、俄罗斯、韩国出口增速也不低，分别为98.3%、56.8%和23.4%（见表9）。甘肃对俄罗斯、乌兹别克斯坦、哈萨克斯坦、印度4个上合组织成员国出口15.3亿元，占全部出口总额的16.5%。从十大出口市场分布看，除美国、俄罗斯、刚果（金）外，其他均属于亚洲国家或地区，出口市场分布相对集中。

表9　2023年1~9月甘肃省十大出口目的地

单位：亿元，%

出口地	出口值	增长率	占比
中国香港	17.5	−15.0	18.8
美国	5.9	−16.4	6.3
韩国	5.7	23.4	6.1
俄罗斯	4.2	56.8	4.5
乌兹别克斯坦	4.2	2303.1	4.5
中国台湾	3.9	4.2	4.2
越南	3.9	98.3	4.2
哈萨克斯坦	3.5	183.9	3.8

出口地	出口值	增长率	占比
印度	3.4	-5.4	3.7
刚果（金）	3.4	401.1	3.7

资料来源：中国兰州海关官网。

从进口来源地看，哈萨克斯坦、印度尼西亚、俄罗斯、澳大利亚、蒙古国、刚果（金）、中国台湾、马来西亚、秘鲁、芬兰共同成为甘肃十大进口来源地。其中，从哈萨克斯坦进口占甘肃全部进口总额的1/3左右，如再加上印度尼西亚、俄罗斯，三个国家进口额超过全省进口总额的一半。从进口增长率看，从马来西亚进口增长了3倍，从秘鲁进口增长了2倍，从印度尼西亚进口增长了83.4%。从进口来源地区域分布看，遍布五大洲，亚洲有5个国家或地区，欧洲有2个，非洲、美洲、大洋洲各1个（见表10）。

表10　2023年1~9月甘肃省十大进口来源地

单位：亿元，%

进口来源地	进口值	增长率	占比
哈萨克斯坦	91.3	-7.1	31.6
印度尼西亚	44.2	83.4	15.3
俄罗斯	19.6	22.6	6.8
澳大利亚	18.1	-31.6	6.3
蒙古国	16.9	20.1	5.8
刚果（金）	13.3	-54.1	4.6
中国台湾	12.9	-37.3	4.5
马来西亚	11.3	300.8	3.9
秘鲁	8.1	200.5	2.8
芬兰	7.2	-64.7	2.5

资料来源：中国兰州海关官网。

7.育主体，三大企业类型外贸占比发生微妙变化，外资企业出口更为强劲

国有企业、民营企业、外资企业进出口占比格局有所改变，2023年1~

9月数据显示，在进出口总值上，三大企业类型呈现66.0∶32.4∶1.6格局，与上年同期比，国有企业占比降低2.5个百分点，民营企业上升1.6个百分点，外资企业提高0.9个百分点。

从出口看，民营企业主导出口的局面并未发生明显变化，民营企业出口占比仍高达76.5%，国有企业出口占比略有增加，同比提高了2.8个百分点。

从进口看，国有企业主导进口的局面也未发生根本变化，国有企业进口占比超过4/5，民营企业和外资企业进口占比略有增加，同比分别提高了1.1个和1.0个百分点。

从增速看，国有企业和民营企业进出口增长率均呈下降态势，外资企业一枝独秀增长80.2%。从出口增速看，外资企业、国有企业、民营企业分别增长了93.7%、15.8%、1.3%，民营企业出口增长显然遇到更大压力。从进口增速看，外资企业增长了72.6%，国有企业、民营企业分别下降了17.5%、16.0%（见表11）。

表11 2023年1～9月甘肃进出口按企业类型分分布

单位：亿元，%

企业类型	进出口值			出口值			进口值		
	额度	增长率	占比	额度	增长率	占比	额度	增长率	占比
国有企业	252.5	-15.6	66.0	19.5	15.8	20.9	233.0	-17.5	80.5
民营企业	123.8	-6.9	32.4	71.2	1.3	76.5	52.6	-16.0	18.2
外资企业	6.1	80.2	1.6	2.4	93.7	2.6	3.7	72.6	1.3

资料来源：中国兰州海关官网。

二 2023年甘肃对外贸易存在的突出问题

从2023年1～9月数据看，全国31个省区市中，广东省独居鳌头，以60947.4亿元居全国第一，其次江苏、浙江、上海、北京、山东、福建进出口总值均超过万亿元，四川、天津、安徽、辽宁、河南、重庆均超过 5000 亿元，广西、陕西、江西、新疆等 13 个省区市均介于 1000 亿~5000 亿元，贵州、甘肃、宁夏、西藏、青海 5 个省区均在 500 亿元以下。长期以来，甘肃经济增长依赖投资增长，消费和出口对经济增长的贡献度一直处于相对较低的水平。

1. 需求不振，进口减缓拖累甘肃对外贸易整体下滑

甘肃属于典型的进口拉动型外贸结构，进口值占对外贸易份额的 75% 左右。2023 年 1~9 月，在全国 31 个省区市中，包括甘肃在内的 14 个省区市进出口出现负增长。西部 10 个省区市，除新疆、内蒙古、广西、青海外，其他 6 个省区市进出口均呈不同程度的下滑。甘肃进出口增长率排名全国倒数第四，仅好于云南的-23.0、陕西的-17.3% 和重庆的-12.5%，与增长率排名第一的西藏 126.3% 比，差 138.5 个百分点。主要原因是甘肃工业增加值增长速度放缓，特别是与进口息息相关的纺织工业、建材工业增加值出现负增长，冶金工业和电子工业出现低速增长，极大地拖累了甘肃进口。

2. 出口产品单一性趋强，出口市场更加聚集

2023 年 1~9 月，全国有包括甘肃在内的 17 个省区市出口正增长。从甘肃出口产品种类看，机电产品与农产品出口占全部出口总值的 2/3 还多，但机电产品、农产品出口增速远低于占比并不大的劳动密集型产品、铜材及制品、未锻造金（银），出口产品的单一性进一步趋强，出口产品技术含量不够，市场竞争力相对低下。

从出口市场分布看，十多年来，中国香港始终稳居甘肃第一大出口地，大致占甘肃出口总值的 1/5。甘肃向排名第 2 到第 4 的美国、韩国、俄罗斯出口总额占比仅为 1/10。甘肃向排名前 10 的国家或地区出口总值占全部出口总值的 60% 以上，与其他 160 多个有出口业务的国家或地区出口还不到 2/5。出口市场分布相对集中，这意味着波动和风险更大。

3. 关键性原材料进口依赖强化，进口来源地更趋固化

金属矿砂、机电产品、高新技术产品、农产品、燃料油成为甘肃进口量最大的商品。其中，金属矿砂进口占全部进口的 60% 左右，铜、镍硫、原油等支撑甘肃工业高质量发展的原材料，越来越需要不断地增加进口来满足生产需求，一旦国际市场价格异常波动，或者政治因素引发贸易受阻或"卡脖子"事件，都会严重影响甘肃进口进而影响整体经济运行。

从进口来源地看，甘肃进口来源地单一性更加显著。从哈萨克斯坦进口占甘肃全部进口总额的1/3左右，如再加上印度尼西亚、俄罗斯，三个国家进口额超过全省进口总额的一半。2023年1~9月，甘肃与哈萨克斯坦贸易逆差高达87.8亿元，占甘肃贸易逆差总和的44.8%。

三 2024年甘肃对外贸易走势预测及对策建议

当前，逆全球化思潮日趋明显，单边保护主义和贸易保护主义对世界经济和国际贸易发展格局产生了深远影响。中国外贸发展面临的外部环境仍然错综复杂，全球经济发展缓慢，外部市场需求萎缩，国际和区域产业链与供应链不稳定，国际运输物流堵塞，美元升值等环境压力依然巨大，中国进出口行业既面临着严峻挑战，也孕育着持续增长的机遇。

（一）2023年及2024年甘肃对外贸易发展初步预测

基于对国内、省内对外贸易环境变化的分析，在疫情冲击力减弱的情形下，遵循国际贸易基本规律，灵活运用国际贸易基本策略，甘肃对外贸易发展将出现如下走势。

一是2023年进出口整体下滑态势不会有明显改观。2023年全年对外贸易总额预计不会超过400亿元，进出口增长率由跌企稳，全年有可能保持在-10%左右，其中，出口会保持增长6%以上，进口回暖到-15%以下。

二是2024年整体对外贸易压力持续加大，出口会保持上扬态势，以机电产品和农产品为主导的出口结构特征愈加显著，出口增长率不会低于8%。随着RCEP生效国家的扩大，甘肃在传统的出口市场东亚、东盟等区域将会有更大的发展。美国是甘肃第二大出口目的地的格局不会发生根本性逆转。甘肃向上合组织国家出口会逐步放大，2023年1~9月甘肃向俄罗斯、乌兹别克斯坦、哈萨克斯坦、印度、塔吉克斯坦、吉尔吉斯斯坦、巴基斯坦等上合组织成员国出口总额占甘肃全部出口总额的 16.5%，2024 年会增加到 1/4 左右。

三是甘肃进口增长势头趋缓，进口会进一步收窄。在房地产投资日渐萎缩和无重大基建项目的前提下，甘肃省建材工业增长空间缩小，对铁矿石材料需求会逐步减少，会影响甘肃进口量价双双收窄。

四是甘肃主要进出口市场布局不会发生大的变化，出口仍以中国香港为第一大目的地，进口仍以哈萨克斯坦为主。与 2022 年、2023 年比，2024 年甘肃会扩大东盟国家、南亚国家、中亚国家出口量，也会扩大与澳大利亚、北美国家、拉美国家进口量。

五是甘肃民营企业主导出口、国有企业主导进口的格局也不会有所变化。民营企业和外资企业在出口方面会有更好的表现。

（二）2024年甘肃对外贸易高质量发展对策建议

2024 年，甘肃建设要围绕打造"一带一路"开放枢纽这一战略部署，抓紧搭建大平台，求真务实，从贸易主体、贸易品种、贸易市场、贸易方式等方面突出"四立足，四优化"，使对外贸易成为甘肃经济高质量发展的"稳定器"和增力剂。

一是立足全力稳住外贸基本盘，持续优化营商环境。"一企一策"精准施策，完善落实对各类重点进出口企业扶持；优化市场采购贸易税收征管方式，培育花卉、咖啡、民族工艺等跨境电商出口产业；制定外贸综合服务企业认定管理办法，积极引培外贸综合服务平台，为中小企业提供报关、物流、退税、结算、融资、信保等"一站式"服务。

二是立足共建"一带一路"国家贸易，持续优化对外贸易结构。持续扩大机电高新技术等高附加值产品出口规模，深入挖掘农产品的出口潜力，提升机电产品、农产品出口占比。鼓励大型企业稳步扩大对澳大利亚、中亚、南美国家重点能源资源类产品进口，持续扩大对东亚、东南亚国家农林产品、副食品、水产品等商品的进口。

三是立足兰州和天水两大跨境电子商务综试区，持续优化贸易方式。经过多年的发展，甘肃形成了兰州和天水两大跨境电子商务综试区，为推进和探索更加高级化的E-国际贸易新型方式提供了坚实基础与良好条件。随着数字技术和数字经济纵深发展，跨境电子商务贸易方式将进一步发展成为更加全面、影响更为深远的E-国际贸易方式。E-国际贸易是建立在现代互联网技术、云计算技术、大数据流量处理能力基础上，依托跨境贸易平台的集聚和管理，以数据的流动带动消费者和生产者、供应商、中间商集成产生贸易流量，形成国际化、信息化、市场化、社会化、平台化的一种全新贸易方式，紧跟和适应生产力发展、科技革命、业态变革等相互作用带来的新型国际贸易方式。

四是立足加快引培专精特新企业，持续优化对外贸易市场主体。加快招商引进和着力培育专精特新企业，充分发挥专精特新企业技术创新"策源地"、产业链供应链"稳定器"、成长性优质企业"主力军"等独特作用，加快构筑招商引资内在吸附力，助力甘肃经济和对外贸易高质量发展。2023年，通过东西部协作引进316家企业落地甘肃，以产业协作为牵引推动特色产业提档升级，培植优质企业、出口导向企业。

参考文献

张应华、王福生、王晓芳：《甘肃商贸流通发展报告》（2016~2020卷），社会科学文献出版社，2016~2020。

周克全：《双循环格局下西部地区对外贸易市场选择与开拓——以甘肃省为例》，《开发研究》2020年第6期。

王军锋：《甘肃对外贸易运行分析报告》，载安文华、王晓芳《甘肃经济发展分析与预测（2023）》，社会科学文献出版社，2023。

王军锋：《加大引进培育"专精特新"企业力度》，《甘肃日报》（理论版）2023年7月10日。

B.9

2023~2024年甘肃消费品市场分析与预测

王丹宇*

摘　要：　2023年甘肃消费品市场持续恢复，升级类消费增势良好，服务消费增长强劲，汽车消费增速平稳，消费帮扶成效显著。当前我国经济恢复呈现波浪式发展、曲折式前进，经济增速偏低。甘肃省消费恢复基础尚不牢固、需求端疲弱状况尚未完全扭转，居民消费能力、消费信心和消费意愿依然偏弱。消费提振是一个从促进就业、促进收入增长到促进终端消费相辅相成的良性循环，既不是"掏空钱包"，也不是"透支需求"。因此，促消费需要从大处着眼，蓄势未来，改革国民收入分配制度，优化财政支出结构，改善产品和服务供给，完善消费全链条建设；也需要从小处着手、微观发力，解决消费能力不足和信心疲弱问题。

关键词：　消费市场　文化消费　农村消费　甘肃

消费是畅通产业、市场、经济社会"三大循环"的关键要素，也是支撑国民经济增长的关键力量。党的二十大报告强调要"增强消费对经济发展的基础性作用"。2023年甘肃省全面贯彻落实党的二十大精神、牢牢把握高质量发展这个首要任务，综合施策促进消费潜力释放和消费恢复升级，1~9月甘肃省消费市场持续恢复，升级类消费增势良好，服务消费增长强劲，汽车消费增速平稳，消费帮扶成效显著。

---

* 王丹宇，甘肃省社会科学院区域经济研究所副研究员，主要研究方向为区域经济。

一 2023年甘肃消费市场运行的主要特征

2023年，随着疫情防控平稳转段，国家一系列促消费政策持续发力，甘肃省消费市场呈现加快复苏回暖态势。

（一）消费品市场持续恢复

2023年甘肃省强化政策引领，推动消费加快恢复，1～9月，全省社会消费品零售总额3255.2亿元，同比增长9.2%，高于全国增速2.4个百分点，增速排名全国第七，相较于2022年1～9月呈现持续恢复态势（见图1）。城镇消费品零售额2664.6亿元，增长9.1%；乡村消费品零售额590.6亿元，增长9.7%。分消费类型看，1～9月商品零售累计2886.4亿元，增长8.0%；餐饮收入368.8亿元，增长19.4%。

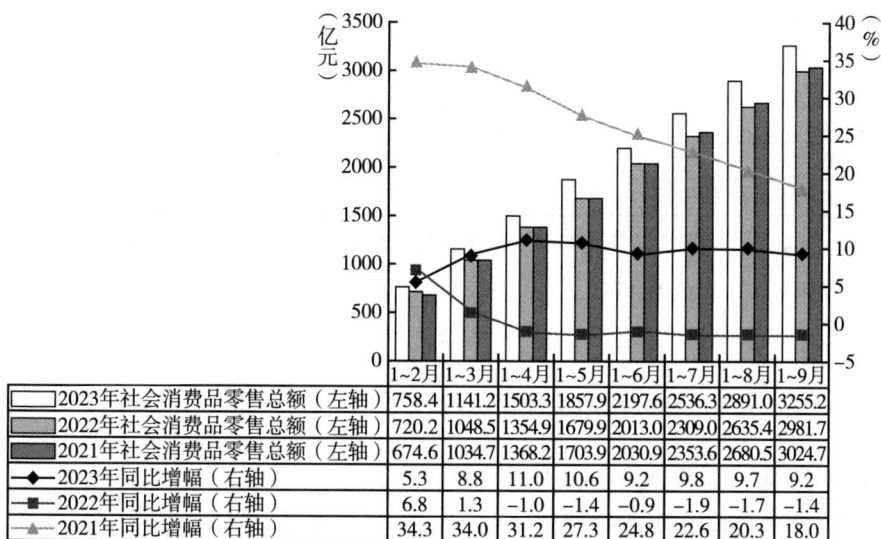

	1~2月	1~3月	1~4月	1~5月	1~6月	1~7月	1~8月	1~9月
2023年社会消费品零售总额（左轴）	758.4	1141.2	1503.3	1857.9	2197.6	2536.3	2891.0	3255.2
2022年社会消费品零售总额（左轴）	720.2	1048.5	1354.9	1679.9	2013.0	2309.0	2635.4	2981.7
2021年社会消费品零售总额（左轴）	674.6	1034.7	1368.2	1703.9	2030.9	2353.6	2680.5	3024.7
2023年同比增幅（右轴）	5.3	8.8	11.0	10.6	9.2	9.8	9.7	9.2
2022年同比增幅（右轴）	6.8	1.3	-1.0	-1.4	-0.9	-1.9	-1.7	-1.4
2021年同比增幅（右轴）	34.3	34.0	31.2	27.3	24.8	22.6	20.3	18.0

图1 2021～2023年历年1～9月甘肃省社会消费品零售总额及增速

资料来源：甘肃省统计局。

（二）升级类消费增势良好

2023 年 1~9 月，甘肃省居民消费修复由基本生活消费逐步向非必选品扩张，限额以上单位饮料类，烟酒类，服装、鞋帽、针纺织品类及金银珠宝类等商品销售增势良好，零售额同比分别增长 23.5%、17.2%、17.1% 和 18.4%，表明因疫情被抑制的品质生活追求和消费潜力得到进一步释放（见图 2）。

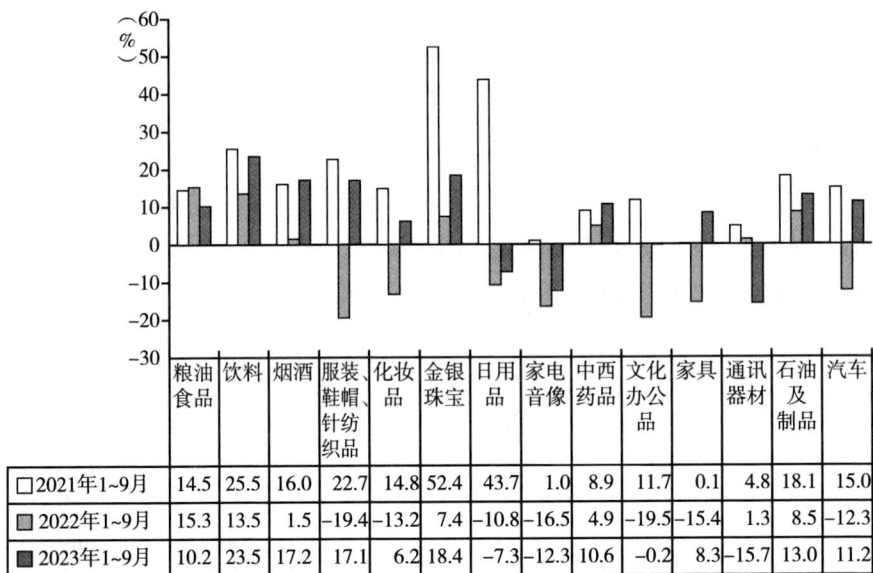

	粮油食品	饮料	烟酒	服装、鞋帽针纺织品	化妆品	金银珠宝	日用品	家电音像	中西药品	文化办公品	家具	通讯器材	石油及制品	汽车
□2021年1~9月	14.5	25.5	16.0	22.7	14.8	52.4	43.7	1.0	8.9	11.7	0.1	4.8	18.1	15.0
▨2022年1~9月	15.3	13.5	1.5	-19.4	-13.2	7.4	-10.8	-16.5	4.9	-19.5	-15.4	1.3	8.5	-12.3
■2023年1~9月	10.2	23.5	17.2	17.1	6.2	18.4	-7.3	-12.3	10.6	-0.2	8.3	-15.7	13.0	11.2

图 2　2021~2023 年历年 1~9 月甘肃省限额以上单位各商品大类零售额增速

资料来源：甘肃省统计局。

（三）接触型聚集型服务消费增长强劲

2023 年，随着经济社会全面恢复常态化运行，餐饮、出行、旅游、文化娱乐等消费场景快速恢复，接触型聚集型服务消费强劲复苏。1~9 月，全省限额以上餐饮业营业额同比增长 30.7%，住宿业营业额同比增长 54.3%，与 2022 年同期相比，增幅显著（见图 3）。

2023 年，甘肃省多业态文化旅游活动蓬勃展开，文旅消费年初回暖、

图3 2022、2023年1~9月甘肃省限额以上住宿业和餐饮业营业额增幅

资料来源：甘肃省统计局。

年中走热、暑期火爆，1~9月，全省共接待游客3.03亿人次，实现旅游综合收入1910亿元，分别恢复至2019年同期的100.3%和89%，带动铁路、公路客运量创历史新高，1~9月，全省铁路客运量同比增长122.0%，公路客运量同比增长43.9%（见图4）。

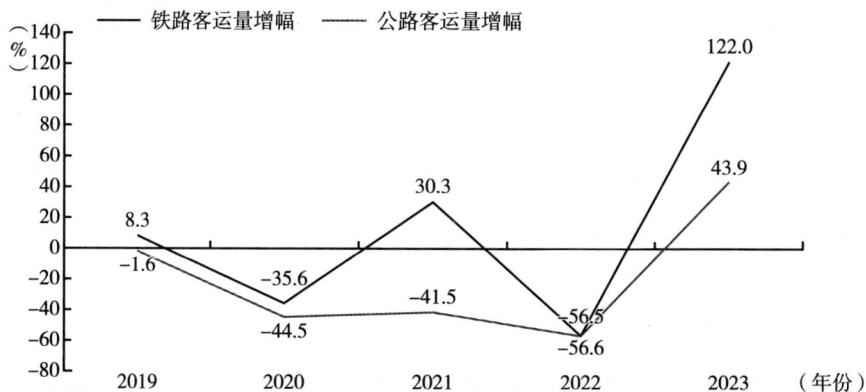

图4 2019~2023年甘肃省铁路、公路客运量增幅

注：2023年数据为1~9月数据。

资料来源：甘肃省统计局。

（四）网络零售保持较快增长，快递业务增速强劲

2023年，包括即时零售、直播带货等在内的消费新业态、新模式迅速发展，为消费恢复性增长提供了新动力和新空间，甘肃省网络零售保持了快速增长，1~9月全省限额以上批零住餐业网络零售额34.3亿元，同比增长29.1%（见图5），高于全省社会消费品零售总额增速19.9个百分点，整体增速平稳。

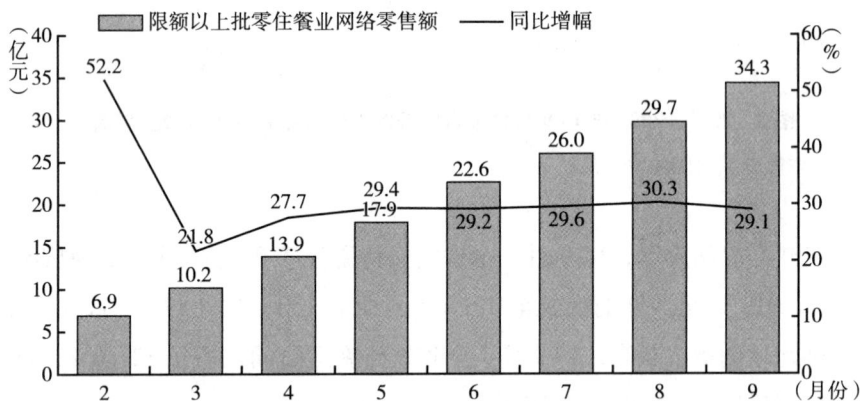

图5　2023年1~9月甘肃省限额以上批零住餐业网络零售额及增速

资料来源：甘肃省统计局。

网络零售较快增长、商文旅融合发展、快递行业服务能力和水平双提升带动全省快递行业发展势头强劲。1~9月，甘肃省快递行业增速逐月递增、持续加速，前三季度快递业务量同比增长30.04%（见图6），增速位居全国第九。

（五）汽车消费增速平稳

2023年，甘肃省积极落实国家促消费政策，组织开展全国"百城联动汽车节""度假日车油惠购季"等汽车促消费活动，着力提振汽车等大宗消费。6月以来，商务部等多部门密集印发了《关于做好2023年促进绿色智能家电消费工作的通知》《关于促进家居消费若干措施的通知》《关于促进汽车消费

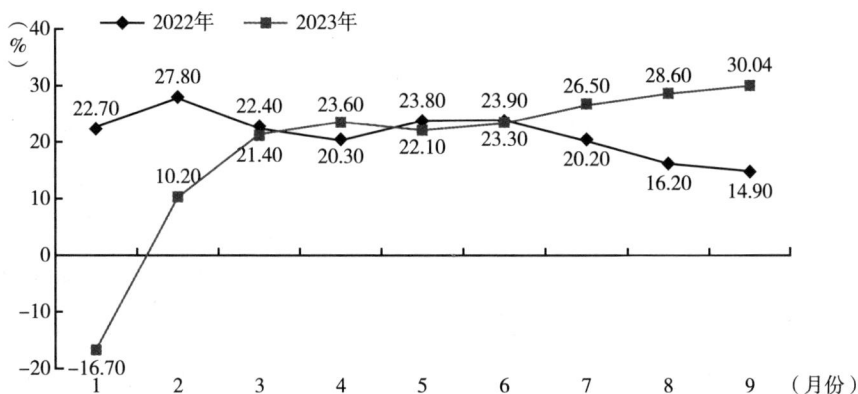

图6　2023年1~9月和上年同期甘肃省快递业务量增速比较

资料来源：甘肃省统计局。

的若干措施》等。随着政策效果初步显现，1~9月全省汽车消费增速平稳，销售累计增长11.2%，比2022年同期增长23.5个百分点（见图7）；其中新能源汽车零售额同比增长67%；限额以上石油及制品类零售额同比增长13.0%。

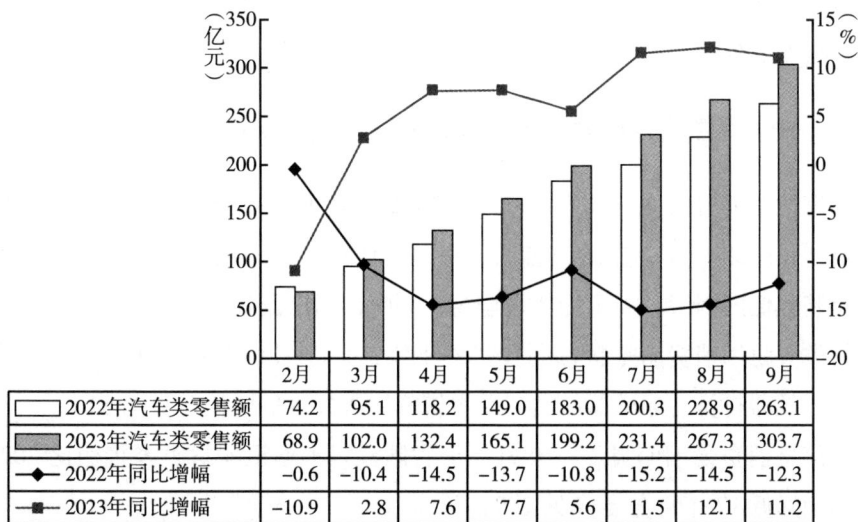

	2月	3月	4月	5月	6月	7月	8月	9月
2022年汽车类零售额	74.2	95.1	118.2	149.0	183.0	200.3	228.9	263.1
2023年汽车类零售额	68.9	102.0	132.4	165.1	199.2	231.4	267.3	303.7
2022年同比增幅	-0.6	-10.4	-14.5	-13.7	-10.8	-15.2	-14.5	-12.3
2023年同比增幅	-10.9	2.8	7.6	7.7	5.6	11.5	12.1	11.2

图7　2023年1~9月和上年同期汽车类零售额及增速

资料来源：甘肃省统计局。

（六）消费帮扶成效显著

消费帮扶是实现乡村振兴、促进产业提质增效和持续发展的重要途径。2023 年，甘肃省制定印发《2023 年省级层面消费帮扶重点推进工作事项》《2023 年甘肃省消费帮扶农特产品推介手册》，积极组织开展消费帮扶专项行动，在"帮销、促产、疏浚、解困"四个领域精准发力，在生产标准化、服务品牌化、产业集群化、消费场景化上狠下功夫，以"科技+政策"先行、"外引+内培"共进、"线上+线下"互促充分挖掘消费潜力，助力消费帮扶成效显著。2023 年上半年，全省消费帮扶实现直接采购和帮助销售脱贫地区农产品 150.8 亿元，全省脱贫地区接待游客 6236 万人次，旅游消费收入达 185.5 亿元。

二　当前消费市场需要重点关注的问题

当前我国经济恢复呈现波浪式发展、曲折式前进，经济增速偏低。2023 年 1~9 月甘肃消费市场整体上稳步有序回暖，但居民消费能力、消费信心和消费意愿依然偏弱。

（一）消费回升动力不足，当前消费仍然是恢复性增长

疫情对消费的冲击具有时滞性。2022 年甘肃省社会消费品零售总额同比负增长。2023 年，旅游、餐饮、交通、住宿等服务消费反弹明显，但有上年基数低的因素，尚不能代表全貌；同时，通讯器材类、家用电器和音像器材类等耐用消费品零售额同比仍然下降，1~9 月，全省限额以上家用电器和音像器材类、通讯器材类商品零售额一直处于负增长（见图 8）。

信息消费萎缩明显，1~9 月，全省限额以上通讯器材类零售额比 2022 年同期降低 17 个百分点（见图 9）。

拉长时间轴，与国内消费增速变化趋势一样，自 2016 年 2 月开始，甘肃省社会消费品零售总额累计同比增速持续多年低于 10%。2019 年 11 月

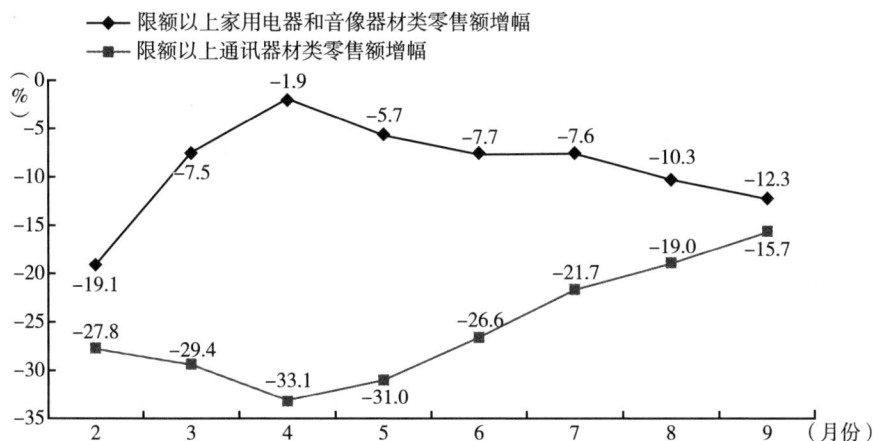

图8　2023年1~9月甘肃省通讯器材类、家用电器和音像器材类零售额增幅

资料来源：甘肃省统计局。

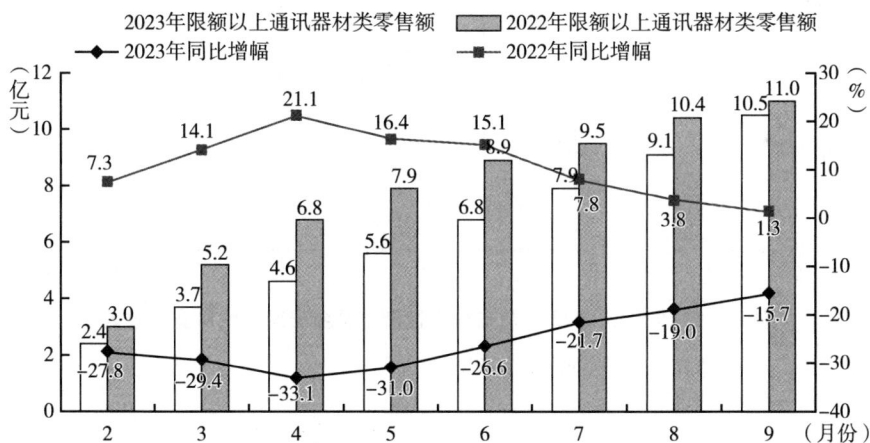

图9　2022年、2023年1~9月限额以上通讯器材类零售额及增幅

资料来源：甘肃省统计局。

起，跌入8%区间以下；2020年2月下降至-15.8%，2020年2月至2022年12月累计同比增速均值仅为4.74%，远未恢复至疫情前水平。2023年6月，央行发布第二季度全国50个城市、2万户城镇储户问卷调查报告结果显示：本季居民收入感受指数为49.7%，比上季下降1.0个百分点；收入信心指数为48.5%，比第一季度下降1.4个百分点。可见，当前消费仍然是恢复性增长，居民可支配收入增速下滑及未来不确定性导致消费回升动力不足。

（二）消费恢复基础尚不牢固，财产净收入增幅新低

当前经济修复有所加速，但疫情等因素带来的时滞影响仍在持续。2023年前三季度全省城镇居民人均可支配收入29826元，同比增长6.1%，农村居民人均可支配收入8756元，同比增长7.9%（见图10），消费恢复基础尚不牢固。

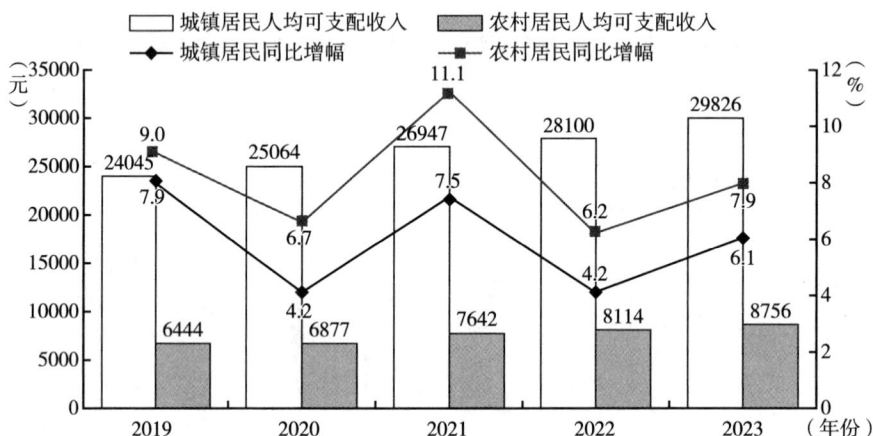

图10　2019年至2023年前三季度甘肃省城乡居民人均可支配收入

注：2023年数据为2023年前三季度数据。
资料来源：甘肃省统计局。

从收入来源看，在工资性收入、经营净收入、财产净收入和转移净收入四类收入中，经营净收入增幅微弱，仍在低谷，可见，城镇居民的个体经营恢复尚待时日；财产净收入增幅为三年来最低水平（见图11）。

（三）疫情的"疤痕效应"依然存在，基本民生支出收缩明显

收入是消费的前提和基础。疫情的"疤痕效应"依然存在，在收入增长不牢固、未来预期仍需改善的情况下，鼓励消费、刺激消费或难以达到拉

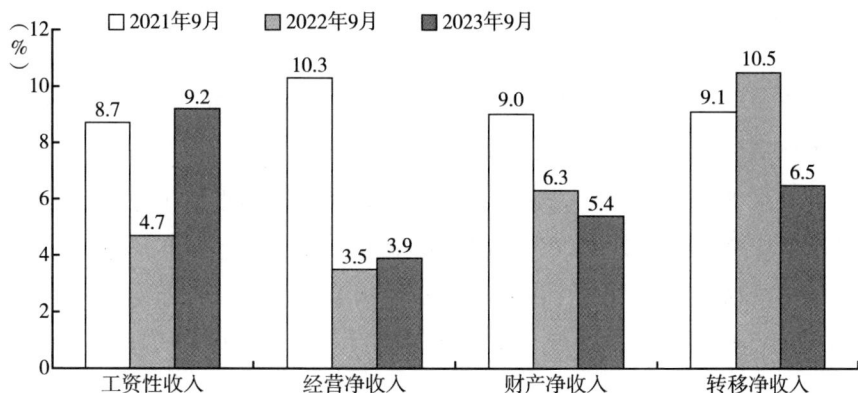

图 11　2021~2023 年历年前三季度甘肃省居民人均可支配收入来源增幅情况

资料来源：甘肃省统计局。

动消费的目的，特别是对于一些低收入群体，其消费更趋谨慎，消费模式已经表现出控制开支的状态。2023 年前三季度，全省居民人均生活消费开支增幅"五升二降"，但值得注意的是，关乎基本民生的居住支出、生活用品及服务支出、教育文化娱乐支出收缩明显（见图12）。

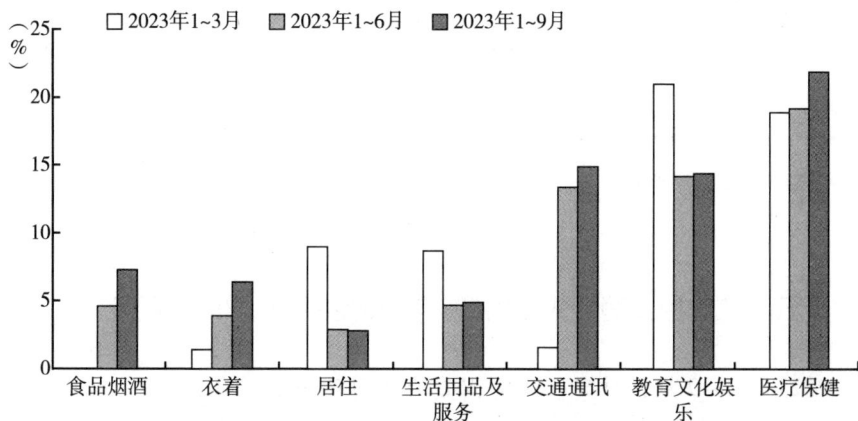

图 12　2023 年前三季度居民人均生活消费支出增幅

资料来源：甘肃省统计局。

（四）消费信心不足，"预防性储蓄"继续上升

经历了疫情冲击，当前经济仍面临一定下行压力，由于未来经济状况的不确定性增加，消费者消费更趋谨慎，储蓄意愿仍然较强，居民储蓄存款继续攀升（见图13）。中国人民银行2023年6月居民调查显示，第二季度国内民众就业感受指数为37.6%，比上季度下降2.3个百分点；倾向于"更多储蓄"的居民占58.0%，比上季度增加0.1个百分点。收入信心和就业预期指数下降、"预防性储蓄"持续上升显示了居民对收入前景和就业预期变得更偏悲观。

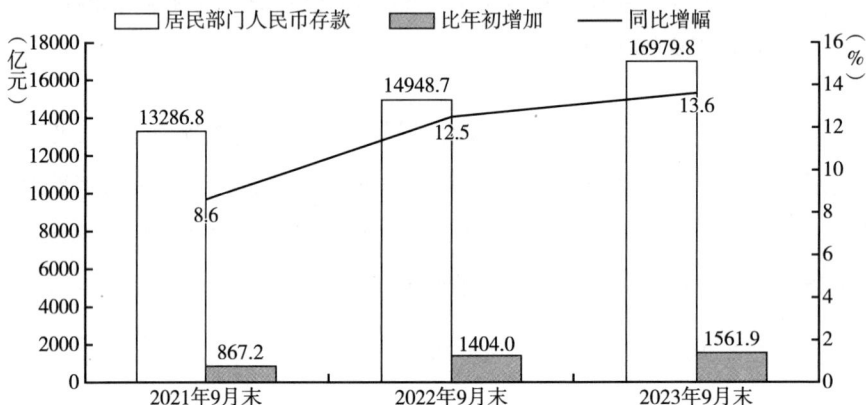

图13 近三年甘肃省居民部门人民币存款余额及增速

资料来源：甘肃省统计局。

（五）住房相关消费先扬后抑，需求端疲弱状况尚未扭转

2023年1~9月，甘肃省住房相关消费扭转2022年以来的负增长态势，至4月末累计增长19.3%，比2022年同期增长38.6个百分点；6月开始，销售持续下降，至9月末，全省商品房销售面积累计增幅降至2.3%（见图14），需求端疲弱状况尚未扭转。

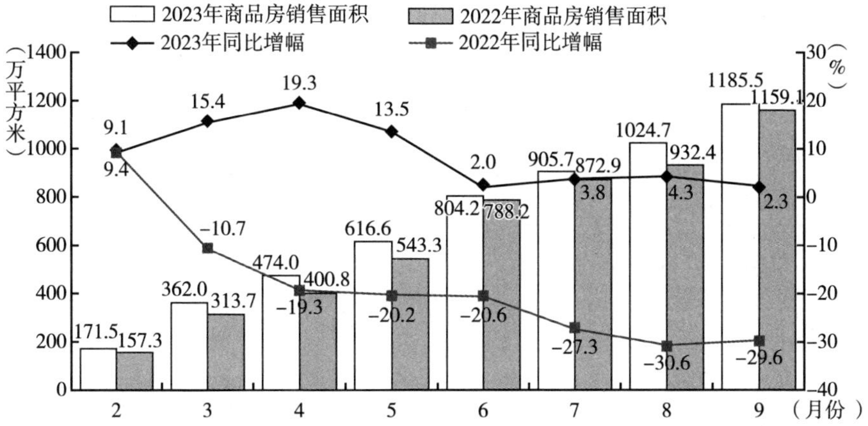

图14 2023年1~9月与上年同期商品房销售面积及增速

资料来源：甘肃省统计局。

三 形势分析与未来展望

展望2024年，经济运行波折向前应是常态，持续恢复基础仍然需要巩固。国家密集出台的重磅政策将带来消费恢复新动力，随着存量政策与增量政策叠加发力，就业和收入逐步改善，市场信心转趋乐观，消费有望持续恢复。

（一）全球经济疲弱导致消费增长具有不确定性

当前，国际力量对比深刻调整，大国博弈日趋激烈，国际环境更加错综复杂，不稳定性明显增加。全球经济处于高度不确定性中，逆全球化思潮抬头，部分国家内顾倾向上升，世界经济复苏乏力，增长动能不足，全球经济衰退风险依然存在。7月美国和欧元区制造业PMI初值分别为49.0%和42.7%，继续位于临界点以下，欧美等主要经济体制造业持续收缩。

美国消费者新闻与商业频道（CNBC）6月发布的一项调查显示，美国消费者在疫情期间积累起来的储蓄正日益"枯竭"，这将导致消费受到冲击。2/3 的受访者表示，通胀持续令他们陷入财务困境，未来 6 个月将减少非必要支出。

欧洲最大的经济体德国的消费者信心也因对经济担忧加剧而下降。据德国市场研究机构捷孚凯发布的最新数据，7 月德国消费者信心先行指数出现下降，尤其是对收入和经济前景的预期再次下滑。

日本能源及日用品价格上涨、实际工资下滑、个人消费疲软等不利因素抑制了购买力。彭博社援引经济学家分析称刺激消费将是日本经济复苏的关键。

世界经济不景气、地缘政治冲突、中美关系的不确定性导致外需减少，对我国进出口贸易造成不利影响，中国出口下行压力持续增大，外需不足仍是企业面临的主要困难，经济持续恢复基础仍然需要巩固。

（二）密集出台的重磅政策带来消费恢复新动力

2023 年以来，一系列促消费扩内需的重磅政策密集出台。

5 月，国家发展改革委、国家能源局出台了《关于加快推进充电基础设施建设　更好支持新能源汽车下乡和乡村振兴的实施意见》。

6 月，国务院办公厅出台《关于进一步构建高质量充电基础设施体系的指导意见》。

6 月，商务部办公厅、国家发展改革委办公厅、工业和信息化部办公厅及国家市场监管总局办公厅印发了《关于做好 2023 年促进绿色智能家电消费工作的通知》。

6 月，财政部等部门发布《关于延续和优化新能源汽车车辆购置税减免政策的公告》。公告明确延续和优化新能源汽车车辆购置税减免的政策，到 2025 年底，免征车辆购置税；2026 年、2027 年减半征收。

7 月，商务部等 16 部门印发《2023 年家政兴农行动工作方案》。

7 月，商务部等 13 部门印发了《全面推进城市一刻钟便民生活圈建设三年行动计划（2023—2025）》。

7 月，商务部等 13 部门印发了《关于促进家居消费的若干措施》。

7月，国家发展改革委等部门印发《关于促进电子产品消费的若干措施》；同时印发《关于促进汽车消费的若干措施》的通知，支持老旧汽车更新消费。加快培育二手车市场。

7月的中央政治局会议强调要积极扩大国内需求，发挥消费拉动经济增长的基础性作用，要提振汽车、电子产品、家居等大宗消费，推动体育休闲、文化旅游等服务消费。7月中央政治局会议后，政府迅速推出一系列经济支持政策。

7月，国家发展改革委等发布民营经济发展28条，力促经济企稳回升。

7月，国务院办公厅发布了《关于恢复和扩大消费的措施》。

8月，财政部与国家税务总局宣布证券交易印花税实施减半征收，以活跃资本市场、提振投资者信心。

8月，国务院发布《关于提高个人所得税有关专项附加扣除标准的通知》，包括3岁以下婴幼儿照护专项、子女教育专项、赡养老人专项等附加扣除标准均提高了1000元；此外，财政部还宣布延续多项个人所得税优惠政策，包括居民个人全年一次性奖金可不并入当年综合所得，单独计算纳税等。个税优惠直接作用于保障和改善民生、提高居民消费意愿和能力。

8月，中国人民银行、国家金融监督管理总局联合发布《关于降低存量首套住房贷款利率有关事项的通知》，自2023年9月25日起，存量首套住房商业性个人住房贷款的借款人可向金融机构提出申请，由该金融机构新发放贷款置换存量首套住房商业性个人住房贷款。存量房贷利率调整减少借款人的利息支出。[①]

密集出台的政策联动部门之多、涉及领域之广、政策力度之大，无一不彰显了国家持续培育消费增长点、更好挖掘内需潜力、促进经济循环畅通的决心，这为消费恢复带来新动力。随着各项政策落地、落细、显效，市场信心修复和预期改善，甘肃省消费有望持续恢复。

---

① 郑智维：《存量房贷利率调整的双向考量》，《民生周刊》2023年9月18日。

（三）消费者及消费行为变化新趋势对消费升级提出新要求

消费市场逐步回归常态，消费结构创新升级重回正轨，消费者及其消费行为呈现新的变化趋势：从生存性消费向发展性消费转型，从耐用品消费向服务类消费转型，从物质消费向精神文化消费转型等。

趋势一，消费人群变化。随着我国老龄化程度加深，老年人对健康保障的重视、子女养老压力的增大及中青年人对养老问题的关注，居家养老、智慧养老、居家康养、保险消费等相关行业需加速扩容。随着家庭类型的不断演变，小家庭数量增加，多代同堂、同性、以宠物为中心等现代家庭形式更多出现。适应不同年龄、收入水平消费者需要的个性化、定制化服务型消费对消费升级提出新要求。

趋势二，消费理念变化。疫情结束后，消费者对健康生活、便捷生活、愉悦生活的重视和需求与日俱增。与此相关的诸如改善情绪、舒缓身心、大脑健康、智能化家居及多元饮食等需求对消费升级提出新要求。

趋势三，消费体验变化。消费者对能带来更多快乐、更多满足的悦己消费需求变得更加明显。更多元的产品、精神保健食品、多重感官刺激、难忘而满足的消费体验等需求对消费升级提出新要求。

趋势四，消费价值观转变。消费者在购物时会从多个维度衡量产品、服务的可靠度、透明度、性价比甚至环境的友善性等，日益增多的"生态公民"更加关注产品、服务的碳减排及可持续发展，消费者价值观的转变对消费升级提出新要求。

四　政策建议

消费是经济主要的驱动力，是内需的"慢变量"。消费水平提升涉及稳定就业、收入分配、产品供给、消费模式培育等诸多方面，但其基本思路一以贯之：消费提振是一个从促进就业、促进收入增长到促进终端消费相辅相成的良性循环，既不是"掏空钱包"，也不是"透支需求"。因此，促进消费需要从大处着眼，宏观规划、"放眼"蓄势未来，改革国民收入分配制度，优化财政支出结构，改善产品和服务供给，完善消费全链条建设；也需要从小处着手，微观发力，"放手"发展当下，加大对重点群体的补贴和转移支付，稳就业促增收，减轻重点品类消费负担修复疫情冲击带来的"疤痕效应"，解决消费能力不足和信心疲弱问题。

（一）提升信心，改善预期，增强消费动力

消费回温是多方面共同作用的结果，并不能一蹴而就。千方百计扩大就业，多渠道增加居民收入，提升信心，改善预期，持续增强消费动力是其关键所在。

首先，继续把稳就业提高到战略高度，全局性谋划、整体性推进，多措并举稳定和扩大就业岗位。积极落实就业优先政策，持续推进"援企稳岗·服务千企"行动和高校毕业生就业服务攻坚行动，从政策支持、服务保障、困难帮扶、权益维护、简化手续等诸多方面强化重点群体就业支持。强化政策、资金扶持，搭建创业平台，优化包括创业园区、孵化基地、众创空间等在内的创业载体，为青年人创业就业提供良好的环境。进一步完善"社会实践+毕业引进"机制，推广"订单式"培养模式，扩大高校毕业生就业实习基地和实习人数规模。健全就业帮扶台账，拓宽就业渠道，优化就业服务保障，以完善的就业服务体系，打通供需之间的堵点，提升供需对接效率；坚持日常援助与集中援助相结合，加强困难群体就业"一对一"兜底帮扶。

其次，加快完善社会保障，提升居民消费信心。深化社保制度改革，推进养老保险全国统筹，积极落实社会保险"降缓返补"一揽子政策，并及时跟进解决新情况、新问题，以政策有力度、落实有强度、做细有精度打造公平、可持续的社会保障体系。加快社会保障工作的数字化转型，提升管理服务水平和效率。落实工资保证金等制度；继续保持治理欠薪的高压态势，根治欠薪，确保农民工及时足额拿到工资，切实维护好广大农民工的合法权益。

最后，培育民营中小微企业，充分发挥其吸纳就业的主力军作用。落实《甘肃省助力中小微企业稳增长调结构强能力若干措施》《甘肃省"专精特新"企业培育提升若干措施》等惠企政策，固化、延续小微企业的"六税两费"减免政策，以中小微企业信心提振、可持续发展增加和保障就业；健全服务体系，加强服务供给，完善服务平台，坚持"政策直享、服务直达、有呼立应、无事不扰"。聚焦重点产业链，开展"一链一策一批"中小微企业融资促进行动，为企业纾困，促企业稳产。

（二）落实做细促消费政策，全面提振大宗消费

汽车是国民经济的战略性、支柱性产业，也是提振消费的重要抓手。积极落实甘肃省关于新能源汽车免征车辆购置税政策，加大投入，创新运营模式，积极推进充电桩（站）建设，有序配建高速公路服务区、客运枢纽站场、高校机关、居民社区等区域的充电桩（站），提升充电设施覆盖率；以绿色、智能、适老化为发力点，继续实施绿色智能家电消费补贴。利用政策、补贴、置换等综合手段推进老、旧车辆更新、退出。落实取消二手车限迁、完善二手车交易登记等政策措施。推进二手车综合信息服务平台上线，联通部门数据，推动汽车领域合规、合法信息及时披露，以信息透明、充分知情、售后无忧促进二手车流通规模化发展。研究制定出台包括维修、保养、改装、零配件等各种服务在内的汽车后市场发展政策，促进"后市场"流通及新车销售，以"双重增量"为消费提振增添动力。

（三）加快服务消费提质增效

服务消费在居民消费中占比较高，且具有可拓展空间大、消费关联度强、消费体验敏感度高等特质。加快服务消费扩容提质增效、做实扩大服务消费意义重大。一是深化文教科卫体等领域事业单位改革，进一步放宽市场准入，激发服务供给活力。完善服务消费环境，完善金融对服务消费的支持方式，以服务供给更丰富、潜力释放更便利适应消费需求的差异化、个性化、定制化和多元化升级。二是支持服务消费向上延链。服务消费与商品消

费紧密相关，尤其是在文体休闲、养老娱乐领域，服务消费的提升离不开商品消费的支撑，服务消费空间的拓展也部分依赖于产品的创新。因此，需要积极维护服务业市场主体，延续、固化服务业企业疫后补贴，加大金融支持力度，扶持服务供给主体创新产品，以产品研发与内容创新协同、服务消费与商品消费联动延长服务消费链条。三是优化服务消费市场环境。完善重点领域服务标准。引导服务价格和销售模式规范可控。健全投诉机制，加强服务监管、评价，切实保护好消费者权益。

（四）推动文旅消费市场创新扩容

文旅产业包含的"吃住行游购娱"几乎涉及消费生活的各个环节。同时，文旅消费也是所有消费中发展趋势最好、形式最稳定的内容，是稳住消费经济大盘、扩大内需、拉动经济增长的重要引擎。2023年甘肃省文旅消费表现亮眼，2024年应全力推动文旅消费市场创新扩容。一是落实做细2023年以来国家发布的恢复、扩大消费的政策，着力完善环境，抓好平台、载体建设，构建甘肃旅游品牌体系，促进文旅融合、商旅融合、交旅融合发展。二是以数智技术为支撑，促进线上、线下融合发展。持续推出情景化创意、高科技呈现和沉浸式体验产品，满足消费者个性化、多样化需求。三是布局"一老一小"新赛道，支持企业围绕"银发"、亲子和青年学生群体开发老年旅游、亲子旅行和研学教育等产品，提供文化价值认同、文化自信归属样态的文旅新体验。四是优化城乡消费新体验，深挖甘肃农耕文化、传统工艺、民俗礼仪、风土人情等特色元素，补齐相关的服务设施短板，以沉浸式夜演、健身赛事、文化沙龙、深夜影院、音乐俱乐部、24小时阅读空间等消费新场景发展夜间经济。五是凝聚共识、整合资源、积聚力量，以政府、商家、居民、消费者共建、共治实现近悦远来、主客共享的文旅消费生态，让更多的"头回客"变成"回头客"，力促甘肃文旅消费再升级。

（五）丰富农村消费市场，释放农村消费潜能

统计数据显示，甘肃省农村居民人均可支配收入增速、农村居民人均生

活消费支出增幅连续多年快于城镇居民；汽车、家电、数码、美妆等升级类产品和教育、养老、休闲等服务型消费在农村的增长也较快。提振消费，农村市场潜力巨大。首先，为农村投放适销对路的优质商品。充分依靠电商平台大数据，合规、精准分析消费数据，引导厂商生产符合农村消费市场的优质商品；探索县域零售联盟采购模式，以大数据指引集中采购，既解决因进货渠道混乱导致的价格问题，也降低采购成本。开展新能源汽车、智能家电、绿色建材及家具下乡活动，在有条件的区域建设充换电设施；对家电以旧换新、绿色家装消费给予适当补贴，完善售后回收相关政策及服务，促进农村大宗商品更新换代。其次，整合各类资源，大力发展农村直播电商，推进即时零售。给予政策、资金、服务等全面支持，打造电商直播基地、直播学院等，加强电商基本技能、宣传包装培训，提升运营能力及品牌推广能力，培育农特产品网络品牌，深化"数商兴农"，变"流量"为"销量"，拓宽农产品上行渠道。最后，完善农村双向服务供应链。截至2023年6月，甘肃省建制村通邮率和快递进村率分别达到100%和97.2%，农村寄递物流体系建设成效显著。应持续扶持供销、邮政、商超、零散便利店、快递等主体市场化合作，建设综合服务中心，以"一点多能、一网多用、多站合一"促进形成集农资销售、农业咨询、金融服务、电商平台服务、日用品销售、快递服务、废旧回收等于一体的供应链体系，利用大数据匹配需求，为农民生产、生活消费和农产品进城提供便利，以农产品顺畅进城促进农民增收，以消费品顺畅下乡释放农村消费潜力，也为乡村振兴注入强劲动能。

参考文献

金鑫：《安排部署统筹推进数字化发展和落实稳就业政策措施等工作》，《甘肃日报》2023年7月26日。

李晓红：《更好发挥文旅消费拉动作用》，《中国经济时报》2023年7月28日。

2023~2024年甘肃居民收入分析与预测

尹小娟*

摘　要： 2023年前三季度甘肃城乡居民收入稳定增长，城乡收入差距持续缩小，收入结构仍需进一步优化。通过横向对比，甘肃居民收入存在人均收入水平低、收入来源单一、城乡收入差距较大等问题。社会经济发展水平低且不均衡、收入分配失衡、城乡二元结构、社会内需动力不足是造成居民收入问题的主要原因。考虑到旅游市场回暖、住宿餐饮业恢复、工资调整等促进居民增收的多种因素，2023年第四季度及2024年甘肃居民人均可支配收入呈现持续增长态势，增收幅度受行业影响表现出较大差异。本文以"扩大居民收入基础、缩小城乡收入差距、促进居民增收和消费良性循环、努力实现共同富裕"为目标，分别从全面推动经济高质量发展、加快城镇化进程、激活居民增收内生动力、深化收入分配制度改革四个方面提出促进甘肃居民增收的对策建议。

关键词： 居民人均可支配收入　城乡收入差距　甘肃

一　甘肃居民收入现状分析

（一）城乡居民收入稳定增长，增速高于全国平均水平

2023年甘肃省经济运行持续好转，城乡居民收入稳定增长。前三季度

---

* 尹小娟，甘肃省社会科学院区域经济研究所副研究员，研究方向为生态经济学。

全省城乡居民人均可支配收入 18003 元，同比增长 7.6%。其中，全省城镇居民人均可支配收入 29826 元，较上年同期增长 6.1%；农村居民人均可支配收入 8756 元，较上年同期增长 7.9%。① 2022 年，全省城乡居民人均可支配收入 23273.1 元，是 2015 年的 1.7 倍；与 2020 年相比，全省城乡居民可支配收入增长 2938.1 元，城镇居民人均可支配收入与农村居民人均可支配收入分别增长了 3750.4 元和 1821.2 元（见表 1、图 1）。

与全国数据相比，2023 年 1～9 月甘肃省居民人均可支配收入增速高于全国平均水平 1.3 个百分点。城镇居民人均可支配收入和农村居民人均可支配收入的增速分别高于全国平均水平 0.9 个和 0.3 个百分点（见表 1、图 2）。

表 1　2015 年至 2023 年 1～9 月甘肃省与全国居民人均可支配收入及增长率

单位：元，%

项目		2015 年	2016 年	2017 年	2018 年	2019 年	2020 年	2021 年	2022 年	2023 年 1~9 月
全省	绝对值	13467	14670	16011	17488	19139	20335	22066	23273.1	18003
	增长率	—	8.9	9.1	—	—	6.2	8.5	5.5	7.6
城镇	绝对值	23767	25693.49	27763.4	29957	32323	33822	36187	37572.4	29826
	增长率	9	8.1	8.1	7.9	7.9	4.6	7	3.8	6.1
农村	绝对值	6936	7457	8076.1	8804	9629	10344	11433	12165.2	8756
	增长率	10.5	7.5	8.3	9	9.4	7.4	10.5	6.4	7.9
全国	绝对值	21966	23821	25974	28228	30733	32189	35128	36883	29398
	增长率	8.9	8.4	9	8.7	8.9	4.7	9.1	5	6.3
城镇	绝对值	31195	33616	36396	39251	42359	43834	47412	49283	39428
	增长率	8.2	7.8	8.3	7.8	7.9	3.5	8.2	3.9	5.2
农村	绝对值	11422	12363	13432	14617	16021	17131	18931	20133	15705
	增长率	8.9	8.2	8.6	8.8	9.6	6.9	10.5	6.3	7.6

资料来源：根据甘肃省统计局、国家统计局数据整理。

———————

① 《2023 年前三季度全省经济运行情况新闻发布会实录》，《每日甘肃》2023 年 10 月 23 日。

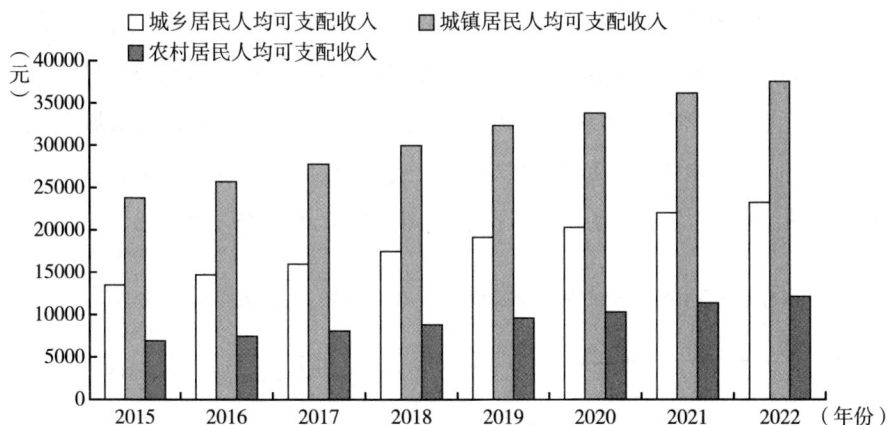

图1　2015~2022年甘肃城乡居民人均可支配收入

资料来源：甘肃省统计局、国家统计局。

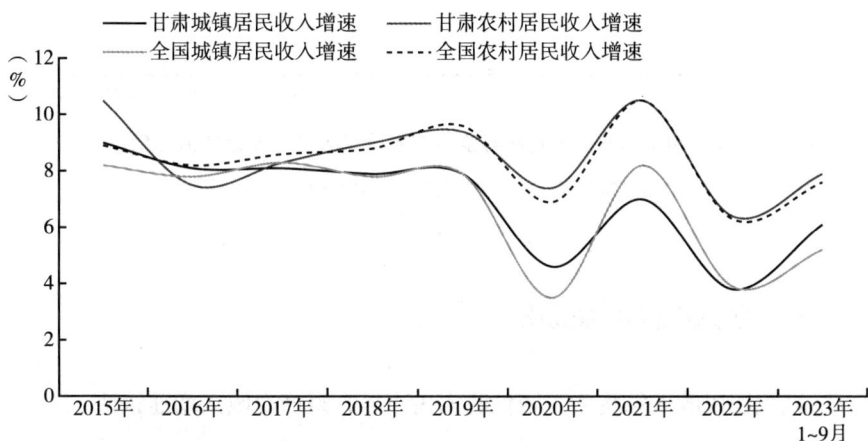

图2　2015年至2023年1~9月甘肃与全国城乡居民收入增速对比

资料来源：甘肃省统计局、国家统计局。

（二）农村居民收入增速更高，城乡收入差距持续缩小

2017年至今，甘肃农村居民人均可支配收入增速一直高于城镇居民，全省城乡居民收入差距持续缩小。2023年1~9月，全省农村居民人均可支配收入增速高出城镇居民人均可支配收入增速1.8个百分点。再看城乡收入

差距，从 2016 年开始城乡居民人均可支配收入比值连续下降（见图 3）。2022 年全省城乡居民人均可支配收入比值为 3.09，比上年缩小 0.08，比 2016 年低了 0.36。可见，甘肃城乡居民收入相对差距持续缩小。但是，甘肃城乡收入比值高于全国平均数据。2015~2022 年，全国城乡居民人均可支配收入比值分别为 2.73、2.72、2.71、2.69、2.64、2.56、2.50 和 2.45（见图 3）。

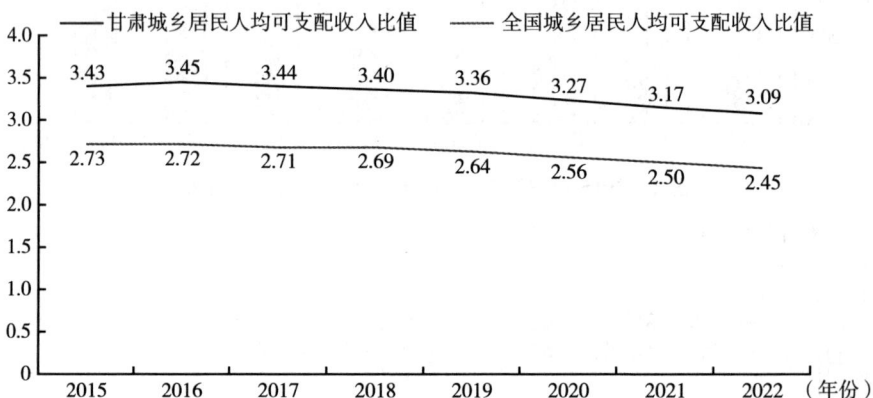

图 3 2015~2022 年甘肃与全国城乡居民人均可支配收入比值

资料来源：根据甘肃省统计局、国家统计局数据计算得到。

（三）收入结构仍需优化

1. 城镇居民收入结构中工资性收入占主导，财产净收入增速较快

2023 年前三季度，甘肃全体居民人均工资性收入、经营净收入、财产净收入、转移净收入分别增长 9.2%、3.9%、5.4% 和 6.5%。[①] 全体居民收入呈现工资性收入增量最大、财产净收入增速较高、转移净收入稳定增长等特点。

2015~2022 年，全省城镇居民收入结构整体变化不大，工资性收入依然占主导地位，占城镇居民人均可支配收入的比重从 63.91% 增加到 67.13%，

①《2023 年前三季度全省经济运行情况新闻发布会实录》，《每日甘肃》2023 年 10 月 23 日。

是4种收入类型中占比唯一增加的；转移净收入占比排在第二位，8年间略微下降了1.11个百分点；财产净收入和经营净收入占比分别下降了1.81个和0.30个百分点（见表2、图4、图5、图6）。

表2　2015~2022年甘肃城镇居民人均可支配收入及其结构

单位：元，%

年份	项目	工资性收入	经营净收入	财产净收入	转移净收入
2015	绝对值	15189	1805	2295	4478
	占比	63.91	7.59	9.66	18.84
2016	绝对值	16751.2	1960.6	2355.8	4625.9
	占比	65.20	7.63	9.17	18.00
2017	绝对值	18459.6	2132.1	2378.7	4793
	占比	66.49	7.68	8.57	17.26
2018	绝对值	19930	2333.8	2527.5	5165.5
	占比	66.53	7.79	8.44	17.24
2019	绝对值	21707.5	2483.9	2639.2	5592.8
	占比	67.10	7.60	8.10	17.20
2020	绝对值	22903.6	2489.1	2627.4	5801.8
	占比	67.72	7.36	7.77	17.15
2021	绝对值	24463	2700	2831	6193
	占比	67.60	7.46	7.82	17.12
2022	绝对值	25222.7	2738.6	2950.4	6660.7
	占比	67.13	7.29	7.85	17.73

资料来源：2015~2022年《甘肃省国民经济和社会发展统计公报》。

2022年，全省城镇居民人均可支配收入37572.4元。其中，工资性收入、经营净收入、财产净收入和转移净收入分别增长3.1%、1.4%、4.2%和7.6%。与2021年相比，除了转移净收入保持恢复性增长，其他3种收入类型增速与上年相比均有所下降。其中，经营净收入受疫情影响最大，增速下降了7.1个百分点。2018~2022年，各项收入增速整体趋缓，工资性收入、经营净收入、财产净收入和转移净收入增速分别下降了4.9个、8.1个、2.1个和0.2个百分点（见表3、图7）。

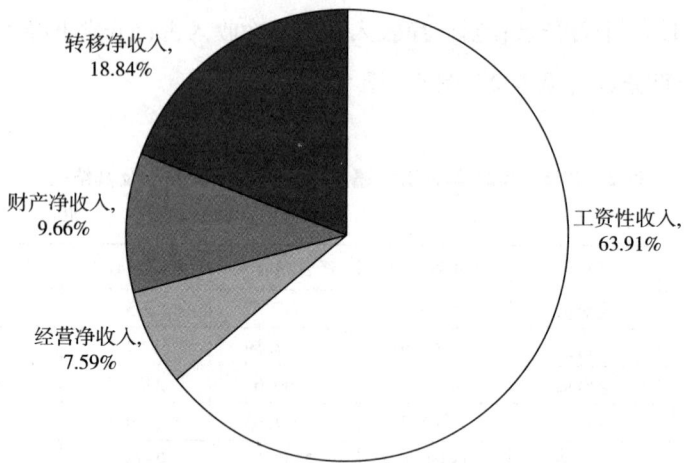

图 4　2015 年甘肃城镇居民收入结构

资料来源：甘肃省统计局。

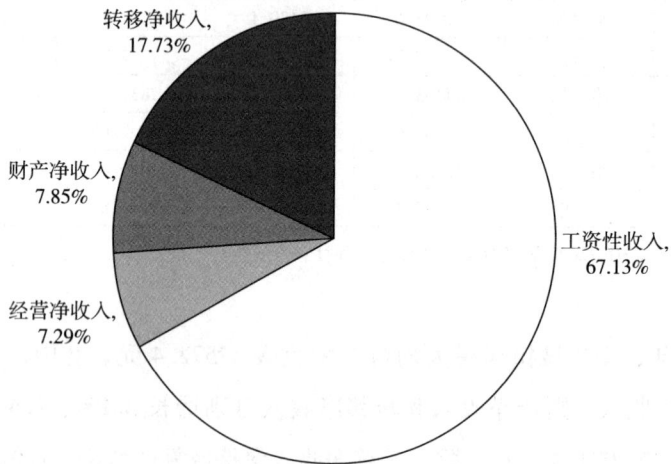

图 5　2022 年甘肃城镇居民收入结构

资料来源：甘肃省统计局。

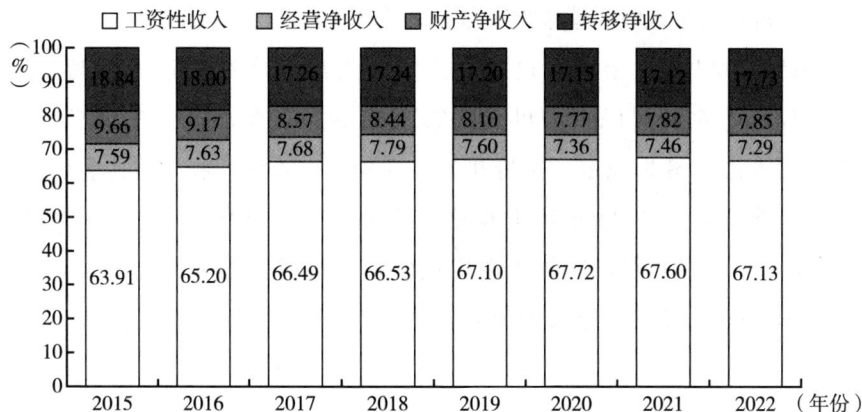

图6　2015~2022年甘肃城镇居民人均可支配收入结构变化

资料来源：2015~2022年《甘肃省国民经济和社会发展统计公报》。

表3　2018~2022年甘肃城镇居民人均可支配收入增长情况

单位：%

结构	2018年	2019年	2020年	2021年	2022年
工资性收入	8.0	8.9	5.5	6.8	3.1
经营净收入	9.5	6.4	0.2	8.5	1.4
财产净收入	6.3	0.5	3.5	7.7	4.2
转移净收入	7.8	8.3	3.7	6.7	7.6

资料来源：2018~2022年《甘肃省国民经济和社会发展统计公报》。

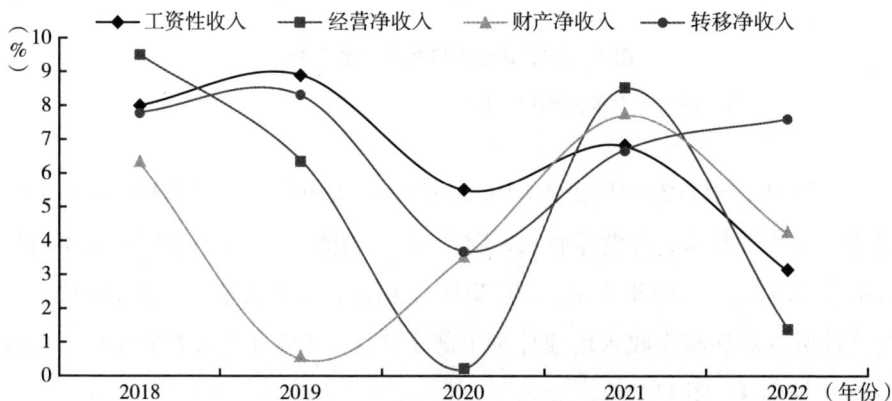

图7　2018~2022年甘肃城镇居民人均可支配收入增长情况

资料来源：2018~2022年《甘肃省国民经济和社会发展统计公报》。

2.农村居民收入以经营净收入为主,财产净收入占比太低

2015~2022 年,全省农村居民人均可支配收入结构基本保持稳定。经营净收入为农村居民人均可支配收入的主要来源,占比在 44% 左右;工资性收入占比最为稳定,保持在 28%~30%;转移净收入占比整体呈逐年下降趋势,虽然 2022 年比上年略微提高,但与 2015 年相比还是降低了 0.83 个百分点;财产净收入占比最低且整体呈递减态势,8 年间平均值仅为 1.63%,2022 年比 2015 年降低了 0.53 个百分点(见图 8、图 9、图 10)。

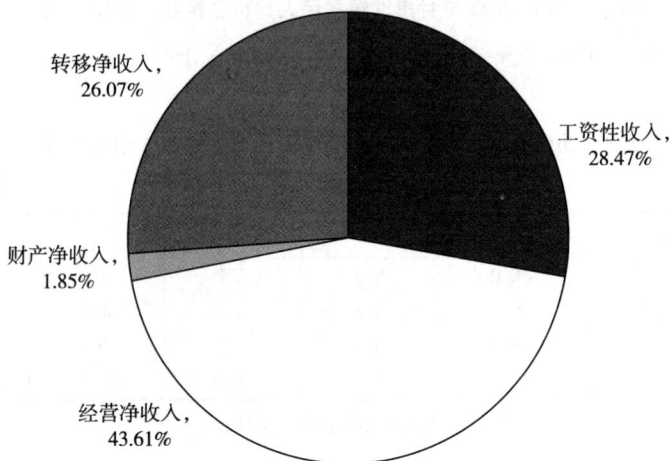

图 8　2015 年甘肃农村居民收入结构

资料来源:甘肃省统计局网站。

2022 年,全省农村居民人均可支配收入 12165.2 元,同比增长 6.4%。其中,工资性收入、经营净收入、财产净收入和转移净收入分别比上年增长 4.8%、6.1%、7.5% 和 8.8%。与 2021 年相比,工资性收入、经营净收入、财产净收入和转移净收入增速分别下降了 7 个、4.1 个、3.1 个和 0.9 个百分点(见表 4、图 11)。

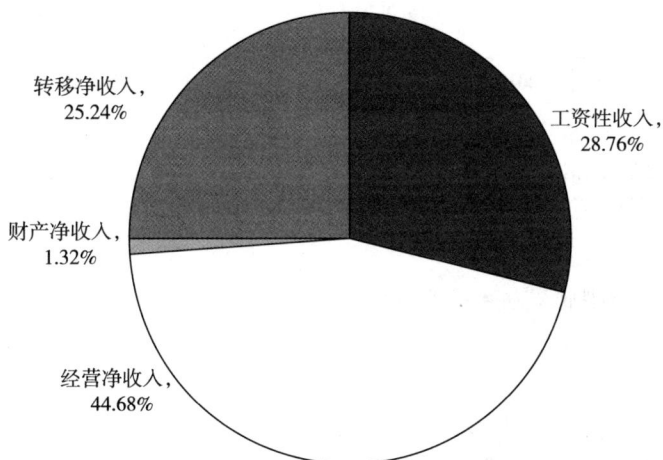

图9　2022年甘肃农村居民收入结构

资料来源：甘肃省统计局。

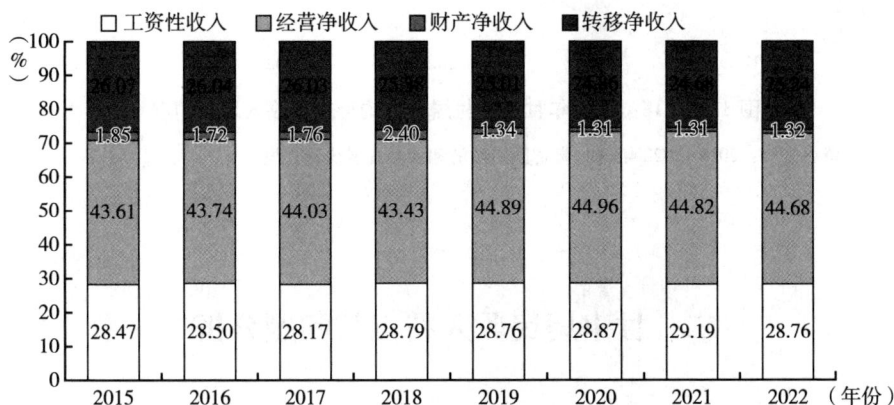

图10　2015~2022年甘肃农村居民人均可支配收入结构变化

资料来源：2015~2022年《甘肃省国民经济和社会发展统计公报》。

表4　2018~2022年甘肃农村居民人均可支配收入增长情况

单位：%

收入结构	2018年	2019年	2020年	2021年	2022年
工资性收入	11.4	9.3	7.8	11.8	4.8
经营净收入	7.5	13	7.6	10.2	6.1

续表

收入结构	2018 年	2019 年	2020 年	2021 年	2022 年
财产净收入	48.6	-38.8	4.5	10.6	7.5
转移净收入	6.3	7.8	6.8	9.7	8.8

资料来源：2018~2022 年《甘肃省国民经济和社会发展统计公报》。

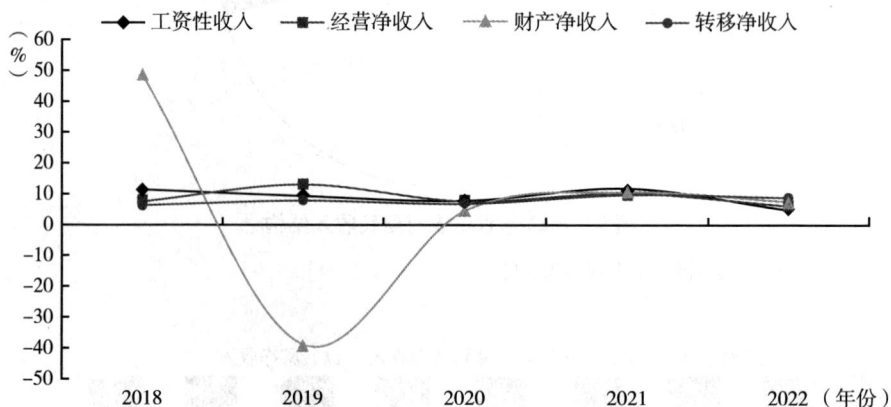

图 11　2018~2022 年甘肃农村居民人均可支配收入增长情况

资料来源：2018~2022 年《甘肃省国民经济和社会发展统计公报》。

二　甘肃居民收入特点与问题分析

（一）人均收入水平低

从收入增量来看，全省居民收入水平不断提高，生活不断得到改善。2015~2022 年，全省居民人均可支配收入从 13467 元增加到 23273.1 元；城镇居民人均可支配收入和农村居民人均可支配收入分别增加了 13805.4 元和 5229.2 元。但是，甘肃居民收入水平与全国平均水平相比仍有巨大差距，且该差距在不断拉大。国家统计局数据显示，2022 年，全国居民人均可支配收入 36883 元，比上年名义增长 5.0%。全国有 19 个省区市居民人均可支配收入超过 3 万元，7 个省区市居民收入超过 4 万元，浙江居民人均可支配收入首次跨入 6 万元门槛，排在前两位的上海市和北京市居民人均可支配收入将近 8 万元（见表 5）。2020 年，甘肃居民人均可支配收入刚跨过 2 万元大关；2022 年距离全国居民人均可支配收入仍有 13600 多元的差距（见图 12），农村居民人均可支配收入只有 1.22 万元。

中西部省区市居民收入水平虽然较低，但增长速度快。2021 年，超过全国居民人均可支配收入水平的省市（上海、北京、浙江、江苏、天津、广东、福建、山东）均在东部地区，但西部地区居民收入增速更快。西部地区居民人均可支配收入比上年增长 9.4%，增速分别快于东部、中部、东北地区 0.3 个、0.2 个和 1.4 个百分点。[1] 2022 年，居民人均可支配收入增速超过 6% 的 6 个省区市中除了福建省，其余都是中西部省区市。

表 5 2021 年、2022 年居民人均可支配收入超过 4 万元的省市

单位：元，%

地区	2021 年		2022 年	
	绝对值	增速	绝对值	增速
上海市	78027	8.02	79610	2.03
北京市	75002	8.02	77415	3.22
浙江省	57541	9.82	60302	4.80
江苏省	47498	9.47	49862	4.98
天津市	47449	8.20	48976	3.22
广东省	44993	9.66	47065	4.61
福建省	40659	9.29	43118	6.05

资料来源：根据国家统计局数据整理。

（二）收入来源单一

当前甘肃城镇居民人均可支配收入结构中，工资性收入占绝大部分，其

---

[1] 《31 省居民收入排行：北京首超 7 万元 江苏反超天津晋级前四 8 省超全国水平》，搜狐网，2022 年 1 月 20 日。

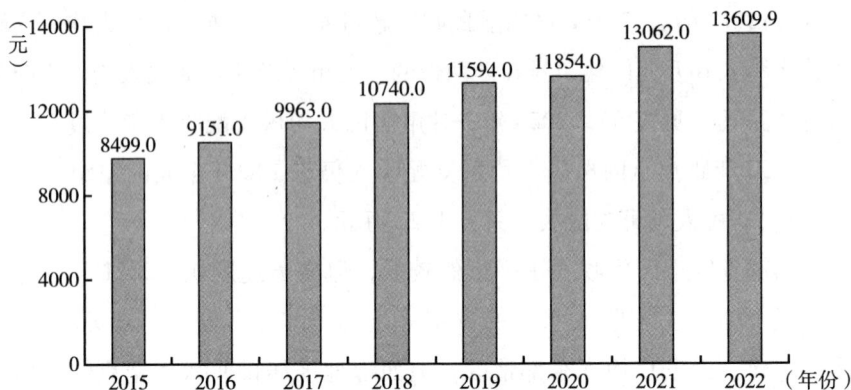

图12　2015～2022年甘肃与全国居民收入水平的差额

资料来源：根据甘肃省统计局、国家统计局数据计算得到。

他三项占比相对较小。2022年，甘肃城镇居民人均可支配收入中工资性收入占比67.13%，经营净收入和财产净收入分别占比7.29%和7.85%，对收入提高的贡献度不高。2015～2022年，工资性收入占比从63.91%增加到67.13%。工资增长主要看国家政策和企业效益。农村居民人均可支配收入中占主导地位的是经营净收入，财产净收入仅占很小的部分，贡献极小。2022年，甘肃农村居民人均可支配收入中经营净收入占比44.68%，工资性收入占比28.76%，转移净收入占比25.24%，财产净收入仅占1.32%。

浙江省城乡居民人均可支配收入多年居全国第一位，且城乡收入差距最小。数据显示，2022年浙江省城镇居民人均可支配收入中，工资性收入也占绝大部分（55.73%），转移净收入占比（15.32%）与甘肃省差不多，但是经营净收入和财产净收入的占比几乎是甘肃省的2倍。两省的农村居民人均可支配收入结构也有较大差异。浙江省农村居民人均可支配收入结构中，工资性收入占主导，为60.39%；经营净收入和转移净收入几乎为甘肃省的一半；财产净收入占比是甘肃省的2.37倍（见表6）。这说明甘肃省城乡居民收入来源单一，城镇化水平低造成农村居民工资性收入少，这也是居民增收慢、抗风险能力差的主要原因。

表6　2022年甘肃省与浙江省城乡居民可支配收入结构对比

单位：%

城乡	收入结构	甘肃省	浙江省
城镇	工资性收入	67.13	55.73
	经营净收入	7.29	14.36
	财产净收入	7.85	14.59
	转移净收入	17.73	15.32
农村	工资性收入	28.76	60.39
	经营净收入	44.68	24.35
	财产净收入	1.32	3.13
	转移净收入	25.24	12.12

资料来源：根据《2022年甘肃省国民经济和社会发展统计公报》《2022年浙江省国民经济和社会发展统计公报》数据整理。

（三）城乡收入差距较大

2015~2022年，全国城乡居民人均可支配收入倍差从2.73下降至2.45，甘肃城乡居民人均可支配收入倍差从3.43下降至3.09（见图3）。甘肃城乡收入差距虽然在持续缩小，但是与全国数据相比，甘肃城乡收入差距仍然很大。2022年，全国城乡收入倍差为2.45，甘肃省达到3.09，是全国城乡收入差距最大的省份。全国收入倍差大于等于3的省份还有贵州省（3.0），收入倍差小于2的省市有4个，分别是天津市（1.83）、黑龙江省（1.89）、浙江省（1.9）和吉林省（1.96）。

三　甘肃居民收入的影响因素分析和发展趋势

（一）甘肃居民收入的影响因素

1.经济发展水平不高

经济发展水平不高是造成全省居民收入水平较低的主要原因。与已经

185

实现经济腾飞式发展的东部沿海地区相比,甘肃社会经济发展水平过于落后,且这种差距在逐年拉大。2022 年,全国 GDP 达到 121 万亿元,比上年增长 3.0%。甘肃省 GDP 为 11202 亿元,同比增长 4.5%,占全国的比重仅为 0.93%,居全国第 27 位,处于第五梯队;人均 GDP 为 4.5 万元。[①]近年来,国内人均年收入最高的三个行业分别是信息传输、软件和信息技术服务业,金融业,科学研究和技术服务业。这些行业集中的地区也是经济最为发达的地区,薪资高、岗位多才能吸引大量人才集聚,从而提高地区居民平均收入水平。再看省内,14 个地县区域经济发展差距突出。2022年全省各地市 GDP 数据显示,兰州 GDP 为 3344 亿元,占甘肃全省 GDP的 30%;排名第二的庆阳 GDP 首次超过 1000 亿元,但与兰州市相比仍然有 2000 多亿元的差距;排名末尾的甘南州 GDP 只有 245 亿元,兰州市是它的 13.6 倍。总体来说,甘肃非公有制经济发展落后、经济综合实力弱,很难在现有基础上扩大就业。居民就业难度大、增收渠道少,收入水平偏低。

2. 收入分配失衡仍然存在

收入分配失衡已经成为中国居民收入面临的巨大问题之一。数据显示,中国基尼系数激增至 0.47,已经超出 0.4 的警戒线。中国高收入人群主要依靠经营净收入和财产净收入,低收入人群主要依靠劳动取得收入。相比于资本、劳动力报酬低得多,资本增长快于劳动收入增长,这就导致高收入群体和低收入群体之间的差距不断加大。部分行业资本增长快于劳动收入增长,造成资本过剩、劳动收入总体不足的状况,使国民收入较大部分集中于少数富豪等高收入人群手中,一线劳动人民所取得的收入与劳动付出不相匹配。[②] 日益加剧的贫富差距,不仅阻碍经济发展,还会带来诸多严重的社会问题。

---

① 《2022 年中国内地 31 省份 GDP 排行榜:7 个省市人均 GDP 超 10 万元》,智研咨询,2023年 2 月 9 日。

② 《新规划出台!收入分配改革之路该怎么走?》,人民论坛网,2023 年 4 月 16 日。

3. 城乡二元结构突出

2022 年，甘肃城镇化率为 54.19%，全国城镇化率是 65.22%，相差 11.03 个百分点。虽然该差距较 2015 年提高了 1.88 个百分点，但是在全国范围内甘肃的城镇化率依然处在较低水平。2019 年，全国城镇化率就已突破 60%，而甘肃城镇化仅为 48.49%。根据《甘肃省新型城镇化规划（2021—2035 年）》，到 2025 年甘肃城镇化率才能达到 58% 以上。城乡二元结构造成城乡产业结构、基础设施建设、公共服务、金融服务等方面的巨大差异，是城乡居民收入和消费水平差距不断加大的主要原因。日益扩大的城乡居民收入差距严重阻碍了共同富裕目标的实现。[1]

4. 内需动力亟待增强

2022 年，全国居民人均消费支出 24538 元，其中，人均服务性消费支出 10590 元，占居民人均消费支出的比重为 43.2%。全国居民恩格尔系数为 30.5%，比上年增加 0.7 个百分点。[2] 甘肃居民恩格尔系数相对更高，为 30.7%，说明居民仍把消费开支的近 1/3 用于吃喝上，用在更高层次消费需求上的比例小。此外，近年来国内居民储蓄率大幅上升。根据国际货币基金组织的估算，2022 年中国国民总储蓄率为 46%，说明居民储蓄意愿较强，消费意愿较弱。同时，中国城镇家庭的高负债率也不容忽视。有数据显示，2022 年中国城镇家庭负债率高达 56.5%。中国平均居民家庭资产对比中，有近 60% 资产是被锁定在房产中，有 20% 左右资产是储存在银行。[3] 房产在居民资产中占比过大会严重影响居民的生活质量，导致消费水平下降，同时会抑制其他行业的发展。提高中国人民消费水平和层次需要发展高质量经

---

[1] 翁贞林、鄢朝辉、谌洁：《推进农民共同富裕：现实基础、主要困境与路径选择》，《农业现代化研究》2022 年第 4 期；肖华堂、王军、廖祖君：《农民农村共同富裕：现实困境与推动路径》，《财经科学》2022 年第 3 期；李实：《共同富裕的目标和实现路径选择》，《经济研究》2021 年第 11 期。

[2] 《国家统计局：2022 年全年全国居民人均消费支出 24538 元》，中国经济网，2023 年 2 月 28 日。

[3] 中国人民银行调查统计司城镇居民家庭资产负债调查课题组：《2019 年中国城镇居民家庭资产负债情况调查》，《中国金融》2020 年 4 月 24 日。

济、提高人民收入水平，使人民具有除了确保温饱之外的更强支付能力。社会收入分配结构、资本分布结构、消费需求结构与供给结构都需要保持相互吻合的动态变化关系。①

（二）甘肃居民收入发展趋势预测

2023年前三季度，甘肃地区生产总值同比增长6.6%。第一产业稳定发展；第二产业保持较快增长，有色金属冶炼和压延加工业增长率达到19.3%；第三产业表现出较快的增长势头，部分行业表现亮眼。其中，住宿和餐饮业增长22.6%，交通运输、仓储和邮政业增长18.3%，信息传输、软件和信息技术服务业增长12.3%，租赁和商务服务业增长11.9%。全省固定资产投资同比增长6.7%，社会消费品零售总额同比增长9.2%。② 全省经济呈现稳中有进、向上向好的发展态势。

在居民收入与经济增长基本同步要求下，考虑到旅游市场回暖、住宿餐饮业恢复、工资调整等推动居民增收的多种因素，2023年第四季度及2024年居民人均可支配收入呈现持续增长的态势，增收幅度受行业影响表现出较大差异。当前经济下行压力依然较大，居民收入增长速度相对放缓，农村居民人均可支配收入增速仍将快于城镇居民人均可支配收入增速。

四 促进甘肃居民增收的对策建议

（一）全面推动经济高质量发展，扩大居民收入基础

1.大力推动产业结构调整和转型升级

一是持续推进传统产业"三化改造"，积极培育先进制造业集群，加快推进新型工业化。夯实工业基础，不断增强工业对经济发展的支撑作用。二是

① 夏先良：《大内需战略背景下的收入分配改革进路》，《国家治理》周刊2023年2月下。
② 甘肃省统计局、国家统计局甘肃调查总队：《甘肃统计月报》2023年9月。

加大科技研发投入，壮大高新技术产业。数据显示，2022年兰州新区全社会研发投入强度达3.8%，科技进步贡献率达62%，高新技术产业营收占工业企业营收比重为7.6%。[①] 要发挥兰州新区科技创新"增长极"作用，不断拉动高新技术产业集聚。三是大力发展新能源产业，壮大新能源产业链。甘肃风、光资源丰富，要抢抓"双碳"机遇将能源优势转为发展优势，加快建设已有新能源装备制造产业项目，进一步发展储能产业、光伏治沙和制氢产业等。

2. 多方位扶持民营经济发展

民营经济是最有活力的经济，在加快城镇化、提供就业岗位等方面具有重要作用。截至2023年5月底，全国登记在册民营企业达到5092.76万家，占企业总量的比重提升至92.4%，为国家经济发展提供了重要支持和稳固基础。[②] 政府应从基础制度、政务环境、法制环境、财税金融等方面进行一系列改革，出台政策措施支持民营企业高质量发展。同时，要全力支持增加对知识密集型、技术密集型产业的投资，扩大创业规模，增加就业机会。甘肃省发展改革委、省工信厅等八部门联合印发实施《关于进一步促进民营经济发展的近期若干措施》，从七个方面制定30条措施，推动破解民营经济发展中面临的突出问题，激发民营经济发展活力，提振民营经济发展信心。[③]

（二）加快城镇化进程，缩小城乡收入差距

1. 推进城乡户籍管理制度改革

促进劳动力加速从低效率的农业部门向城镇高效率的二、三产业转移，在增加农民收入的同时，还能形成新的消费需求，从而为拉动经济增长提供动力。

2. 优化城镇布局，增强城镇综合承载能力

要因地制宜，强化基础设施建设，统筹县域产业、人口、资源等集约配置，做好就业、教育、社保、医疗等民生保障，这样才能重新吸引人口集

---

① 《兰州新区以科技创新引领产业升级 提高科技创新能力 推动产业集聚发展》，兰州新闻网，2023年9月30日。

② 《多方协同 护航民营经济发展壮大》，《证券日报》2023年10月12日。

③ 《甘肃出台30条措施支持民营经济发展》，《甘肃日报》2023年9月26日。

聚。充分利用现代农业产业园区建设，乡村建设，示范市、示范镇、示范村创建等大力开展基础设施建设，增加就业岗位，增加农民工资性收入。

3.促进农村产业向现代化、多元化发展

一要促进传统农业向现代农业、生态农业等高效益产业发展。既要提升农产品品质，又要不断提高农业生产效率；二要加快农村第二、第三产业发展。立足自身优势积极寻求企业合作，推进观光农业、乡村旅游、乡村传统文化等特色产业发展，力图实现多元化发展模式。不断拓展农民增收途径，提高农民财产性收入和经营性收入①。

4.深化农村土地制度改革

坚守土地公有性质不改变、耕地红线不突破、农民利益不受损"三条底线"，落实土地承包流转经营机制，优化土地征用制度，推进集体经济产权制度改革，有效促进农村生产力要素的自由流动和优化配置，助推农业产业化、规模化发展经营②。

5.推进农村"互联网+"等新型经济加快发展

通过"互联网+创业""互联网+农业""互联网+金融""互联网+旅游""互联网+交通"等一系列模式，大力支持农村电子商务发展，推动城乡要素有序自由流动、平等交换，积极引导城市人才、资本、技术下乡激活农村经济。

（三）促进居民增收和消费良性循环

1.激活居民增收内生动力

个人增加收入的逻辑是提高单位时间价值、优化收入结构以及提高抗风险能力。一要不断提高已有技能，提升自己单位时间劳动的价值。现代社会知识和技术更新迭代快，必须持续学习，才能保证相对稳定的劳资关系。二

---

① 严倩、夏从亚：《乡村振兴战略背景下西部地区农民稳步增收的困境与对策》，《原生态民族文化学刊》2022年第6期。
② 邵腾伟、钟汶君：《"三变"改革促进乡村振兴的理论逻辑及实践模式研究》，《西南金融》2022年第4期。

要不断拓宽自己的眼界和能力，增加收入来源。三要通过科学合理的储蓄、理财和投资，在增加被动收入的同时，提高自我抗风险能力。

2. 稳妥解决高房价、高教育成本和高医疗费用三大难题

除确保温饱以外，高房价、高教育成本和高医疗费用占据了居民消费中的绝大部分，严重抑制了居民对其他产品和服务的支付能力和消费需求。只有推动教育、医疗和住房改革，移除高房价、高教育成本和高医疗费用带给居民的经济压力，才能保证居民有较强的支付能力，提高居民的消费水平和层次，促进居民增收和消费良性循环。

3. 完善社会保障体系

健全的社会保障体系是促进居民增收、消费正向循环的底线。只有不断提升居民在养老、医疗、低保等方面的保障水平，才能增强居民消费信心，从而扩大内需、促进经济高质量发展。一要通过宏观调控保证各项有利制度向低收入群体倾斜。特别要完善针对弱势群体（贫困、失业、残疾等）的社会保障政策。二要推动社会福利救助体系建设、社会慈善事业发展，这些也是保证社会稳定发展的重要举措。三要强化社会保障信息管理和监管，确保社会保障资金使用效益最大化。

四 深化收入分配制度改革，努力实现共同富裕

1. 调整和优化市场初次收入分配结构

一是坚持劳资两利原则，积极推进劳动工资集体谈判和协商制度，使劳动报酬基本反映劳动生产率变化、劳动市场供求和经济增长变化。要通过立法和行政命令并行的手段，避免电力、通信、金融、石油、烟草等企业因占有垄断资源造成的分配不公，调整和优化劳务派遣关系中合同工、临时工的职责与收入，使其符合同工同酬的分配原则。随着社会生活水平和生活成本提高，各地区要适时调高最低工资标准。①

---

① 《新规划出台！收入分配改革之路该怎么走？》，人民论坛网，2023 年 4 月 16 日。

二是重点关注、激励对社会发展有突出贡献的群体，着重增加创造价值的劳动者，特别是科研人员和一线工人的劳动报酬。继续实施科研人员、技能人才、基层干部队伍、新型职业农民、小微创业者以及企业经营管理人员等七大类重点群体激励计划，激发全体劳动者的积极性、主动性、创造性，实现经济增长与居民增收互促共进。①

2.加大收入再分配的财税调节力度

一是进一步深化个人所得税改革，加大财税等宏观政策工具对资本所得、财产所得和遗产所得的调节力度，规范收入分配秩序和财富积累机制；二是加强对政府投资项目的监管，避免不科学、不合理的盲目投资，严格监控财政资金滥用的现象；三是积极推动教育、养老、医疗、住房保障等基本公共服务均等化，健全多层次社会保障制度，建立健全社会帮扶、救助和慈善事业发展体制，积极提高农村老人养老金水平；四是加大对西部地区生态功能区的转移支付力度，引导基层政府保护生态环境和改善民生，使转移支付资金更多惠及普通百姓。

---

① 《国务院关于激发重点群体活力　带动城乡居民增收的实施意见》，中国政府网，2016年10月21日。

B.11
2023~2024年甘肃住宿和餐饮业
分析与预测

吴燕芳[*]

摘　要： 以消费为主导扩大内需成为推动经济恢复性增长的有效抓手。以住宿和餐饮业2023年1~9月进度数据为依据，准确把握其运行态势，结合经济形势分析，对2023~2024年甘肃限上住宿和餐饮业增长率进行合理预判。以统计数据为支撑，以政策措施为保障，对行业运行及发展现状的深入剖析显示，住宿和餐饮业拉动消费的加速器、经济发展的稳定器、投资增长的助推器作用进一步凸显，并在法制化建设、培育消费动能、优化供给结构等方面取得积极成效。在此基础上，积极把握行业变革新机遇，结合发展面临的现实困境，聚焦重点夯基础，瞄准瓶颈补短板，从加码升级消费促进、推动线上线下融合、改善农村消费环境、优化民宿产品供给、激活住宿细分市场、促进居民持续增收等方面加强有针对性的政策应对，为推动全省住宿和餐饮业高质量发展提供指引。

关键词： 住宿业　餐饮业　甘肃

　　疫情使经济复苏的压力与挑战增多，加之日趋复杂的国际环境，导致经济发展的不确定性因素明显增加，恢复和扩大内需成为当前我国经济持续回升向好的关键所在。在居民消费趋于谨慎保守的背景下，大众餐饮与休闲旅

---

* 吴燕芳，甘肃省社会科学院公共政策研究所助理研究员，研究方向为区域经济、城市与区域规划管理。

游成为民众最具消费意愿的领域。坚持将住宿和餐饮业作为促消费、扩就业、惠民生的重要领域，加速行业复苏繁荣步伐，不仅能够带动甘肃居民消费较快增长，也有利于进一步畅通国民经济循环，增强国内大循环内生动力与可靠性，促进发挥经济运行稳定器的作用。

一 甘肃住宿和餐饮业运行及发展情况分析

住宿和餐饮业是与居民生活息息相关且必不可少的重要环节，是活跃消费的关键力量。

（一）餐饮业持续较快增长，拉动消费作用凸显

2023年，甘肃餐饮业开启全面复苏、跑步发展的新局面，限上企业加快增长，成为带动行业提质倍增的主动力。上年初增长率基数较高，一定程度上拉低了本年度同期增速，2月仅实现15.6%的增长，3月以后呈现较快增长的良好势头，且增速保持在25%以上水平，尽管有较明显的波动，但自6月以来呈现企稳向好态势（见图1）。9月以后，大众餐饮持续火热，"双节"旅游市场加持，将形成拉动餐饮消费的有效合力，带动餐饮需求集中释放，为餐饮消费注入强劲动能，预计全年限上餐饮业有望突破40%的增速，2024年全省餐饮业将继续保持高消费热情，并逐步回归平稳健康发展态势，全年将保持两位数温和增长。

（二）住宿业保持高位增长，加快复苏势头强劲

随着防控政策从调整优化到全面放开的转变，作为刚需主体的商务住宿有序恢复，受疫情冲击的旅游市场快速复苏，且存在报复性反弹潜质，旅游用户群体带来的流量增长，既为消费市场添人气增热度，也成为拉动住宿业恢复性增长的关键动力。受上年低基数的影响，2023年全省限上住宿业高速增长，不仅保持两位数增长，3月以后更是在40%以上高位运行，下半年呈现增幅收窄、增速趋稳之态，长期增长势头明显（见图2）。

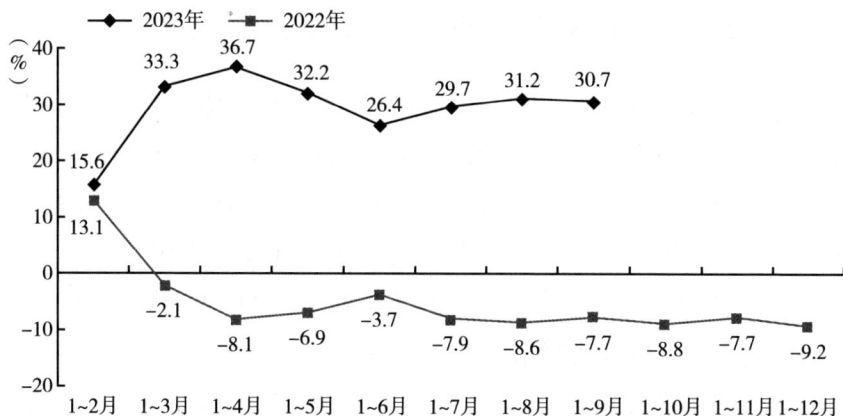

图1 2022年至2023年1~9月甘肃省限上餐饮业增速对比

资料来源：甘肃省统计局月度数据，国家统计局网站。除标注外，所涉数据均来自此。

在"双节"旅游市场的有力带动下，全省限上住宿业增速必将实现新突破，全年有望达到65%~70%的水平，2024年，随着旅游市场迈入常态化增长轨道，错峰出游制度优化，住宿业将回归理性增长，以略低于餐饮业的增长率平稳运行。

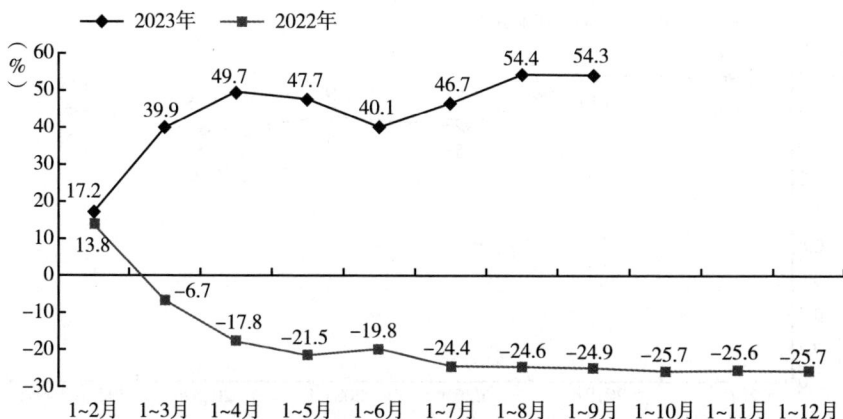

图2 2022年至2023年1~9月甘肃省限上住宿业增速对比

（三）经济支撑作用增强，投资增长助推器效应凸显

截至 2023 年 9 月末，甘肃住宿和餐饮业增加值实现 137.4 亿元，相当于上年水平的 88.65%、2019 年的 86.80%，除 2020 年、2022 年疫情严重冲击外，规模稳步扩张，占地区生产总值的比重相对稳定，差距保持在 0.5 个百分点以内，为维持地区经济的稳定发挥了积极作用。以全国住餐行业增加值占 GDP 比重为参照，甘肃省走势与其高度重合（见图 3），加快复苏势头强劲，对全省经济发展的支撑作用进一步增强。2022 年，陕西、四川两省住宿和餐饮业增加值分别是甘肃的 2.59 倍和 7.61 倍，同时四川省住宿和餐饮业增加值占 GDP 比重达 2.08%，较甘肃高出 0.6 个百分点。与相邻旅游大省相比，甘肃住宿和餐饮业增加值绝对量及占比仍有较大提升空间。投资是拉动内需的引擎，有效投资是助推经济运行整体好转的关键力量。2023 年以来，全省住宿和餐饮业项目投资增势迅猛，3 月以来以 70% 以上的增长率快速跃升，增速数倍于项目投资（见图 4），成为全省为数不多保持逐月高速递增良好势头的行业，为稳定全省项目投资增势发挥了重要作用。

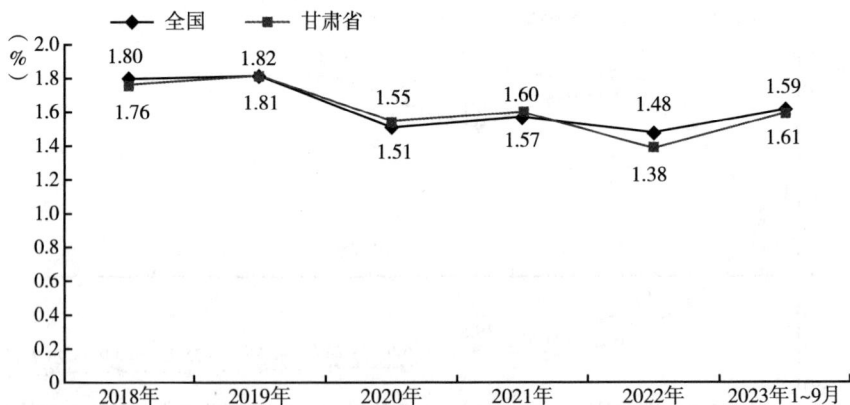

图 3　2018 年至 2023 年 1~9 月甘肃与全国住宿和餐饮业增加值占 GDP 比重对比

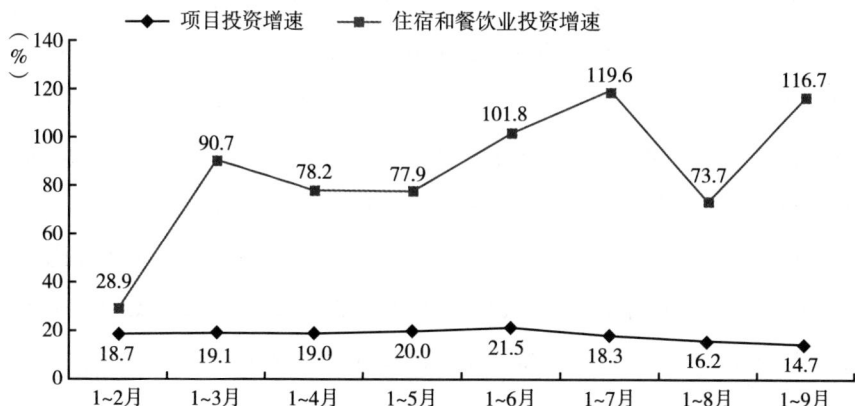

图4　2023年1~9月甘肃省住宿和餐饮业投资与项目投资增速对比

（四）餐饮立法取得新突破，中端酒店成为星级酒店主体

兰州牛肉拉面是甘肃享誉世界的名片，品牌价值与知名度极高，不仅是甘肃对外宣传的重要力量、文化输出的重要方式，也拉动了甘南牦牛肉、民乐大蒜、武都花椒、甘谷及河西辣椒、徽县蒜苗、河西面粉等省内产业的持续发展，为有效扩大内需、促进创业就业作出积极贡献。甘肃致力于打造牛肉拉面全产业链，突出发掘其多重功能，于2018年出台《关于促进兰州牛肉拉面产业发展的意见》，着力推动企业集团化、规模化发展。次年，聚焦龙头培育、连锁发展、人才培训、文化发掘、互联融合、协会引领、加强宣传、助力脱贫等重点工作，印发《兰州牛肉拉面提升发展质量行动实施方案》。针对牛肉面行业质量、技术缺乏统一标准，生产、加工、经营、服务等环节质量缺少法制保障等问题，2022年底，甘肃省政协办公厅提出关于将《兰州牛肉拉面产业发展条例》列入立法规划的建议，该条件已列入甘肃省人大常委会2023年度立法工作计划调研项目①。全省牛肉拉面法制建设实现新突破，为推动其标准化、产业化、品牌化发展提供了坚实保障。

---

① 《我国这个省要给牛肉面立法了!》，光明网，2023年3月28日。

星级酒店既是行业发展的标杆，也是高端消费、品质服务、优质环境和品牌效应的象征，尽管数量有限，却是优化消费结构、满足多元需求的中坚力量。2022 年，甘肃有星级酒店 284 家，数量位列全国第十、西部地区第四、西北地区第二（仅次于新疆），占全国总量的比重为 3.87%，从组成结构看，五星级酒店 2 家，四星、三星、二星、一星酒店各有 81 家、152 家、47 家和 2 家。其中，三星与四星等级占全省的比重为 53.52% 和 28.52%，比全国 47.53% 和 31.14% 的占比[①]分别高出 5.99 个、低于 2.62 个百分点，二者合计占比 82.04%，可见，以经济型为主体的中端酒店构成甘肃星级酒店的布局特征。

（五）线上消费增势良好，乡村消费动力增强

线上消费主渠道地位不断强化，不仅为抗疫保供提供了重要支撑，也成为居民不可或缺的消费方式。从绝对量看，全省限上批零住餐业网络零售额呈较快递增之势，规模高于上年同期。疫情管控之下，线上购物成为民众的优先选择，且以食品类实物消费为主，促使 2022 年全省公共网络零售额快速扩张，基本保持两位数增长，3~8 月更是在 30% 以上高位运行，但受消费信心低迷和需求不足的影响，增长率缺乏稳定性，呈高开低走、直线下滑之势。2023 年以来，全省网络零售额回稳向好趋势明显，整体以近 30% 的增速平稳增长，且呈现吃穿用各类实物零售额协调共升的态势。相较于全国水平，甘肃网络零售额增速整体偏高，二者间差距最小值为 13.2 个百分点，从其占全国比重看，由 2022 年 0.025% 的均值变为 2023 年 1~9 月的 0.032%，上升了 0.007 个百分点。尽管甘肃限额以上网络消费规模明显不足，但增势良好且动力强劲，对恢复和扩大消费发挥着积极作用。

广大乡村蕴藏着巨大的消费潜力，是促进消费增长的重要动力。剔除疫情不利影响，甘肃乡村消费市场持续扩大，2018 年以来占全省社会消费品零售总额的比重总体稳定在 18%。2023 年 1~9 月，甘肃乡村消费品零售额

---

① 《2022 年度全国星级酒店经营数据报告》，迈点咨询，2023 年 4 月 26 日。

图5　2022年与2023年1~9月甘肃省限上网络零售额绝对量与增速对比

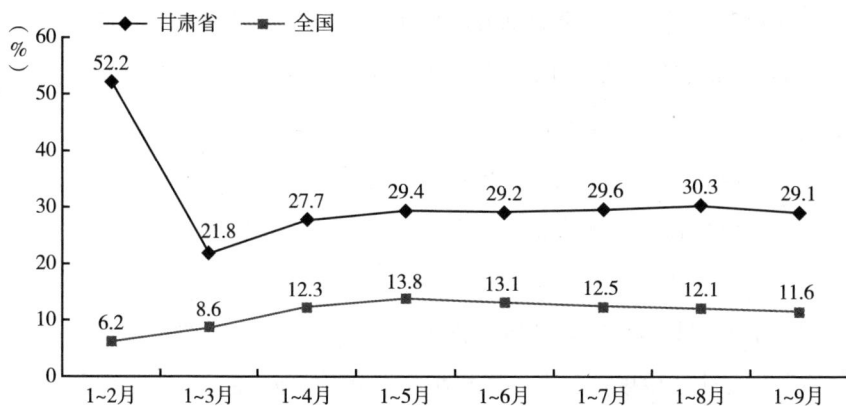

图6　2023年1~9月甘肃省与全国限上网络零售额增速对比

为590.60亿元，实现上年水平的83.65%，超越之势明显。就增势看，自2019年以来甘肃乡村消费品市场渐呈超越全国之势，除2022年疫情极端影响外，甘肃乡村消费品零售额增速整体高于全国，增长后劲较足，多向发力释放乡村消费潜力，有助于增强全省国内大循环发展格局的基础。

（六）促消费激发新活力，夜经济释放新动能

甘肃加码政策措施、升级扶持举措，大力开展主题突出、场景新颖、品

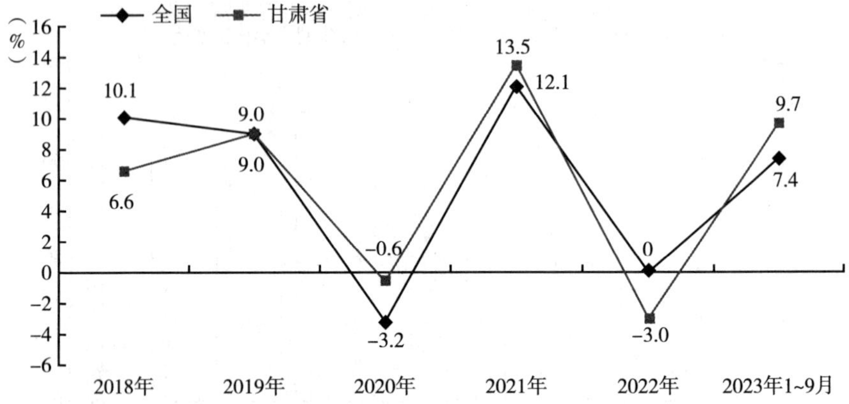

图 7　2018 年至 2023 年 9 月甘肃与全国乡村消费品零售额增速对比

类丰富的消费促进活动，全力助推消费扩容升级、提质增效。省商务厅突出"乐享消费·惠购陇原"主题，结合重大节日、会展、互联网、乡村振兴等专题，组织开展应季、重点商品、会展、线上、绿色智慧等促消费活动。聚焦汽车、家电、家居、餐饮、特色农产品等重点品类，鼓励商家线上线下双轨并进、一体化营销，加快企业转型升级步伐。立足提升甘肃传统特色美食知名度，融合厚重的历史、璀璨的文化、多彩的民族、文旅发展快车等优势，积极举办独具地域特色的餐饮促消费活动，"陇上美食博览会""甘肃好味道""山丹'炒拨拉'""岷州小吃"等声名远播，成为吸引客流的有效方式。全省聚焦"六夜"① 联动，依托重点商圈、特色步行街、夜间经济集聚区打造美食文化节、"舌尖寻味"等特色活动，携手沉浸式夜演、音乐表演、深夜影院、健身赛事、24 小时阅读空间等消费新场景②，为城市消费增添新动能。2023 年 1~3 月，甘肃社会消费品零售总额同比增长 8.8%，增速高于全国 3 个百分点，位列全国第二③。

---

① "六夜"是指夜市、夜展、夜购、夜食、夜娱、夜游。
② 《甘肃拓展夜间经济：突出"仰望星空""西北烧烤"等优势特色》，中国新闻网，2023 年 5 月 12 日。
③ 《甘肃省对 14 个消费领域综合施策　一季度社会消费品零售总额增速全国第 2 位》，每日甘肃网，2023 年 5 月 12 日。

二 甘肃住宿和餐饮业发展新变化

实现理性消费与品质生活的平衡成为民众普遍追求，在此背景下，大众餐饮的消费主力军作用不断增强，特色小吃成为繁荣餐饮市场的关键力量，文旅消费需求的集中释放，成为带动住宿和餐饮消费的重要因素，而乡村旅游、反向旅游等新模式的涌现，给民宿产业崛起创造了机遇。此外，以数字技术为核心驱动力的技术革新为各领域创新突破与迭代升级赋能添翼，成为推动住宿和餐饮业蝶变的重要引擎，新场景新业态撬动新动能，产业升级加速推进。

（一）餐饮竞争借助流量突围，"住宿+"推动价值链延伸

经济发展不确定性导致居民消费信心不足，高性价比大众餐饮因其契合群众消费需求，且能提供更加便捷的生活方式而成为居民日常性消费[1]，带动一批地域特色小吃成功出圈，而淄博烧烤更是创造了现象级爆款，通过牢抓"烧烤"这一"核心 IP"，借助全渠道推广形成引爆全网的社会热点，在有为政府的全力支持下，形成人人参与、人人尽力、人人共享的群众基础。淄博烧烤不仅成功打造了互联网流量变现的新模式，也为地方餐饮发展提供了新思路，餐饮竞争迈入借力文旅 IP、搭乘流量快车、加速创新融合的新阶段，既满足了大众舌尖美味的需求，也逐渐成为城市最具吸引力的名片。随着消费场景不断丰富，文旅融合及分众旅居时代的来临，旅客对目的地需求从景区走向社区，从单一功能走向复合体验，传统住宿不再局限于提供休憩场所，还承载着亲近自然、观赏美景、享受美食、健康养生、休闲娱乐、社交文艺等需求。企业围绕"住宿+"升级产业价值链，着力贯通旅游、文创、影院、美食等领域，尝试推出"住宿+"阅读、表演、民俗、非遗、社区等业态，既为游客提供细致温馨的服务，也增强其参与度和体验

---

[1] 李兰冰：《餐饮燃气人间烟火气》，《光明日报》2023 年 8 月 14 日。

感。多样化需求驱动,既造就了个性化、特色化消费风向,又对产品供给提出更高要求,当前全省住宿行业呈现星级酒店、经济型酒店、精品酒店、主题酒店等形态,与民宿、客栈、帐篷、太空舱等非标住宿业态多元并存、互融共进的发展格局。

(二)乡村旅游激活发展新动能,民宿振兴乡村经济新业态

甘肃把乡村旅游作为拓宽农民增收致富渠道、筑牢共同富裕产业基石的重要途径,全力撬动乡村振兴新引擎。《中国·甘肃乡村旅游发展指数报告》显示,2023年上半年甘肃乡村游客接待量达7562.5万人次,实现旅游收入224.61亿元,游客接待量较2020年、2019年分别增长43.63%和24.72%,占同期全省游客接待总量和旅游总收入的比重分别为52.88%和27.58%。广大乡村承接了全省半数以上的游客,贡献了近三成的旅游消费,已成为繁荣文旅市场的中坚力量。而乡村游呈现短时游向多日游转变、近郊短途游与长距离游并存的特征,在很大程度上拓展了住宿与餐饮消费的机会空间。同时,民宿产业迈上高速发展赛道,呈现头雁领航、群雁蓄势的利好局面。截至2022年底,全省有国家级甲级旅游民宿4家、国家等级旅游民宿19家,乡村民宿总量愈3500家,国家级旅游民宿品牌创建走在全国前列。乡村民宿成为延长游客滞留时间、增加文旅消费的重要载体,在带动农民就业创业、推进美丽乡村建设方面发挥着积极作用。

(三)数字技术赋能企业转型,数智化引领发展新航向

住宿和餐饮业抢抓数字化转型机遇,注重以用户体验为核心,加速推进从产品到服务、从营销到销售的全面变革。大数据、互联网、人工智能等技术升级在住餐场景中的应用,互联网、平台等企业入场,使住宿和餐饮业迈入智能化、网联化发展快车道,携程、去哪儿等App,通过用户在线提供出行人数、交通方式、旅行时长、出游类型等选择,提供满足用户需求的策划服务;大众点评、美团等应用可为游客提供符合偏好的美食排行;携程、美团优选等平台,依托大数据分析与运营,为入驻企业改善经营管理、优化营

销策略等提供数据支撑。基于手机端的预约排队、扫描点餐、退房买单、刷脸入住、机器人服务、智能客房等全流程智慧服务，不仅全方位提升消费体验与服务质效，也成为"智能时代"引领行业发展的新风向。

三　甘肃住宿和餐饮业发展存在的困难

甘肃省住宿和餐饮消费虽呈加快恢复的良好态势，但行业发展仍存在一些积累性矛盾和潜在性短板，叠加消费需求减弱与信心不足等不利影响，增加了消费市场持续回升向好的难度，也使全省推动构建以消费为主体的内需格局面临新挑战。

（一）季节性供需矛盾突出，民宿产业规范性不足

在文旅消费反弹和全民旅游时代的驱动下，国内旅游市场迎来蓬勃复苏新景象，然而甘肃旅游季节性特征突出，形成旺季一房难求、淡季门可罗雀的显著差异，旅游客流的大量涌入给目的地基础设施、服务保障、产品供给提出全面考验。敦煌、张掖、甘南、陇南等旅游重点城市与地区，高星级、经济型、连锁型等标准化酒店，节庆假日预约爆满，不仅加大了客房供需矛盾，也增加了监管难度，旅游商品、住餐行业坐地起价现象屡禁不止。民宿产业的兴起，虽有效缓解了这一矛盾，但受制于行业规范化、法制化建设进程趋缓、线上预订图物不符、设施与卫生标准偏低、服务质量不高、临时调价等现象难以杜绝，既降低了游客消费体验，也损害了甘肃的旅游形象。

（二）城乡居民收入不高，消费能力有待提高

收入水平是居民消费能力的重要决定因素，甘肃居民收入偏低、城乡发展不平衡等突出矛盾，不仅抑制居民消费能力的提升，也不利于强化消费对经济增长的拉动作用。2023 年 9 月底，甘肃居民人均可支配收入为18003 元，同比增长 7.6%，城乡居民人均可支配收入分别为 29826 元和8756 元，同比分别增长 6.1% 和 7.9%；同期，全国居民人均可支配收入为

29398 元，同比增长 6.3%，城乡居民人均可支配收入分别为 39428 元和 15705 元，甘肃仅相当于全国 75.65% 和 55.75% 的水平，较 2018 年末 76.32%、60.23% 的水平，分别下降了 0.67 个、4.48 个百分点，城乡居民人均可支配收入与全国的差距进一步扩大。有收入支撑的消费是构建新发展格局的基础，城乡居民收入增长趋缓，收入水平长期偏低成为影响消费规模扩大与潜力释放的关键因素。

（三）农村消费环境待优化，人均旅游消费不足

消费便利度不高、商业组织形式单一、经营规范化程度偏低等，影响农村居民消费意愿提升。2022 年，中消协对 31 个省区市 824 个行政村开展调查显示，"三无"产品为农村居民在集市、集贸市场消费时最常遇的顽疾，占比 28.9%。物流配送进村入户"最后一公里"未全面打通，快递点不能到村、物流时效性差、服务不规范、售后服务缺失等问题仍较普遍，网络消费体验感差成为农村消费增长的关键瓶颈。在被调查的 824 个行政村中，没有快递点位的占比 34%，并且距本村最近的快递点平均距离在 5 公里以上。农村居民网络购物的猛增，进一步加剧了快递末端服务水平与配送服务需求的矛盾。文旅体验产品相对匮乏且层次偏低，消费商品、服务、场景供给不足，使乡村旅游仅限于"游"的功能，"吃住娱购"等配套服务滞后且缺乏特色，难以激发游客购买欲，服务设施与入乡消费者的需求存在差距，难以满足其乡消费需求。2023 年国内旅游市场强势复苏，1~9 月甘肃累计接待游客 3.03 亿人次，初步测算实现旅游收入 1910 亿元，游客接待量与旅游收入分别恢复至 2019 年同期的 100.3% 和 89%，人均旅游收入 630 元。同期，国内旅游总人次与综合收入分别为 36.74 亿人次和 3.69 万亿元，人均旅游收入 1004 元。相较于邻省区，甘肃游客接待量仅次于陕西省，居西北地区第 2 位，但综合收入差强人意，人均旅游收入更是垫底，仅为排名首位内蒙古的 42.65%，不足其半数，勉强达到陕西省 70% 的水平。人均旅游收入过低，对关联产业的带动作用有限，一定程度上影响了住宿和餐饮业的繁荣。

表1　2023年1~9月甘肃省与全国、相邻省区人均旅游收入对比

地　区	接待人数（亿人次）	综合收入（亿元）	人均旅游收入（元）
甘　肃	3.03	1910.00	630
新　疆	2.14	2337.62	1092
青　海	0.39	375.70	954
陕　西	5.86	5283.95	902
内蒙古	1.80	2658.00	1477
全　国	36.74	3.69	1004

资料来源：根据各省区发布数据整理，四川与宁夏数据未发布。

四　甘肃住宿和餐饮业高质量发展的对策建议

甘肃要把握住宿和餐饮市场新变化，顺应消费提质升级新趋势，着眼全局谋长远，聚焦重点补短板，系统发力提质效，提升理性认知与主动适应能力，也需进一步加强针对性政策应对和制度建设，积极抢抓机遇、应对挑战。

（一）消费促进提质升级，全面释放有效需求

一是创新开展促消费活动。鼓励各地牢抓节庆假日、商品展销、旅游推介等节点，大力举办美食节、购物节、小吃节等促消费活动，激活受抑的消费热情。引导行业龙头与知名品牌联合开展宣传推介，以品牌美誉度和影响力带动消费。推动商旅文体联动发展，着眼于延长消费链，跨界推出套餐组合、打折让利、满额返券、积分换购等促销活动。二是构建特色新场景。以数字技术撬动行业变革，推动传统消费升级与新兴消费扩容同步发力，力促首店经济、平台经济等实现新突破，力推夜间经济、直播经济等繁荣发展。利用好"短视频+"广泛传播力和超强引流优势，支持商家围绕门店（客房）场景、过程体验、服务评价等全过程，创拍短视频或开展直播推介，打造一批数量可观、品质俱佳、独具特色的网红打卡地。

三是以演艺经济拓宽消费空间。把握线下演出强势复苏风口，大力举办演唱会、音乐节、艺术节、动漫节、体育赛事等大型活动，借助明星强大粉丝号召力，短期内为城市聚集海量客流，促进文旅市场强劲复苏，刺激关联产业加快发展，将其打造成拉动消费的新爆点。四是做强品牌金字招牌。鼓励企业专注品牌深耕细作，坚定走品牌培育、技术赋能、创新引领、品质服务、多元供给之路，引导知名连锁品牌布局中高端市场，支持本地企业加强技术、管理与模式创新，聚焦品牌力、创新力、运营力、平台力多向发力，健全以"名厨、名菜、名店、名街"为支撑的品牌体系，助力更多传统美食、特色商家、百年老店、特色小吃擦亮"金字招牌"，以品牌能级提升激发全新增长力。

（二）线上线下扩容增效，打造良好消费环境

一是持续优化线上生态。线上消费成为创新活力迸发、消费潜力深厚的重要领域。鼓励引导住宿和餐饮业借助数字技术加速线上线下互促融合，构建以消费者为中心的全新触达、交互、服务和履约模式，不断丰富消费场景，促进供需高效匹配，提升全流程服务质效。二是聚力打造线上服务平台。平台经济具备资源集聚、跨界融合、智能共享等优势，是连接企业、创业者、消费者、外卖骑手等的纽带。加快培育一批生态系统健全、成长性较好、创新竞争力较强的餐饮线上平台，积极承接团餐、员工餐、盒饭定制等批量业务。餐饮从业者负责接单出餐，管理运维、配送服务等由平台承担，最大限度地降低餐企与创业者经营成本。三是鼓励餐企多元化发展。餐企竞争由门店经营转向供应链体系，甘肃要把握餐饮业产品端横向拓展、产业链纵向延伸的转型需求，引导餐饮行业与食品加工业相结合，以传承弘扬地方菜、民族菜、特色小吃为核心，以品类扩张和品质提升为导向，构建覆盖净菜、预制菜等半成品及成品的新型供应链体系，有效增加消费新需求。四是大力改善农村消费环境。将县城和中心镇作为城乡居民互动消费的重要载体，推动完善县域商业设施，加大商业街区改造，全面改善餐饮住宿、康养旅游、休闲娱乐等消费环境及服务质量，打造县域文旅消费集聚区，增强县

城商业综合服务对农村地区的辐射带动能力①。发挥商业连锁、品牌供应链、农村电商等优势，着力增加农村消费资源的多样性，全面激活庞大的农村消费市场。大力提升县域快递物流配送效率，健全农村一体化共同配送体系，引导邮政、供销、商贸流通等积极建设乡村快递服务站点，推动农村电商服务点、便利店、小超市等便民服务设施承接快递代收代转服务，向村级寄递综合服务站升级②，支持乡村自提点等物流终端建设，着力拓展线上消费市场边界。

（三）优化民宿产品供给，激活行业细分市场

一是打造特色民宿集群。支持农户、村集体经济、合作社、社会力量等主体参与乡村民宿建设，依托自然生态资源与乡土人文基因，以文化传承为根、特色发掘为本、品牌培育为要、科技创新为媒，高标准高水平推进乡村民宿建设。注重开发农业产业新功能、农村生态新价值、乡村文化新内涵，大力发展乡村旅游，融入人文元素、突出地域差异、展示乡土特色、丰富民宿内涵，实现乡村民宿与自然环境和人文景观互融互促、相得益彰。围绕重点景区、精品线路、美丽乡村重点地区，着力打造一批地域特征鲜明、设施服务完备、品牌效应显著的民宿集群。二是推动乡村民宿规范化发展。全面消除民宿卫生状况堪忧、建设标准不一、设施水平参差不齐、规范服务不优等突出问题，在国家、行业制度框架下，坚持因地制宜，尽快出台地方标准，对适用范围、民宿分类、公共环境和配套、建筑和设施、卫生和服务、管理和经营、等级划分办法与评分细则等内容做出明确规定③，有序推进民宿等级划分评定工作，为标准化建设、规范化经营、特色化服务、高质量发展提供制度遵循。完善动态监管调整机制，强化等级民宿复核，加强行业自律，引导监管，全面提升民宿产业服务质效。三是加快完善住宿行业细分市场。家庭游、亲子游渐成出行"主力军"，从硬件设施到服务体验，提供符

---

① 陈丽芬：《挖掘和释放农村消费潜力空间》，《经济参考报》2023年6月20日。
② 万静：《一年内超四成农村消费者买到过假货》，《法治日报》2023年3月24日。
③ 赵林、张芬：《贵州出台地方标准推进民宿健康发展》，《贵州日报》2023年7月12日。

合特定受众需求的产品与服务。针对家庭游，适当增加清幽雅致、娱乐设施齐全的独栋或院落整租服务。卫生条件与安全保障是亲子游住宿的首要考虑因素，既要增加符合婴幼儿特征的专业性定制产品，还需兼顾成年人的休闲娱乐需求，推出配备儿童床、拖鞋、牙刷、浴袍等必需品，以及儿童玩具、防撞包角等周到服务的亲子房，配置适当比例的专属母婴房，以细致温馨、专业优质的服务赢得市场与口碑。

（四）推动经济持续恢复向好，助力居民收入稳步增长

一是全力以赴促进经济恢复性增长。经济增长对居民收入具有推升作用[1]，居民收入稳步增长终要回到提高经济增速的本源上。发挥减负纾困政策合力，深入推进营商环境优化升级，加大金融支持，全力稳市场主体，进一步激发民营经济发展活力。持续向改革要动力，提振、恢复市场信心，促进民间投资回稳向好。依靠产业带动与政策激励综合发力，有效助推经济恢复性增长。二是多措并举稳保就业。就业是居民收入的重要支柱，强化就业优先政策导向，推动形成稳存量、扩增量、兜底线、提质量共促高质量充分就业发展合力。加码援企稳岗政策措施，优先发展就业带动力强的行业企业，支持小微企业、个体工商户健康发展，"真金白银"助力企业稳岗扩岗。壮大数字经济、电商直播等新业态，加快培育就业新增长点。落实落细以工代赈、防返贫就业攻坚行动，采取有序外出与就地就业相结合，全力稳定农村剩余劳动力，尤其是脱贫人口务工规模，加强困难群体就业兜底帮扶。实施重点群体创业推进行动，发挥创业带动就业作用，深入推进发展教育与职业培训，为提高全社会就业质量创造有利条件。三是创新收入分配方式。以深化收入分配制度改革为突破，以加大收入再分配政策力度为抓手，推动构建初次分配、再分配调节与第三次分配互为补充、协同增效的制度体系[2]，完善按要素分配制度。进一步加大税收、社保、转移支付等调节力

---

① 贾壮：《多渠道增加城乡居民收入》，《人民日报》2023年7月6日。
② 方福前：《多措并举增加居民收入》，《人民日报》2023年8月4日。

度，提高政策落实精准性，推动扩大中等收入群体。四是持续加强民生保障。注重发挥社会保障调节收入分配功能，加快完善覆盖全民的多层次社会保障体系，在提高教育质量、健康医疗、养老托幼、住房保障等领域持续增进民生福祉，着力增加普惠性社会福利，织密扎牢社会保障安全网，有效消除居民消费的后顾之忧。

专题篇

B.12
甘肃绿色转型发展战略重点与对策研究

段翠清*

摘　要： 绿色转型发展是甘肃经济实现高质量发展的有效路径。当前，甘肃采取生态环境保护治理和产业结构优化转型双轮驱动的形式，有效助推甘肃绿色转型发展水平不断提升。但是，在甘肃经济社会发展与环境污染尚未实现完全脱钩的前提下，甘肃绿色转型发展受到经济发展内生动力不足、自然生态系统承载力较脆弱、绿色制度设计存在短板等主要因素的制约。在新发展阶段，甘肃绿色转型发展需要进行以创新为核心的动力转换，构建推进闭环产业链，加强维度解构，逐步形成政府、企业、民众三维共治社会体系，重点从增强绿色发展新动能培育、激发绿色发展活力、强化现代乡村文明治理路径、提升居民践行绿色低碳生活的自觉度等方面实现新的突破。

关键词： 绿色发展　创新驱动　低碳　甘肃

---

* 段翠清，甘肃省社会科学院区域经济研究所副所长、副研究员，主要研究方向为生态经济学、环境科学。

党的十八大以来，甘肃省委、省政府积极贯彻高质量发展理念，不断推进经济社会发展向绿色低碳方向转型，全面提升生态文明建设水平。近年来，在甘肃省各界人士的共同努力下，甘肃省在生态环境保护和治理、经济社会综合实力提升、人民生活水平和质量提升等方面都取得了不断进步。目前，在"双碳"战略的指引下，甘肃省正以实施强省会行动为契机，打造以兰州市和兰州新区为中心的一小时核心经济圈，不断推进"五量"行动落地落实；以河西走廊区域清洁能源资源为依托，加快新能源产业基地建设，推动减碳减排政策落地实施；以黄河流域生态保护和高质量发展为宗旨，不断推进陇中南区域生态环境治理和保护，纵深推进环境污染防治攻坚行动，夯实富民兴陇的绿色根基的"一核三带"发展战略，稳步推进实现美丽甘肃建设目标。然而，在生态环境保护治理压力较大、传统产业发展动力不足、经济发展在国内相对滞后的情况下，加快绿色转型发展是甘肃实现后发赶超的唯一选择。因此，本文在总结甘肃绿色转型发展成效和与相邻省区进行横向比较的基础上，对甘肃下一步绿色转型发展的战略重点和对策建议进行了深入思考与研究。

一　甘肃实施绿色转型发展的成效及现状分析

（一）全面调整产业结构，绿色发展水平不断提升

甘肃省委、省政府在不断加强生态环境保护的同时，聚焦以绿色低碳为主导的产业机构优化升级，不断提升甘肃经济高质量发展水平。2018年，甘肃省委、省政府出台《甘肃省推进绿色生态产业发展规划》，印发《十大生态产业行动规划》，以国家产业发展政策为导向，结合甘肃产业基础和优势，紧盯未来发展趋势，确立了以清洁生产、节能环保、清洁能源、先进制造、文化旅游、通道物流、循环农业、中医中药、数据信息、军民融合为主的十大生态产业发展布局，形成了"1+1+10+X"生态产业体系。2022年，甘肃省十大生态产业增加值为3278.77亿元，占甘肃省生产总值的29.3%，分别较2018年增加了1767.47亿元和增长了11个百分点（见表1）。2021

年8月，甘肃省政府印发《关于加快建立健全绿色低碳循环发展经济体系的实施方案》，对甘肃省"十四五"时期工农业绿色产业体系改造、服务业绿色发展质量、绿色环保产业培育、园区循环产业改造、绿色供应链改造等方面提出了明确方案和目标。2021年12月，在甘肃省委十三届十五次全会暨省委经济工作会议上，省委省政府提出"强科技、强工业、强省会、强县域"的"四强"行动，为甘肃"十四五"时期绿色发展提供引领。2022年6月，甘肃省政府印发《甘肃省碳达峰实施方案》，对"十四五"和"十五五"期间甘肃产业结构调整目标、清洁能源产业体系建设提出了具体目标，并围绕这些目标，重点实施能源绿色低碳转型行动、节能降碳增效行动、工业领域碳达峰行动、城乡建设碳达峰行动、交通运输绿色低碳行动、循环经济助力降碳行动、绿色低碳科技创新行动、碳汇能力巩固提升行动、绿色低碳全民行动、各市（州）梯次有序达峰行动等十大行动，力争在2030年实现碳达峰目标。

表1　2018~2022年甘肃省十大生态产业发展情况

单位：亿元，%

年份	产业增加值	在全省生产总值中的占比
2018	1511.3	18.3
2019	2061.9	23.7
2020	2179	24.2
2021	2852.9	27
2022	3278.77	29.3

资料来源：甘肃省统计局。

（二）推动新能源产业做大做强，助力"双碳"战略目标早日实现

甘肃省强抓"双碳"战略机遇，依托丰富的太阳能、风能等新能源资源优势和产业发展基础优势，不断做大做强新能源产业集群。目前，根据中国气象局年度资源评估成果，100米高度150瓦每平方米以上，全国风能技

术开发量 99 亿千瓦，甘肃 5.6 亿千瓦，全国排名第 4；全国光伏发电技术开发量 1287 亿千瓦，甘肃 95 亿千瓦，全国排名第 5，其开发利用空间巨大，具备基地化、规模化、一体化开发条件。截至 2022 年底，甘肃省新能源装机总量达到 4462.2 万千瓦，占全省总装机容量的 65.81%，高于全国 31.3% 的平均水平；实现风光电发电量 3490.4 万千瓦·时，占全省总发电量的 51.47%，高于全国 29.6% 的平均水平；非化石能源占一次能源消费比重达到 26.2%，远高于全国 16.4% 的平均水平。同时，甘肃在全区域展开新能源布局，建成全国首个千万千瓦级酒泉风电基地和金昌、凉州等一批百万千瓦级光伏发电基地。除河西地区外，河东地区新能源也得到有效开发，定西通渭百万千瓦风电基地建成，庆阳、白银等地新能源将作为"陇电入鲁"工程配套电源，得到规模化、基地化开发。并且，甘肃不断提升新能源的内部消纳能力，使甘肃境内的风光电设备利用率达到 96.7% 以上。

（三）提振创新文旅商贸产业，推动服务产业多元化发展

从进出口贸易角度来看，2013 年甘肃省进出口总额为 636.3 亿元，2022 年进出口总额为 584.2 亿元，同比减少了 8.18%，其中，出口总额减少了 56.22%，进口总额增加了 32.26%，除 2014~2016 年为贸易顺差外，其余年份均为贸易逆差，并在近几年呈现逐年增加的趋势。分区域看，甘肃省商品出口主要贸易地为中国香港、美国、韩国和中国台湾等，进口地主要为中国台湾、日本、蒙古国、哈萨克斯坦、俄罗斯和澳大利亚等。从商品类别角度看，出口商品主要集中在农产品、机电产品、高新技术产品、医药材及药品、铁合金、未锻轧铝及铝材、文化产品等类别，进口商品主要集中在农产品、金属矿及矿砂、未锻轧铜及铜材、电子元件、集成电路、电子技术、计算机集成制造技术、通信技术等类别。

从文旅产业发展角度看，甘肃省近年来不断重视文化体育事业的发展，丰富人民群众的精神生活。据统计，2017~2022 年，甘肃省文化产业增加值增长了 52.15%，法人单位文化产业增加值增长了 49.39%，文化产业增加值占 GDP 的比重增加了 0.34 个百分点，文化产业法人单位机构数量增加了

40.65%；截至 2022 年，甘肃省共有文化事业机构数 6510 个、文化事业人员数 69518 人、文化部门事业单位数 2203 个，分别较 2017 年增加了 19.80%、45.32% 和 2.85%。2017~2022 年，博物馆数量、从业人员数以及门票销售总额分别增长了 50.67%、48.06% 和 7943.41%。2022 年，甘肃省中央广播节目、农村广播节目、中央电视节目、农村电视节目综合人口覆盖率分别达到 98.05%、99.15%、98.59% 和 99.29%，较 2017 年均增长了 1.5~1.2 个百分点。2013~2022 年，甘肃境内国内游客年均达到 21133.92 万人次，旅游总花费为 1387.71 亿元，人均花费为 639.85 元。甘肃省文化产业和文化事业的长足发展，为民众提升精神文化生活创造了条件。

（四）人民物质文化生活水平不断提升，民众践行绿色低碳行为的自觉度不断增强

不断提升民众物质文化生活水平作为增强民众幸福指数的基础，是甘肃实施绿色转型的根本目标。具体来说，与民众息息相关的物质文化生活主要包括就业、收入、消费支出、储蓄、住房、文化教育等方面，近年来甘肃省通过实施"四强"行动、构建"十大生态产业"体系、加速推进"乡村振兴"战略等政策措施，助力甘肃人民群众物质文化生活水平的不断提升。据统计，2012~2022 年，甘肃省城镇居民人均可支配收入、农村居民人均可支配收入、城镇居民消费支出以及农村居民消费支出分别增长了 110.92%、153.69%、100.49% 和 170.27%。[①] 民众的储蓄水平、住房条件、文化教育水平也在大幅度提升，十年间，在岗职工平均工资增长了 181.84%，城镇家庭居民恩格尔系数降低了 4.84 个百分点，城乡居民储蓄存款余额增长了 252.38%，城镇居民人均居住面积增长了 25.37%，农村居民人均居住面积增长了 52.30%，广播和电视节目综合人口覆盖率增长了 6 个百分点，每万人口中在校大学生数增长了 55.70%，表明居民的幸福感指数得到不断提升。[②]

---

① 《甘肃统计年鉴》（2011~2022 年），甘肃省统计局。
② 《甘肃统计年鉴》（2011~2022 年），甘肃省统计局。

同时，随着近年来生态文明建设的宣传和推广，民众在日常生活和工作中对绿色低碳行为的自觉践行度也在不断提升。根据舆情调查数据，有92.08%的被访民众认为所在地区的环境状况与两年前相比有不同程度的好转；有95.21%的被访民众表示自己会参加环保公益活动，其中还有超过1/3的民众会为环保活动捐款；只有26.34%的被访民众表示自己会经常性地使用一次性生活用品；有73.12%的被访民众会主动践行绿色低碳的生活方式；在条件允许的情况下，有89.41%的被访民众会选择以乘坐交通工具和骑自行车的方式出行。[①] 近年来甘肃也积极加强和引导民众参与各类环保公益活动，从创建绿色生态文明城市、绿色示范学校、绿色示范社区，举办生态环境治理宣讲、环保主题展览、环境保护作品征集等多个层次、多个方面开展环保公益活动并鼓励民众积极参与其中，本次调查也显示，民众的环保意识有了较大的提升。

（五）以"美丽甘肃"建设为契机，生态环境建设和治理水平不断提升

甘肃省以生态文明建设为契机，在全省各市州通过积极实施大气污染防治行动，强化"蓝天治理"行动，使全省大气环境有了明显的改善。据统计，2012~2022年，甘肃省域内城市 SO_2、NO_2 和可吸入颗粒物等主要大气污染物的浓度都有了明显的下降，其中 SO_2 浓度均值由 40.61 ug/m³ 降到12ug/m³，NO_2 浓度均值由 33.61ug/m³ 降到 22ug/m³，可吸入颗粒物浓度均值由 101.71 ug/m³ 降到 57ug/m³，同比下降幅度分别达到 70.45%、34.54%和 43.96%（见图1）。

在环境治理方面，甘肃省不断加强水资源集约利用，水体质量不断提升。近年来，甘肃省在水资源的保护、利用和治理中以水源地的保护和建立高效、节能、可循环的水资源利用方式为指导原则，积极加强和倡导水资源的节约利用，着力进行水源涵养地的生态保护和修复，使甘肃省呈现水资源

---

① 课题组问卷调研数据。

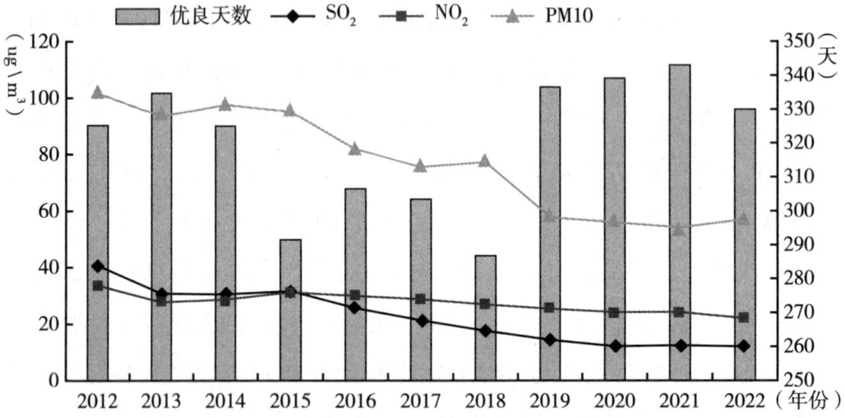

图1　2012~2022年甘肃省城市空气质量情况

资料来源:《甘肃省生态环境状况公报》(2012~2022年)。

总量上升和供水总量下降的"双好"局面。2012~2022年,甘肃省水资源总量呈现先降低后增加的趋势,从2012年的300.7亿 m^3,降至2015年的198.8亿 m^3,后又逐渐增加至2022年的410.9亿 m^3,同比增长了36.65%,其中地表水资源量、地下水资源量、地表水与地下水资源重复量和人均水资源量分别增长了36.28%、13.73%、11.43%和40.77%。供水量由2012年的123.1亿 m^3 降至2022年的109.9亿 m^3,同比降低了10.71%,其中,农业、城镇公共和工业用水量分别降低了12.04%、4.74%和60.50%,而生活和生态用水量则分别增长了0.29%和256.67%,说明甘肃省在不断调整和优化水资源利用结构方面取得了一定的成效。[①] 除此之外,甘肃省也积极进行地表水和地下水环境的清洁保护工作,使甘肃省水质环境长期处于优良状态,为民众提供健康干净的饮用水环境,据统计,2022年,甘肃省74个地表水国控断面水质优良(达到或优于Ⅲ类)比例为95.9%,劣Ⅴ类水体比例为2.7%,其中Ⅰ~Ⅱ类水质断面68个,Ⅲ类水质断面3个,Ⅴ类水质断面1个,劣Ⅴ类水质断面2个[②]。

[①]　《甘肃统计年鉴》(2011~2022年),甘肃省统计局。

[②]　《甘肃省2022年环境公报》,http://sthj. gansu. gov. cn/sthj/c114873/202206/2060986. shtml。

二　甘肃省经济发展的横向比较

在社会主义市场经济条件下，区域间的综合经济竞争力是区域发展的必要条件，也是全面建设小康社会、加快实现社会主义现代化的迫切要求[①]，因此，认清甘肃省与周边省区以及全国经济发展水平的差距，是提升甘肃省经济综合实力的前提，所以，本文选取了全国经济发展平均水平以及新疆、青海、宁夏、陕西等省区进行了横向比较。

（一）地区生产总值方面

本文选取了 2010 年、2013 年、2017 年、2021 年、2022 年的数据进行比较，如图 2 所示，甘肃省 GDP 在西北五省区中位居第三，低于陕西、新疆两省区，虽然甘肃省于 2021 年 GDP 迈入万亿元大关，但是相比周边省区，陕西省在 2011 年 GDP 已超过万亿元，新疆也于 2017 年 GDP 超过万亿元，而且从人均 GDP 来看（见图 3），甘肃省历年人均 GDP 都低于陕西、新疆、宁夏、青海四个省区。总体来看，甘肃省整体经济发展水平还是低于周边其他省区。

（二）人民生活水平方面

本文选取 2015 年、2017 年、2019 年、2021 年、2022 年的数据进行了比较，如图 4 和图 5 所示，虽然西北五省区居民人均可支配收入整体低于全国水平，但是与陕西、青海、宁夏、新疆四省区相比，甘肃不论是城镇居民人均可支配收入还是农村居民人均可支配收入均低于西北其他四省区。从发展趋势看，甘肃省农村居民人均可支配收入与其他四省区差距呈现逐年增加的趋势，甘肃省城镇居民人均可支配收入与青海、新疆两省区的差距呈逐年减少的趋势，但是与陕西、宁夏两省区的差距则呈逐年增加的趋势。

[①]　高鑫：《资源环境约束下贵州经济绿色转型路径研究》，贵州财经大学硕士学位论文，2019。

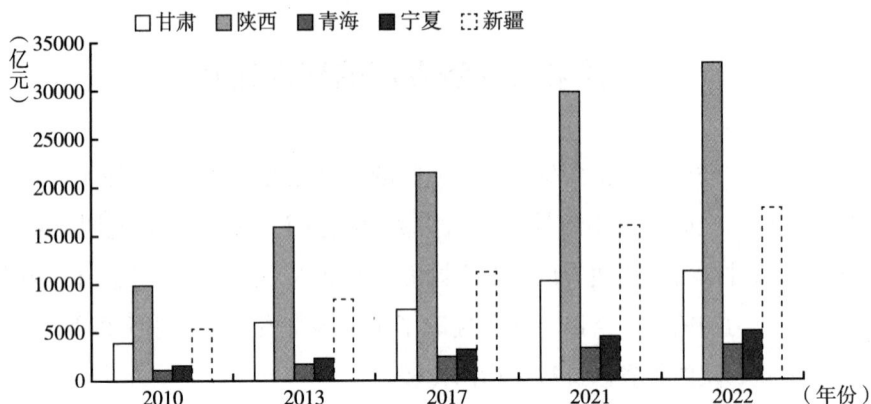

图2　2010~2022年部分年份西北五省区GDP比较

资料来源：各省区统计公报（2010~2022年）。

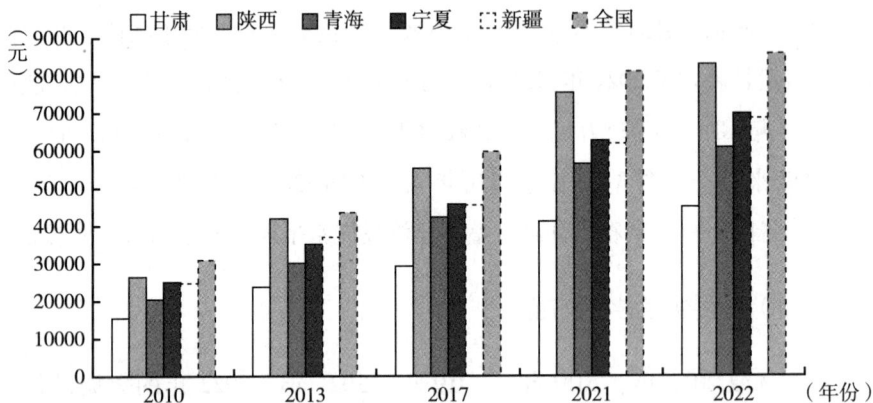

图3　2010~2022年部分年份西北五省区人均GDP产值比较

资料来源：各省区统计公报（2010~2022年）。

（三）固定资产投资和能源消费方面

本文选取固定资产投资增长速度和能源消费弹性系数两个指标进行了分析。从分析结果看，2018~2022年，甘肃省固定资产投资增速基本呈现逐年增加的趋势，其增长速度在2022年位居西北五省区首位，五年间，甘肃省固定资产投资平均增长速度为6.34%，高于陕西（4.38%）、青海（-2.08%）、宁

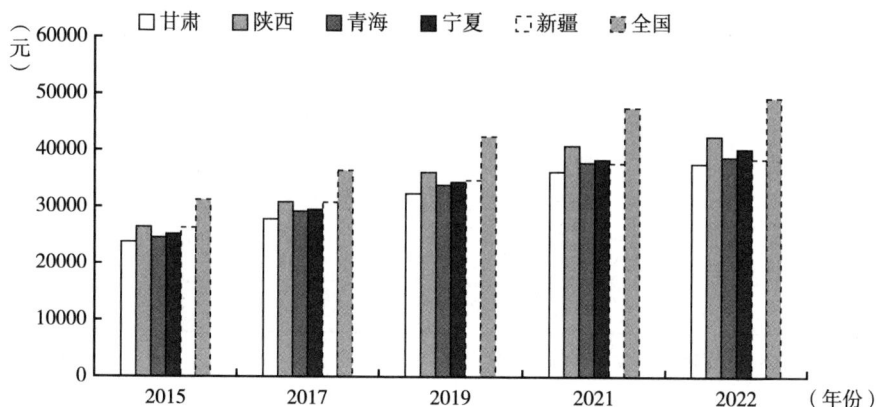

图 4　2015~2022 年部分年份甘肃城镇居民人均可支配收入与全国及周边省区比较情况

资料来源：各省区统计公报（2015~2022 年）。

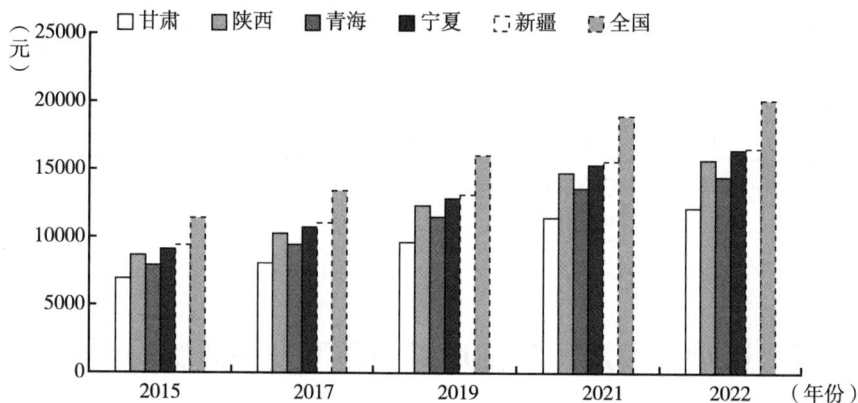

图 5　2015~2022 年部分年份甘肃农村居民人均可支配收入与全国及周边省区比较情况

资料来源：各省区统计公报（2015~2022 年）。

夏（-2.27%）和新疆（3.22%）。能源消费弹性系数主要是衡量区域国民经济发展情况与能源消耗之间关系的数量指标，一般能源消费弹性系数越小，表明能源利用效率越高。从表 2 可知，与陕西、青海、宁夏、新疆相比，甘肃能源消费弹性系数低于宁夏，高于其他省区，但是近几年呈现逐年降低的趋势，在 2021 年甘肃能源消费弹性系数下降至 0.59，在低于全国平均水平的同时也处于西北五省区最低水平。

表2　2018~2022年甘肃与全国和西北其他省区固定资产投资增速比较情况

单位：%

年份	甘肃	陕西	青海	宁夏	新疆	全国
2018	-3.9	10.4	7.3	-18.2	-25.2	5.9
2019	6.56	2.5	5	-11.1	2.5	5.1
2020	7.85	4.1	-12.2	4.8	16.2	2.7
2021	11.11	-3	-2.9	2.7	15	4.9
2022	10.1	7.9	-7.6	8.2	7.6	4.9

资料来源：《中国统计年鉴》（2018~2022）。

表3　2017~2021年甘肃与全国和西北其他省区能源消费弹性系数比较情况

年份	甘肃	陕西	青海	宁夏	新疆	全国
2017	0.79	0.42	0.31	1.03	0.88	0.46
2018	0.69	0.35	0.57	1.04	0.3	0.52
2019	—	0.75	—	1.05	0.73	0.55
2020	0.95	0.11	—	—	0.79	1
2021	0.59	1.14	2.3	—	—	0.64

资料来源：《中国统计年鉴》（2018~2022）。

三　影响甘肃进一步推进绿色转型发展的制约因素

（一）经济基础薄弱，内生动力不足

绿色转型发展需要科技、财政、人力资源、社会等各方面的综合支撑为基础。虽然绿色转型发展是甘肃未来突破经济发展瓶颈，实施产业结构优化、重组和转型的重要突破口，但是因地理和历史因素的影响与限制，整体而言，甘肃产业结构比较单一，经济基础较薄弱，为绿色转型发展提供经济支撑的能力较弱。首先，甘肃因受到地形、地质、自然资源的影响，农业发展水平和总量受到制约。一方面，在地形较广阔平坦且适合发展灌溉和较大规模种植农业的地区，却因为水资源的匮乏，农业种植规模受到严重制约，而水资源相对较丰富的陇东南地区却因为受到山地地形条件的制约，而无法规模化地种植农业。另一方面，在发展畜牧条件较好的临夏甘南等地，生态资源保护的制约在一定程度上影响了甘肃畜牧业的规模化发展。其次，历年来，甘肃的支柱产业，如石油、化工、钢铁、冶金、有色金属等在产业规模、发展速度、产值总量等方面与国内其他省区市同行业相比，略显落后，无法为甘肃绿色转型发展提供经济支撑。最后，以文化旅游为支撑的服务业因为受到季节、气候的制约和周边省区同质化行业的激烈竞争，无法发挥出最优化的资源效应。

（二）自然资源不足，生态系统承载力较脆弱

甘肃地处西北干旱半干旱区域，地形狭长、地貌复杂，地形以山地和丘陵为主，其面积占甘肃土地面积的78.2%。特殊的地形、地貌和区域位置，使得甘肃的水资源和土地资源都十分稀缺。据统计，甘肃省年均降水量在35~800毫米，年蒸发量为1100~3500毫米，人均水资源拥有量为150立方米，为全国平均水平的一半，全省耕地均水资源量（公顷）不到全国平均水平的1/3，属于严重缺水地带。在土地资源方面，甘肃85%的土地面积属于山地高原和戈壁，45.12%的土地面积受到不同程度的荒漠化，沙漠化土地面积占全省土地面积的28%，退化草地面积占年利用草地面积的39%，人均耕地面积为2.7亩，低于全国平均水平，在甘肃省主要的粮食生产基地河西走廊，荒漠化土地更是高达358.4万公顷，极端脆弱的生态环境和严酷的自然条件，使甘肃在经济发展受到阻碍的同时，还面临耗费资金进行生态环境治理的艰巨任务。在生态环境系统方面，甘肃境内生态主体功能规划区面积26.76万平方公里，约占全省总面积的62.84%，主要有祁连山冰川与水源涵养生态功能区，甘南黄河重要水源补给生态功能区，"两江一水"流域水土保持与生物多样性生态功能区，这些重要的生态功能区同时也是甘肃经济社会发展所依靠的资源补给区，目前，在经济发展与环境资源依赖还未完全脱钩的情况下，如何高效利用生态资源，进而减轻经济发展对自然资源的依赖将是甘肃面临的重要困境。

（三）科技水平落后，绿色发展制度设计存在短板

先进的科学技术是绿色发展的基础、核心和主要推动力，未来绿色发展的竞争必定是高科技的竞争。由于地理位置的制约和经济社会发展水平的滞后，甘肃在科技研发投入、科研环境、科研基础方面都落后于全国发展水平。据统计，2022 年，甘肃省专利授权量为 2.2 万件，其中发明专利授权量为 2472 件，占总申请量的 10.99%。① 在全国范围内，甘肃发明专利授权数量与北京、上海、广东等发达省区市相比差距较大。在全省范围内，地区间的科技发展水平差异较大。2022 年，甘肃 14 个市州发明专利授权数量排名前三的地区分别为兰州（1899 件）、白银市（91 件）、庆阳市（69 件），而排在后三位的地区分别为临夏州（20 件）、陇南市（16 件）、甘南州（5 件）。省会兰州市发明专利授权数量占全省总量的 76.82%，区域之间的科技发展水平差异较大。在制度设计方面，近年来，甘肃为推进绿色发展，制定了大量相关规章制度，涉及产业发展、环境保护、资源利用、绿色金融、社会治理、监督立法等方方面面。但是从整体上看，甘肃绿色发展主要还是依靠行政手段推进，虽然在短期内可以起到很好的效果，但是也存在成本较高、反弹效应比较严重以及行政执法手段单一等问题。

四　甘肃进一步推进绿色转型发展战略重点分析

（一）加强以创新为核心的动力转换

经济学内生增长理论表明，技术进步是保证经济持续增长的决定性因素，人类技术的进步和发展将降低资源消耗和环境治理等方面的环境成本，从而促使生产力曲线右移，跳出因为过度资源依赖而限制生产力发展的困

---

① 《2022 年甘肃省知识产权事业发展报告》，2023 年 4 月。

境，创新作为技术进步的前提与基础，更是促进区域绿色发展的核心。甘肃在面对经济总量不高、资源环境约束以及"双碳"目标等多重压力下，如何突破经济发展瓶颈、实现高质量发展的弯道超车，其首要任务就是加强以技术创新为核心的产业布局和动力转换。当下，以新材料、智能控制、资源节能技术、生物科技、清洁生产、绿色制造等为代表的技术创新，既可以通过提高资源使用效率、减少资源的使用量获得相同甚至更多产出，同时也可以通过绿色技术找到减少污染排放的最优治理方法，实现经济增长与环境污染的完全脱钩，推动生态环境保护由治理型向预防型转变。整体来看，甘肃通过进行以技术创新为核心的动力转换，可以有效解决生态资源环境约束带来的生产力限制，不仅可以大幅度提升资源使用效率，而且能够有效降低污染物排放量，进而为能源转换，提升风能、太阳能等清洁能源使用效率提供技术保障。

（二）优化绿色发展体系，积极推进闭环产业链构建

推进绿色发展战略的转型，实现高质量发展，涉及经济社会的全方位和全过程，必须构建生产、流通、消费一体化的绿色动脉体系。一是在起主导作用的生产体系构建中尽快实现绿色生产，在作为碳排放大户的流通领域，尽早实现低碳循环流通，可以对降低资源消耗和减少污染物排放起到关键作用。二是重视绿色消费体系的构建，可以在促进低碳环保产业消费升级的同时，有效拉动绿色经济的快速转型和发展。三是在构建绿色动脉发展畅通的基础上，实现"生产—流通—消费—再生产"的闭环产业链体系，使所有的原材料和能源能够在这个产业链体系中通过不断循环达到最大化利用，降低绿色生产成本、流通成本、信息使用成本，进而提高绿色经济效率。四是通过数字经济实现绿色生产、绿色流通以及绿色消费发展体系的精准配置，实现资源的优化配置，进而推动甘肃绿色转型战略的发展。通过以上措施，在甘肃经济社会发展过程中，推进经济系统和自然生态系统的和谐发展，从而在真正意义上实现绿色发展。

（三）加强维度解构，逐步形成政府、企业、民众三维共治社会体系

绿色发展是系统性发展，需要通过建立有效社会体系，让环境治理主体逐步多元化。一个地区，如何提高市场效率，提升资源的高效化利用水平，进而在市场机制上实现帕累托最优，是实现绿色发展最有效的机制。在此过程中，政府通过行政手段和顶层制度建设等强有力的手段，有效纠正了市场资源配置的扭曲，但是在执行过程中，政策执行成本高、执行效率降低、容易出现反弹现象等情况也会导致政府政策失灵。而企业和民众的有效参与，会为政府政策的制定、实施和执行提供有效的环境，降低政府政策失灵的可能性，为甘肃绿色发展保驾护航。一是明确政府治理的重点与和核心。甘肃各级政府需以深化改革和实施精准化政策为切入点，重点为绿色发展在绿色金融、教育、人口、知识产权保护等方面进行顶层制度建设，保证市场机制的有效运行，同时要打破各区域政府之间的行政分割，实现协调发展。二是发挥企业在绿色创新发展中的支撑作用。企业作为经济社会发展的细胞，是推动绿色创新的中坚力量。甘肃需要在企业绿色发展中注重企业绿色发展战略的科学布局、绿色科技的创新研发和转化以及绿色产品质量提升等方面，加强对企业的变革，发挥企业在绿色发展中的支撑作用。三是提升民众在环境治理方面的参与度。民众作为绿色发展政策的推动者和成果的受益者，贯穿绿色发展的全过程，有效的民众参与可以弥补政府和市场调节的不足，提升公共管理的水平。甘肃在下一步绿色发展的过程中，应注重与民众的有效沟通，在公共服务方面提高民众的参与程度，主动接受民众对公共服务水平的评价，让民众真正成为绿色发展的治理主体。

五　甘肃进一步推进绿色转型发展的对策建议

（一）以"双碳"战略为目标，加快绿色发展新动能培育

产业结构转型与绿色发展理念相辅相成，绿色发展理念为产业结构转型

升级提供引导，而产业结构转型又会促进绿色发展。当下甘肃在面对传统产业发展动力不足和经济发展水平落后的情况下，急切需要通过产业结构质的变革，为甘肃经济增长添加新的动力源泉，从而加速提升经济增长速度，实现后卫赶超。一是以"双碳"战略为契机，以清洁能源资源储量为依托，以科技创新为核心，加快绿色产业链在甘肃区域的空间优化布局，提升清洁能源产业的生产和使用效率。二是扩大甘肃绿色产业中的科技投入，提升科技在绿色产业结构布局中的核心地位。甘肃应充分利用在甘科研机构和高校的学术资源，为低碳领域核心技术研发提供资金支持，同时，加快在高等职业院校开设绿色低碳类课程，加强绿色低碳应用领域人才的培育。三是对甘肃区域的化工、石油、冶金等传统产业进行绿色改造升级，通过科学预测和优化布局，淘汰技术落后和重度污染的产业和技术，尽早谋划，提前对传统产业朝着智能化、低碳化、高端化的方向进行布局。四是以现有高科技绿色技术为依托，在甘肃领域发展大数据、中医药、生态农副产品、生物技术等新兴战略产业，延长甘肃绿色产业链生命周期。

（二）依托国内国际双循环格局，提升甘肃绿色发展活力

在当下国际形势变化莫测、不稳定和不确定因素增加的情况下，甘肃在发展绿色产业时，应遵循立足国内大循环市场、兼顾国际市场的原则，进行产业战略布局。一是建议制定明确的区域碳排放目标，细化"双碳"战略阶段性实现目标。二是立足国内大循环市场，主动了解国内生活用品及服务市场，因势利导本地区企业进行绿色化改革，适应国内消费市场。三是通过政策引导和制度优化，以及更合理的分配制度和税收制度，进一步刺激民众的绿色消费。四是加强与共建"一带一路"国家的合作，将甘肃丰富的清洁能源资源输送至共建"一带一路"国家，扩大清洁能源外销渠道，提升清洁能源应用效率。五是加强甘肃区域间协调发展。甘肃省应统筹协调各地区发展，发挥比较优势，因地制宜，形成生态治理、产业升级、区域统筹的协同治理、保护、发展之路。各区域在协调发展中，应构建生态保护与区域高质量发展的指标体系，将区域产业结构转型升级作为主要发力点，加强科

学技术在产业结构转型中的应用，用发展、长远的眼光统筹，科学、合理地布局，促进农牧业、工业、服务业的全方位升级。

（三）构建四维协同、多元同治的现代乡村文明治理新路径

甘肃区域中有2/3属于农牧业区域，因此提升区域乡村治理水平是甘肃绿色转型、推进高质量发展的关键举措。一是通过构建生态自然、生态经济、生态社会、生态环境的四维协同发展理念，有序开发乡村自然生态系统资源，合理规划乡土资源，优化乡村生态文明系统构建[①]。二是因地制宜，通过在农村建立多种人才复合培养新机制、多元化农村金融服务机制、"互联网+"农业信息化服务体制，进而建立健全农村政策服务发展体系。三是加快农村绿色产业体系构建。依据甘肃不同区域的资源禀赋和产业基础，加快农村草食畜产业、中药材产业、优质林果产业、有机蔬菜产业的品牌化培育，形成从源头到产品一条龙产业链[②]。

（四）多措并举提升居民践行绿色低碳生活的自觉度

居民作为美丽甘肃建设的参与者、受益者和建设者，对区域高质量发展水平的提升具有重要的推动作用。倡导居民养成绿色、低碳、健康的生活行为，是区域高质量发展得以维持和推进的重要抓手。一是积极引导居民消费方式的转变。目前，随着生活水平的提高，人民对"吃、住、行"等方面的追求也越来越高端，这无形中既消耗了大量的资源，也产生了大量的有害气体，对生态环境造成一定的负担。因此，应通过监督、引导、宣传等方法，逐渐让居民养成简约舒适的绿色低碳行为习惯。二是优化公共设施布局，提升居民享用的便捷程度。通过改善交通设施条件，为居民提供方便快捷的公共交通工具，从而减少私家车的使用频率；通过增加园林绿化面积、兴建市民公园等休闲场所，提高居民生活环境的舒适感，提高居民的绿色行

---

① 段翠清：《高标准推进"美丽甘肃"建设》，《甘肃日报》2023年3月24日。
② 王连连、魏胜文、张邦林、张东伟：《乡村振兴战略背景下甘肃农业绿色转型发展思路研究》，《农业经济》2022年第2期。

为意识；通过合理布局城市发展规划，配套增加学校、医院等便民公共设施，提升居民在享用公共服务设施的便携度，进而减少不必要的出行和消费。三是建立健全绿色发展治理体系，通过法律监督、强制收费等方式督促居民尽快减少对一次性商品的使用频率；通过优化产业结构升级，增加新能源产业结构占比，对在日常生活中使用新能源相关产品的居民给予一定的补贴奖励，鼓励居民尽可能多地使用新能源产品，以促进绿色产业的发展。

参考文献

于法稳、林珊：《"双碳"目标下企业绿色转型发展的促进策略》，《改革》2022年第2期。

田孟清、李彦军：《民族地区绿色转型发展的主要任务及对策》，《中南民族大学学报》（人文社会科学版）2023年第5期。

金凤君、马丽、许堞等：《黄河流域产业绿色转型发展的科学问题与研究展望》，《中国科学基金》2021年第4期。

陈若松、余文涛：《论新发展阶段全面绿色转型的价值逻辑》，《理论月刊》2021年第5期。

束锡红、陈祎：《生态文明视阈下西北区域环境变迁与绿色转型发展》，《西北大学学报》（哲学社会科学版）2020年第6期。

B.13
甘肃着力强化经济社会发展的
"四个主引擎"对策研究

魏晓蓉*

摘　要：　党的十八大以来，甘肃坚持不懈谋跨越、促发展，综合经济实力有了较大飞跃，但甘肃整体发展水平的滞后仍是不容回避的现实。借中国全面建设社会主义现代化的东风，充分发挥改革、开放、创新、人才"四个主引擎"的核心作用，紧抓改革关键一招，用好"一带一路"最大机遇，充分释放创新创造潜能，实施人才强省战略，让甘肃经济运行系统装上适应高质量发展阶段的高精尖的主引擎，以四两拨千斤，激发和调动一切积极因素，大力推动甘肃经济发展实现大变革。

关键词：　改革开放　科技创新　人才队伍　甘肃经济

近年来，甘肃以习近平新时代中国特色社会主义思想为指导，负重前行，坚持不懈谋跨越、促发展，历史性解决绝对贫困问题，与全国一道进入全面小康社会，综合经济实力有了比较大的飞跃，2022年，全省地区生产总值突破万亿元大关，实现了经济总量的历史性跨越；人均GDP达到4.49万元，比2012年增加了2.38万元。但综观全国，甘肃经济社会发展的落后仍是不容回避的现实：2022年，全国人均GDP已达到8.57万元，是甘肃的1.9倍；全国城乡居民人均可支配收入达到3.69万元，是甘肃的1.6倍；

---

* 魏晓蓉，甘肃省社会科学院资源环境与城乡规划研究所研究员，主要研究方向为区域经济、城市经济。

甘肃城镇化率已达 54.19%，但与全国水平仍然相差 11.03 个百分点。[①] "引擎"是任何系统运行的核心部件，引擎质量直接决定着系统的性能、系统的稳定性和系统运行的速度。新时期，着力强化改革、开放、创新、人才"四个主引擎"，就是让甘肃经济社会运行系统装上适应高质量发展阶段的高精尖发动机，以四两拨千斤，破解发展困境，调动一切积极因素，推动全省经济发展实现大变革。

一 强化"四个主引擎"的甘肃实践

2023 年 1 月在甘肃省第十四届人民代表大会政府工作报告中，省长任振鹤明确提出在今后工作中着力强化"四个主引擎"，迈出甘肃现代化建设的坚实步伐。认真总结和分析改革、开放、创新、人才"四个主引擎"在甘肃具体实践中的重要经验是今后进一步着力强化和发挥"四个主引擎"核心作用的必要前提。

（一）改革破解了发展障碍、拓展了发展空间

改革开放，既是中国 40 多年经济发展奇迹的内在逻辑，也是新时代高质量发展的主引擎。多年来甘肃发展的实践表明：改革不仅极大地激发了甘肃的发展活力，也极大地拓展了甘肃的发展空间，改革同样是推动甘肃高质量发展的关键一招。改革的实质就是"要勇于冲破思想观念的障碍和利益固化的藩篱，敢于啃硬骨头，敢于涉险滩"。[②] 这些年，甘肃在一些重要领域和关键环节紧盯发展中存在的难点、痛点、堵点，坚持不懈地进行了一系列基础性、标志性的重大改革，取得了显著成效，为甘肃加快发展步伐注入源源动力。

---

① 根据《2022 年甘肃国民经济和社会发展统计公报》计算，甘肃统计微讯，2023 年 3 月 27 日。

② 《中共中央关于全面深化改革若干重大问题的决定》，2013 年 11 月 15 日。

1. 注重顶层设计，建立健全了改革的体制机制

党的十八大以来，甘肃为全面贯彻党中央各项改革的重大部署，坚持全国一盘棋，首先加强组织领导，注重改革的顶层设计。为保证中央改革部署的贯彻落实，设立了经济、生态、民主法制等7个专项改革领导小组，制定出台了一系列改革文件，同时在14个市州成立全面深化改革领导小组，形成了全省上下共同发力推进改革的良好局面。全省累计部署改革任务1300多项，审议通过改革文件153个，有力地保证了甘肃改革进程与党中央改革任务的一体部署和一体推进。

2. 扎实推进国有资本重组整合，国企竞争力不断增强

甘肃切实推动国企改革三年行动，至2022年6月，全省完成国企改革主体任务，全面进入收官阶段。通过改革，全省加快推进了国有经济的优化布局和结构调整，完成了10组26家企业的战略性重组和专业化整合，组建了文旅、能化、电气、科技、公交建、国际物流、信息港等一批新型产业集团。金川集团、酒钢集团、白银集团、甘肃公航旅集团、甘肃建设集团连续多年进入中国企业500强。60家亏损企业得到专项整治、专项治理，152家"僵尸企业"得以出清，95.4%的省属企业完成公司制改革，36.2%的省属企业实现混合所有制。全省国企以供给侧结构性改革为主线，全面推动国有企业高质量发展。一是全面加强党的领导、党的建设，将党的领导融入企业治理各环节，建立了党委前置研究讨论重大经营管理事项清单，严格落实"双向进入、交叉任职"领导体制。二是落实产业链"1+N+X"政策体系，加快构建现代产业体系。国有企业勇当"链主"，推动全省新材料、新能源及装备制造、煤化工、文旅、中医药、现代农业6个优势特色产业国有资本的布局优化和结构调整，实现了国有控股上市公司的质量提升和规模倍增。三是大力推动传统优势企业高端化、智能化和绿色化改造。兰石集团建成重型压力容器焊接数字化车间，提高15%产能，缩短30%工时，降低13%成本，兰石换热公司被认定为省级智能工厂；白银集团突破处理复杂原料的工艺瓶颈，顺利完成闪速炉升级改造，让系统单月作业率达到99.65%的行业领先水平。四是深化企业劳动人事三项制度改革，推动国企形成灵活高效的市场化经营机制。全省国企全面实行市场化用工和经理层成员任期制和契约化管理，薪酬按业绩贡献决定的分配制度。通过改革，全省国有资本和国有企业的实力大增，截至2021年底，全省国有企业资产总额2.89万亿元，所有者权益9780亿元。2022年，甘肃省属企业完成工业总产值4025.39亿元，同比增长25.4%；累计实现营业收入8950.53亿元，同比增长14.38%；实现利润总额194.37亿元，同比增长7.15%，[①] 国企已经成为全省经济发展名副其实的"压舱石"和"稳定器"。

3. 深化"放管服"改革，营商环境不断优化

自实行"放管服"改革以来，甘肃先后分14批次取消调整和下放行政审批1287项，减幅达75.1%。随着"放管服"改革的不断深化以及数字政府建设进程的加快，全省全面推行"一窗受理、集成服务"改革。目前，随着"甘快办""甘政通""12345热线""不来即享"等数字政府应用场景的加速拓展，全省省、市、县三级政务服务事项网上可办率达90%以上，省级86.8%的行政许可事项实现全程网办，企业开办时间压缩至3个工作日以内，企业投资备案类新开工项目落地"最多90天"，新设立企业登记注册2天办结率达到99.34%。[②] 实施商事制度改革，不断优化营商环境。降低市场准入门槛，推进市场主体登记全程电子化平台建设，通过这些改革举措，企业注册登记便利化程度极大提高，市场活力和投资热情得以激发，全省营商环境明显改善，平均每天新增市场主体700多户，增速位居全国第六，进入全国改革"第一集团"行列。

4. 精准落实"一户一策"扶贫计划，实现全面小康社会建设目标

甘肃贫困人口多、贫困程度深、脱贫攻坚任务艰巨，全省上下积极响应国家脱贫攻坚行动计划，强力推进脱贫攻坚，通过构建组织领导、资金保障、帮扶支持等系列政策体系和工作机制，集中展开产业扶贫、生态扶贫、兜底保障等"十大行动"，实施"一户一策"脱贫攻坚计划，构筑基本医

---

① 《甘肃国企以改革增活力以创新出效益》，国资小新，2023年2月28日。

② 《甘肃：向改革要动力，以开放促发展》，微视频，2022年9月14日。

保、大病保险和医疗救助三道防线，2020 年甘肃顺利完成脱贫攻坚任务，与全国一道实现全面小康。

5. 盘活农村资源要素，释放农村巨大活力

近几年，甘肃深入推动农村土地制度改革，完成土地确权登记颁证工作，掀起了一场"资源变资产、资金变股金、农民变股东"的"三变"改革，再次让农业农村焕发出新的活力。榆中县城关镇李家庄通过推行"三变+田园综合体"模式，将全村 6095 亩耕地、803 户农户退出传统农业建设国家级田园综合体。永登县龙泉寺镇探索出"三变+土地银行+特色种养业"模式，带动农民人均增收 997 元。① 皋兰县九合镇依托当地企业，形成"三变+休闲农业+加工企业"模式，实现了一二三产业融合发展，等等。"三变"改革以全新的利益联结机制把农民、农村嵌入一二三产业链条中，激发了农民的生产积极性，提升了农村组织化程度，为乡村振兴战略的深入实施注入了巨大源泉，开启了农业农村发展的新时代。

6. 坚持为民办实事，让老百姓共享改革红利

近年来，甘肃省级层面共推出涉及百姓衣食住行、医疗、教育、养老、就业等环节的改革举措 900 多项。为进一步推动甘肃城镇化进程，甘肃将促进农村转移人口和其他常住城镇人口落户作为主要目标，相继出台了一系列推进户籍制度改革的实施意见，建立城乡统一的户口登记制度，全面放开建制镇和小城市落户限制，放宽大中专毕业生及引进人才落户条件。对群众反映强烈的不动产"登记难"问题，甘肃将其列入重点民生项目清单，并作为"我为群众办实事"实践活动由省委主要领导督办，摸排涉及"登记难"问题房屋 86.91 万套，问题房屋处理化解率超过 93%，② 真正做到了人民有所呼、改革有所应，让人民共享改革的丰硕成果。

---

① 《【三年决战奔小康】"三变"探索新路径 释放农村新活力——兰州市农村"三变"改革发展纪实》，《甘肃日报》2018 年 7 月 30 日。

② 《遍看陇原春潮涌　正是扬帆搏浪时——党的十九大以来甘肃全面深化改革综述》，每日甘肃，2022 年 10 月 19 日。

（二）在开放中拓展发展空间，在合作中实现互利共赢

1. 抢抓"一带一路"建设机遇，打造国家"双循环"战略新支点

这些年，甘肃抢抓最大机遇，大力实施对外开放战略，努力打造国家"双循环"战略新支点。一是着力打造向西开放大枢纽、大通道。全省加快推进综合物流体系建设，中欧、中亚货运班列及南亚公铁联运国际货运班列常态化运营，新开通 21 条国际货运班列线路、11 条国家货运包机航线，至2022 年底，累计执行客货运航线 234 条、"兰州号""天马号""嘉峪关号"国际货运班列 700 余列，中川机场跨入全国千万级大型机场行列，中欧班列逐渐成为带动亚欧经济发展的"新纽带"。二是积极拓展多元化国际市场，加快推进国际营销体系建设。甘肃已在共建"一带一路"国家和地区设立商务代表处 13 个，同 55 个境外商业协会建立合作机制，建立国际营销服务网点、海外仓和商品展销中心 121 个。2022 年前 11 个月甘肃对共建"一带一路"国家进出口值 265 亿元，同比增长 24.1%。三是大力促进加工贸易发展。白银公司、金川集团、华天科技 3 家重点加工贸易企业稳定发展，贸易额占全省总贸易额的比重达到 80%。① 2022 年 1~10 月，全省加工贸易进出口 148.8 亿元，增长 68%，占甘肃外贸总值的 30.1%。四是充分发挥兰州国家级新区示范带动作用，积极打造国家"双循环"战略新支点。兰州新区保税区紧扣"向西开放的重要战略平台"定位，大力构建"通道+物流+产业"的外向型产业体系。2022 年新区保税区注册登记企业已达 206 家，进出口贸易额达到 180 亿元，比 2017 年增长 76.2%。②

2. 招商引资力度不断加大，对内开放更加深入

搭乘"一带一路"对外开放的列车，同时甘肃更加注重对内开放，近年来甘肃适应新发展阶段，举全省之力不断加大招商引资力度。如今，甘肃上下已达成一种共识：招商引资是推动经济高质量发展的"源头活水"，重

---

① 《2022·回望彰显对外开放信心　甘肃的"朋友圈"越扩越大》，每日甘肃，2022 年 12 月23 日。

② 《2022 年甘肃外贸进出口总值 584.2 亿元》，兰州新闻网，2023 年 1 月 18 日。

大项目建设是稳定经济增长的"压舱石"。为此，全省深入开展"优化营商环境攻坚突破年"行动，大力营造重商爱商富商的浓厚氛围，各地"以招商引资论英雄"，以最大诚意迎接各类市场主体来甘投资发展。2023 年上半年，全省引进"三个 500 强"企业 36 家，签约金额 609.97 亿元，同比增长30.09%；引进 10 亿元以上大项目 60 个，签约额 1283.34 亿元，增长110.90%。① 同期，全省固定资产投资增长 13.4%，增速高于全国水平 9.6个百分点。

（三）科技创新成为推动高质量发展的最大动能

应对新一轮科技革命和产业变革时，甘肃不甘人后，深入实施科技创新战略，科技创新对全省经济发展的支撑引领作用日益凸显。《中国区域科技创新评价报告 2022》显示，2022 年，甘肃综合科技创新指数较 2017 年提高4.29 个百分点，达到 54.92%，科技综合实力保持在全国第二梯队。②

1. 以国家战略为导向，科技平台建设不断加强

新建钍基熔盐堆核能系统、高精度地基授时系统等一批重大科技基础设施；稳步推进全国重点实验室体系重组，组建中国工程科技发展战略甘肃研究院，建成甘肃省同位素实验室，形成涵盖多种学科方向和产业技术领域的创新基地体系，全省国家重点实验室数量达到 11 家。

2. 优势学科成效显著

不断加强石油化工、有色冶金、核技术、装备制造、生物医药、寒旱农业等有较强工程技术优势产业领域的关键核心技术攻关，29 项科技成果荣获国家科学技术奖。拥有自主知识产权的碳离子治癌装置打破高端医疗器械国际垄断；自主研发了应用于我国载人航天、北斗导航等重大工程的离子电推进系统、高性能原子钟；贵金属提炼、镍钴冶金、铜铅锌冶炼技术达到国际先进水平，锌铝镁产品实现了我国在高耐蚀领域产品零的突破；大规模新

---

① 《一份亮眼的奋斗答卷》，《甘肃日报》2023 年 7 月 31 日。
② 《〈中国区域科技创新评价报告 2022〉出炉　多层次各具特色区域创新体系更加完善》，《科技日报》2022 年 12 月 9 日。

能源电站多层级智能化运行控制关键技术取得重大突破,有效提升全省新能源并网运行控制水平。

3. 组建创新联合体,安装了科技创新新引擎

2021年,甘肃在全国率先印发了《甘肃省企业创新联合体组建与运行管理办法(试行)》,其目的是确保科技成果供给从源头上符合产业发展需要。兰石集团、金川集团、酒钢集团、药业集团、公交建集团5家省属企业联合各类创新主体组建5个创新联合体,对省属企业35项"卡脖子"技术和99项关键核心技术进行联合攻关,截至2023年4月,创新联合体共实施27项合作项目,已有10项科技成果实现产业化转化。[①]

4. 高技术企业队伍逐渐壮大,科技创新动能不断积蓄

近些年,全省高新技术企业数量不断攀升,截至2022年,省级高新技术企业总数超过1682家,较上年增长22.7%。科技型中小企业评价入库超过2500家,较上年增长37%;新认定省级科技创新型企业534家,总数达到768家,较上年增长128%。[②] 2022年省科技厅推出的《甘肃省高新技术企业倍增工作方案(2022—2025年)》,明确提出建立"科技型中小企业—省级科技创新型企业—高新技术企业"梯次培育发展体系,可以预见,科技创新必将成为甘肃高质量发展的"最大增量"。

(四)突出人才引领驱动战略,各类人才活力得以有效激发

加快统筹各类人才队伍建设、提高人才总体水平是一个国家或地区应对形势发展、强盛国力和提升区域竞争力的必然要求。近年来,甘肃不断深化人才发展体制机制改革,持续优化人才结构,各类人才成为驱动全省经济高质量发展的重要引擎。

1. 改革体制机制,营造人才成长的良好环境

出台《甘肃省强科技行动实施方案》,精准实施高层次科技人才支持政

---

① 《甘肃:科技创新添活力,转型升级再提速》,新浪财经,2023年8月9日。
② 《甘肃稳中求进推动高质量发展》,《科技日报》2023年2月17日。

策，完善科技人才评价激励机制，实施以"强人才"支撑的"强科技"行动；出台《甘肃省省级科技计划专项资金管理办法》，赋予科研人员更大技术路线决定权、资源调度权和经费支配权；出台《甘肃省首席科学家负责制实施办法（试行）》，进一步发挥高层次科技人才在完成重大基础研究、应用研究、关键共性技术攻关等方面的引领带动作用。

2. 发挥"指挥棒"作用，建立健全人才多元评价机制

积极推进人才评价制度改革，最大限度地激发各级各类人才创新创造积极性。陆续出台16个宏观指导政策、52个配套有效评价标准。职称评审更多地向基层专业技术人员倾斜。新一轮职称制度改革以来，全省已有4.7万名基层人才获得高级专业技术职称，有效缓解了基层人才队伍职称晋升难问题。适应"四新经济"发展要求，新增快递工程、人工智能、知识产权等专业技术职称评定。建立健全多元评价机制，取消不合理的行业职称评审条件限制，对应用技术研究和技术开发人才的评价更加侧重人才在自主知识产权、重大技术突破、成果转化、对产业发展的实际贡献等方面。

3. "三高"人才队伍不断壮大

近10年来，甘肃坚持实施各类重点人才培养选拔计划，加大政府特殊津贴专家、省领军人才选拔、激励力度，制定实施《陇原青年英才选拔管理办法》，支持博士后和留学回国人员创新创业，吸引国内外优秀青年积极投入全省科技创新。截至2022年底，全省高层次专业技术人员达到61万人，研发人员达到5.5万人，在甘两院院士17人、"长江学者"34人、杰青59人、省级科技拔尖人才69人、国务院政府特殊津贴专家1471人。[①]

4. 职业教育大发展，高技能人才大批量成长

近几年，在部省共建"技能甘肃"项目推动下，甘肃职业教育进入提质培优、增值赋能的高质量发展阶段，职业教育面貌发生历史性改变。截至2021年，甘肃省共有职业高等院校29所，其中职业教育本科院校2所，高职高专院校27所。新建培黎职业学院、兰州航空职业技术学院、白银

---

① 《甘肃省深入实施强科技行动系列报道之三》，新华社，2023年4月2日。

希望职业技术学院等 3 所高等职业院校。通过合并转设，新建兰州资源环境职业技术大学和兰州石化职业技术大学两所职业本科院校，职业本科教育实现了零的突破，打通了职业教育人才从中职到高职再到本科院校的成长通道，职业教育办学体系初步健全。2021 年全省中职毕业生人数达到 47748 人，就业率达到 95.28%。甘肃高职院校毕业人数达到 64790 人，较 2020 年增长了 13.25%，其中，14.07% 的毕业生就职于世界 500 强企业，[①] 大批量技能型人才走向社会，成为支撑地方经济乃至全国经济社会发展的重要力量。

二 实践"四个主引擎"中存在的问题

甘肃发展的诸多实践表明：改革、开放、创新、人才是新时代引领地区经济加快发展的"四个主引擎"。尽管这些年甘肃已经在发挥"四个主引擎"主导作用方面下了不少功夫，也取得了显著成效，但是与加快现代化国家的建设目标相比，与全国发达省份的发展步伐相比，甘肃"四个主引擎"的潜力仍然没有得到充分发挥，甘肃发展中仍然存在的诸多短板、难点、堵点需要补齐、需要突破、需要打通。

（一）改革仍需继续深化突破

总体发展水平落后，发展能力不足，发展步伐落后于全国是甘肃目前最突出的问题。全省发展的不平衡不充分的问题依然比较突出，城镇化动力不足、进程缓慢，城乡差距、地区差距仍然较大，县域经济实力薄弱，乡村振兴乏力，能力不足。所有制结构、产业结构调整缓慢，国企改革虽然完成，但是国企发展的活力仍然没有充分释放。民营经济发展滞后，中小微企业经营困难，非公经济长期发展不足是甘肃经济发展短板中的短板。农村"三

---

① 《2021 年甘肃高等职业教育年度质量报告》，2020；《2021 年甘肃中等职业教育年度质量报告》，2020。

变"改革进展不平衡，农业发展存在基础不牢、后劲不足等突出问题，新型经营主体队伍还处于"小弱散"的状况。行政效能仍需提升，形式主义、官僚主义现象又换了"新装，""放管服"改革进入深水区和攻坚期，触动各方利益"奶酪"的深层次矛盾和问题更加凸显。行政管理系统简政放权"含金量"不高、协同性不强，基层部门、上级部门还存在名放暗不放、只管放不管接等问题，在全国其他省份能顺利办理的正常工作在甘肃就成为难办的事。监管工作中随意任性、故意刁难企业和群众的现象时有发生。管理部门对新技术、新产品、新产业、新模式、新业态认识不到位，管理措施滞后，让企业疲于应对。"一站式服务"存在形式主义现象，办事效率仍需提高，"一网通办"还存在共享不充分、信息系统壁垒多等问题，政府的数据交互平台和政务服务平台的便捷效应尚未真正发挥出来。

（二）通道建设不完善，开放进程赶不上时代发展步伐

国家"一带一路"建设为地处黄金段位置的甘肃提供了绝佳的发展机遇，甘肃近些年的通道经济也取得了突破性进展，但就目前来看，甘肃借助通道经济发展的潜力还远远没有得到充分挖掘。一方面，甘肃围绕"一带一路"建设的海陆空运输网络建设相对滞后，通道运输服务投入不足、条件薄弱，要素聚集能力和产业联动带动效应远远没有发挥出来，与国家战略要求及现代化经济体系建设要求还存在很大差距。跨省的多式联运、铁路班列、快递快运、电商物流、航空物流、冷链物流等新业态新模式仍有很大的发展空间。另一方面，过度强调传统交通物流基础设施"硬件"建设的数量和规模，而对组织性通道和网络布局重视不足，跨省协作仅停留在货物流层面，信息、资金等方面的深度协作尚未取得实质性进展。

在改善营商环境、积极招商引资、加大对内开放方面，甘肃省已经迈出了积极的步伐，也取得不少成绩，但是受制于区位因素、制度机制等，甘肃省的营商环境与东部沿海地区相比仍然存在较大差距，办事难、慢、烦等情况仍很普遍。企业负担较重，中小企业融资难、融资贵、市场准入限制多等问题难以得到有效解决。

（三）科技创新能力有待进一步提升

近年来，甘肃科技创新能力有所提高，创新人才数量总体上呈现不断增长态势，但同全国发展水平相比，甘肃科技创新能力仍显不足，远远不能满足全省发展对科技创新的需求。具体表现在如下方面。一是重点学科建设缓慢，高层次创新人才匮乏。面向国家重大需求的重点学科有限，现有重点学科建设滞后，以优势学科引领学科资源集聚能力不足，科技平台在软硬件基础建设方面与发达地区差距较大，吸引力有限，不仅难以吸引和集聚国内外高层次创新人才，现有学科领军人才和专业技术人才流失也严重。二是科技创新主体活力不足，创新要素有效统筹不够。科研机构、高校和企业的自主创新能力不强，对新兴学科和交叉学科不敏锐，数据信息、新知识新技术等重要因素集聚效应还不明显，科研部门之间缺乏协调创新动力。三是科技创新整体投入不足，技术创新支撑能力较弱。甘肃经济实力弱，科技投入整体力度较小，科技创新条件和平台建设薄弱，无论是政府财政资金还是企业科技创新资金都远远不能满足科技创新的需要，基础研究资助体系尚不完备，依靠极少数国企支撑的科技创新很难建立起全省的科技创新竞争力。四是配套化、集约化区域性创新平台尚未建立，创新资源的整合集聚力度不够，产学研合作的整体状况不够理想，创新链系统优化布局尚处于初级阶段，传统优势产业转型升级缺乏关键核心技术支撑，新兴产业培育的技术供给能力严重不足，科技创新支撑区域经济发展的作用还不够明显。

（四）人力资源流失严重，人才激励机制尚不完善

当前甘肃发挥人才主引擎作用面临如下主要问题。一是人力资源流失严重，对人才吸引力严重不足。甘肃经济发展水平相对于京津冀都市圈、长三角城市群、粤港澳大湾区差距较大，受"虹吸效应"影响，各种人力资源大量流向这些区域，特别是技能型人才和高校毕业生大多愿意选择在发达地区就业工作，甘肃本地企业技能型人才短缺，作为劳动力输出大省，一些企业不同程度地存在"用工荒"问题。受能源、原材料等产业发展限制，高学历、高技能人才难

以在本地区找到适合的发展领域，人才流失严重。二是人才激励机制尚不完善，现有人力资源潜能远未充分发挥。目前大部分科研院所和高校普遍缺乏激发科研人员内生动力的制度环境，实行的各项激励制度主要着眼于通过外在刺激物如物质奖励、荣誉等激发科研人员的积极性，对于人才的内在动机和力量重视不够。内生动机才是科研人员个人创新的主要动机，对科研人员而言，激发他们内生动力最重要的外部因素就是一个少受打扰、能够根据自己兴趣从事科研活动，并对失败保持宽容的制度环境，同时需要压力适度的发展环境。只有在合理压力的条件下，科研人员才能保持较好的创造力和积极性去从事创造性工作。而在当前科研院所和高校，过度的量化指标体系已经偏离了科学探索、技术创新以及对区域实际发展中存在问题进行扎实研究的主线。过于苛刻的制度安排、过度的竞争环境，并不利于真正具有较强原创性质的创新活动。科研评价体制存在重论文数量轻质量、研究项目重立项轻应用结果、评价标准较为单一等情况，缺乏对不同科研创新环节的灵活考量。另外，科研单位的财务报销流程越来越复杂，经费监管强度不断增强。程序烦冗的财务制度，耗费了科研人员大量的精力，不利于科研人员集中精力从事科技创新工作。

三 着力强化"四个主引擎"的对策建议

甘肃发展的具体实践表明了改革、开放、创新、人才是我们取得一系列成绩的四个重要法宝。在新发展阶段，甘肃要实现爬坡过坎、追赶进位，摆脱发展滞后的不利局面，努力让甘肃经济社会发展全方位迈上新台阶，就必须着力强化改革、开放、创新、人才"四个主引擎"的核心作用，这样才能让甘肃实现更高质量、更有效率、更加公平、更可持续、更为安全的发展。

（一）紧抓改革关键一招，推动全省发展大变革

改革是系统性、整体性、协同性的基础工程。在改革进入深水区和攻坚期，更要抓好改革这一关键环节。

一是进一步明确改革的导向性问题，必须坚持"让发展成果更多更公

平惠及全体人民"的这一根本的改革导向。深化各项经济体制改革，首先需要明确，务必使改革发展成果更多更公平地惠及全体甘肃人民。应尽可能避免各种不必要的"与民争利""挤出效应"等情况的发生。必须坚持以全省经济发展中的重大问题为导向，在改革中寻求新的经济发展突破点和增长点，进一步推动经济体制改革顶层设计与地方具体落实之间的有效衔接，促进各项改革措施扎根落地。通过深化改革，不断激发最广泛人民群众的创新、创造和创业热情，确保改革达到最终目的。

二是以整体性治理为指引，推进"放管服"改革系统化发展，倾力营造一流营商环境。注重整体性治理，着力增强政府内部机构之间、部门之间、政府与社会和市场之间的协同，打破当前改革中存在的碎片化局面，着力改善投资环境和市场预期，进一步促进简政放权、放管结合与优化服务之间的协同推进，实现各种政务服务平台的统一化、标准化建设，促进改革系统发展、协调发展和长远发展。

三是巩固拓展国企改革成效，推动国有企业做优做强。持续加大招商引资力度，吸引更多央企、国企投资兴业。结合国家支持民营经济发展的28条政策举措及甘肃省促进中小企业高质量发展的"58条"意见，着力构建亲清统一的新型政商关系，真心实意为民营企业解难题、办实事，不折不扣地把中央和省里的政策落实到位，给予非公经济公平政策支持，提振企业发展信心，推动非公经济发展迈出更大的步伐。

四是将农业农村改革作为重中之重，以系统思维做好谋划设计。围绕乡村振兴"二十字"总要求，精准定位当前农业农村发展中的难点、痛点问题，重点围绕产权制度改革、乡村产业振兴、村集体经济壮大、农民创业增收、人居环境打造和乡村善治六大重点改革领域进行整体布局、协同推进，积极引导资金、人才、项目等要素资源向乡村流动，加快形成资源要素集聚效应，为乡村全面振兴提供有效支撑。

（二）抓紧用好"一带一路"最大机遇，全面提升对外开放水平

贯彻开放发展理念，立足积极构建国内国际双循环战略，用足用好

"一带一路"建设最大机遇，加快构建多元化对外开放格局，深度融入"一带一路"建设大局，建设甘肃更高水平开放型经济。一是着力增强"引进来"与"走出去"的体制机制保障，创造性地吸引外商投资，为全省用足用好"一带一路"建设最大机遇创造更好的政策环境与发展载体。二是优化全域开放布局，统筹四向拓展。充分利用中欧、中亚、南亚通道和西部陆海新通道，进一步增加国际班列运营班次、提升规模和效益。三是以激发对外经济活力为突破口，全面提升兰州新区国家级经济开发区对外合作水平和经济发展质量。建好兰州新区国家进口贸易促进创新示范区，加大兰州新区外向型产业集群建设的支持力度，加快融入全球产业链、价值链步伐，一方面吸纳国内外特色优势产业和现代服务业在兰集聚，另一方面带动全省乃至西北地区的资源深加工、制造业、物流业等转型升级。四是继续优化交通基础设施网络空间布局与功能结构，推动陆港、空港、保税物流等平台整合提升。积极构建衔接东部发达地区与共建"一带一路"国家和地区的高品质运输服务网，探索协同运营机制，形成多元化国际联运发展模式。与此同时，面对复杂严峻的国际形势和前所未有的外部风险挑战，在国际经贸合作方面，更加注意规避各种风险，确保对外经贸合作项目的平稳发展。五是进一步扩大对内开放，全面加大招商引资力度。紧盯行业龙头企业以及"三个500强"企业，积极开展"引大引强引头部行动"。

（三）坚持创新的核心地位，充分释放创新创造潜能

创新驱动战略是新发展阶段引领我国经济高质量发展和建设现代化经济体系的首要战略，为此，应更加积极地发挥科技创新的渗透性、扩散性作用，牢固树立创新驱动发展的鲜明导向，推动甘肃省经济发展由以资源要素驱动为主向以创新驱动为主转变。一是适应新时代新旧动能转换的要求，着力打造高能级创新平台，集中力量打好关键核心技术攻坚战，支持兰州科学城建设，积极争取更多国家重点实验室在甘肃省布局。进一步加强基础研究，完善财政资金支持，强化原始创新策源新动力，适度超前布局战略性、前瞻性、应用性重大科技基础设施，着力打造区域创新高地。二是适应第四

次产业革命浪潮，以云计算、人工智能等新一代技术革命推动全省产业变革，加快布局以大数据为引领的区域科技创新战略，尽早谋划实施"无人工厂""智慧农业""无人驾驶"等"智能+"科技项目，支撑工业、农业和服务业向高端化、集约化和绿色化转变。三是持续强化企业创新主体地位，扩大创新联合体解决企业发展的重大科技问题的应用范围。坚持聚力协同攻坚，不断提升产业发展能级。以高水平科技创新为引领，加快培育一批产业链龙头企业、一批成长性好的专精特新企业。

（四）多措并举育才引才，实施人才强省战略

一切的改革、一切的创新、一切的高质量发展，说到底，就是把"人"这个生产力中最积极、最活跃的因素调动起来。充分发挥人才主引擎作用，需要多措并举着力实施人才强省战略。一是始终坚持教育优先发展战略，倾力打造高质量教育体系。实施"双一流"突破工程，加快建设高等教育改革先行区。增加职业技术教育资金投入，进一步完善职普融通、产教融合、科教融汇机制，深入实施"陇原名师"工程，加快培养全省职业教育的一流人才队伍。二是建立崇尚创新、宽容失败的文化，推进创新创业良性发展。通过多种方式和手段引导全社会关心科技创新，打造一批有开拓精神、全球视野、战略眼光的科技创新人才队伍，营造鼓励创新、宽容失败的社会环境，最大限度地激发科技创新人才创新的动力与潜力。三是确立以研发质量为导向的人才评价机制，形成有利于科技人才潜心研究和创新的社会环境。根据不同类型科研项目的特点与要求，对科研项目实行分类评价。研究项目重点评价其原创性和价值性、解决甘肃经济社会发展中存在关键问题的能力。采取符合各类科研工作规律的管理制度，改革以论文、研究课题为主的量化指标管理体系，降低科研人员的压力，减少对科研人员工作的各种干扰，营造良好的氛围，激发科研人员的内生动力。应该尊重科研机构和高校的工作性质和规律，尽量减少对科研工作的不必要约束。四是制定各种优惠政策吸引人才，与国内外高等院校、科研院所合作培养优秀人才，提升人才的科研能力，增长人才的见识才干。人才引进工作不能一味追求"高大上"

的履历，应结合全省产业发展的需求和一些"卡脖子"的技术难题，重点引进专用型复合型人才。五是固本强基，培育乡村振兴生力军。加大基层专业技术人才培育力度，激发基层专技人员干事热情。发挥职务职称"指挥棒"作用，对科教、文卫等领域人才下沉服务提供职务晋升、职称评聘、评优评先等倾斜支持，不断强化人才在乡村振兴中的引擎作用。

参考文献

《2023年甘肃省第十四届人民代表大会政府工作报告》，http：//www.zwfw.gansu.gov.cn，2023年1月20日。

《甘肃全面深化改革开放综述》，http：//www.gansu，gov.cn，2022年9月19日。

《酒钢集团以改革创新为引擎，更大力度推动高质量发展》，中国金融信息网，2022年6月20日。

何亮：《深化改革，为创新点燃强力引擎》，《科技日报》2021年7月1日。

苗红培：《地方政府深化"放管服"改革的着力点与可行路径》，《许昌学院学报》2021年第4期。

曾宪奎：《新发展格局下高校和科研机构人才激励问题研究》，《中国劳动关系学院学报》2022年第2期。

柳景武：《改革风正劲，陇原再起航》，《甘肃日报》2019年1月24日。

洪文泉：《"三变"探索新路径，释放农村新活力——甘肃兰州市农村"三变"改革发展纪实》，《农村经济管理》2018年第9期。

《改革开放四十年大事记》，《甘肃省人民政府公报》2018年第24期。

刘青山、原诗萌：《千帆竞渡创一流——国企改革三年行动主体任务基本完成综述》，《国资报告》2022年8月1日。

尹佳音：《"十四五"中西部省份高水平对外开放现状、问题及对策建议》，《现代国企研究》2021年第5期。

张燕茹：《激活科技自立自强"人才引擎"》，《甘肃日报》2023年4月2日。

李满福、张燕茹：《让科技创新成为高质量发展的"最大增量"》，《甘肃日报》2023年1月19日。

牛占虎：《我省分类推进人才评价机制改革》，《甘肃经济日报》2022年5月12日。

徐昕：《大力推进甘肃高水平改革开放》，《发展》2023年第2期。

B.14
甘肃"一核三带"发展格局下
地区经济发展对策研究

关 兵*

摘 要： 甘肃省"一核三带"发展战略对省内区域中心城市发展能级提出新的战略要求："提升城市群发展能级和辐射功能。"为此，本文对甘肃省12个地级以上地区中心城市的发展能级做出科学评价，为甘肃省各地区中心城市提升发展能级提供决策依据，在此基础上重点剖析了陇东南、河西走廊两经济带区域中心城市天水和酒嘉的城市能级发展水平、存在的问题并给出提升城市能级的相关对策建议。甘肃省"一核三带"发展战略中以水源涵养和水土保持为重点的黄河上游生态功能带，所涉及的重点生态功能保护地区如甘南州等地区，发展绿色经济是这类地区经济发展的核心内容。为此，本文对近年来甘南州绿色经济发展水平进行了评估分析，为甘南州的生态优先、绿色发展之路诊脉献策，为同样以绿色经济为发展主线的其他黄河上游生态功能带地区提供评估标准和借鉴思路。

关键词： "一核三带" 城市能级 绿色经济

甘肃省十四次党代会提出，未来五年，甘肃将着眼整体发展、立足各地优势，推动构建"一核三带"区域发展格局。这是甘肃省把握新发展阶段、贯彻新发展理念、构建新发展格局，推动全省区域协调发展的重大举措。其中的"一核"，提出发展"大兰州"作为驱动全省高质量发展的主引擎；而

---

* 关兵，甘肃省社会科学院助理研究员，主要研究方向为产业经济学、计量经济学。

"陇东南经济带""河西走廊经济带"建设中的有关表述指出："支持资源禀赋和基础条件具有相对优势的酒嘉、平庆和天水等地率先发展，建设酒泉、天水两个区域中心城市，提升城市群发展能级和辐射功能。"这意味着提升甘肃各地区中心城市城市能级，特别是省域和经济带中心城市城市能级，以有效放大中心城市要素集聚、经济外溢等多方面增长极效应，形成区域协调的多层级城市群（圈）发展模式，是甘肃省"一核三带"战略推进的内在要求。为此，本文设计了科学合理的甘肃省地区中心城市发展能级评价指标体系，对甘肃省各地区中心城市的发展能级进行评价，为甘肃省各地区中心城市提升发展能级提供决策依据和参考；在此基础上重点剖析了陇东南、河西走廊两经济带区域中心城市天水、酒嘉的城市能级发展水平、特征和存在的问题并给出提升城市能级的相关对策建议，为甘肃省"一核三带"战略深入推进献策服务。同时，甘肃省"一核三带"发展战略中以水源涵养和水土保持为重点的黄河上游生态功能带，所涉及的重点生态功能保护地区如黄河主段流经的甘南州、临夏州，黄河支流流经的庆阳市等地区，肩负着筑牢黄河上游生态屏障的首要责任，生态安全是这类地区经济社会发展的主线和生命线，必须坚持生态立州（市）、绿色发展，发展绿色经济是这类地区经济社会发展的核心内容。为此，本文设计科学适用的地区绿色经济发展水平评价指标体系，对甘南州近年来的绿色经济发展水平进行评估分析，以利于总结经验、发现问题，为甘南州的生态优先、绿色发展之路诊脉献策，为同样以绿色经济为发展主线的其他黄河上游生态功能带地区发展绿色经济提供评估标准和借鉴思路。

一　甘肃省"一核三带"发展格局下城市能级提升研究

（一）甘肃省城市能级评价指标体系和方法

1.甘肃省城市能级评价指标体系

城市能级是城市综合实力及其对城市以外地区的辐射影响能力。甘肃省"一核三带"发展战略对省内区域中心城市发展能级提出新的战略要求："提升城市群发展能级和辐射功能。"为此，本文设计选择了科学合理的甘肃省地区中心城市城市能级评价指标体系和方法，对甘肃省 12 个地级以上城市的发展能级做出评价，以为甘肃省各地区中心城市提升发展能级提供决策依据和参考。目前理论界对城市能级评价的研究尚不深入，综观国内外城市能级评价的相关成果，《对 19 个副省级及以上城市的城市能级测评》一文提出的城市能级评价指标体系较为科学合理，本文选择这一评价指标体系作为主要参考，并根据本文研究视角和相关指标数据可得性调整、增删了部分指标，形成甘肃省地区中心城市发展能级评价指标体系，如表 1 所示。

表 1　甘肃省地区中心城市发展能级评价指标体系

评价目标	一级指标	二级指标	三级指标
城市综合能级水平	经济能级	经济水平	地区生产总值
			人均 GDP
			第三产业比重
			工业增加值
			城镇居民可支配收入
		经济基础	财政收入
			年末常住人口
			社会消费品零售总额
		增长活力	GDP 增长率
			公共财政收入增长率
	创新能级	创新投入	科学技术支出占公共财政比重
		创新人才	年末普通高校在校生数量
		创新成果	发明专利授权数
	开放能级	经济开放度	进出口总额
		交通开放度	旅客周转量
			货运总额
		社会开放度	国际旅游外汇收入
	支撑能级	交通基础	公路通车里程
			城市道路交通面积
			公交车运营数量

续表

评价目标	一级指标	二级指标	三级指标
城市综合能级水平	支撑能级	信息网络	互联网宽带接入用户数
			年末移动电话用户数
		基础设施	万人拥有医生数
			万人拥有病床数
			教育支出占财政支出比重
		生态环境	城市建成区绿化覆盖率
			空气质量二级以上达标天数

资料来源：焦欢《对 19 个副省级及以上城市的城市能级测评》，《国家治理》2019 年第 6 期。

2. 甘肃省城市发展能级评估方法和数据处理

城市发展能级的测度是一种多指标综合评价法，其关键是指标赋权，目前，多指标综合评价系统的赋权方法主要有主观赋权法和客观赋权法两类，主观赋权法主要基于目标领域专家学者的知识经验对指标权重打分赋值；客观赋权法主要基于指标原始数据的统计特性和信息量等因素对指标权重赋值，主观赋权法易于受专家学者知识领域及个人认知的判断而失真，客观赋权法消除了主观判断的不利影响，有助于客观反映指标之间的现实关系，但也易于以指标数据方面的细节特征掩盖指标在评价系统中的性质重要性。本文综合考虑了主客观赋权法的优缺点，结合使用主观赋权法的层次分析法和客观赋权法的主成分分析法为指标赋权，先以层次分析法为一级指标主观赋权，再运用主成分分析法对二级以下指标赋权，最后将层次分析法和主成分分析法得到的权重经综合赋权后得到各指标最终权重，各级指标按权重加总计算得到地区中心城市发展能级总得分。

城市发展能级各指标的单位各不相同，在进行城市发展能级评估时应先对各指标进行无量纲化处理。本文运用了主成分分析法中的 Z—SCORE 法实现数据无量纲标准化处理：正指标 $Z_{ij} = (X_{ij} - X_j) / S_j$；逆指标：$Z_{ij} = (X_j - X_{ij}) / S_j$。

其中，X_j 为指标 X_{ij} 的均值，S_j 为指标 X_{ij} 的标准差。

反向指标采用了先取倒数再按上述无量纲化方法处理计算其评分值，个别缺失数据按趋势推定法进行了处理。

（二）甘肃省地区中心城市城市能级评估分析

表 2　甘肃省地区中心城市城市能级评价

城市能级综合发展水平得分及排名		城市经济能级发展水平得分及排名			城市创新能级发展水平得分及排名			城市开放能级发展水平得分及排名			城市支撑能级发展水平得分		
地区	得分（分）	地区	得分（分）	排名	地区	得分（分）	排名	地区	得分（分）	排名	城市	得分（分）	排名
兰州	96.15	兰州	32.94	1	兰州	16.69	1	兰州	20.67	1	兰州	25.85	1
酒泉	45.53	酒泉	18.31	2	嘉峪关	4.03	2	酒泉	8.99	2	天水	16.91	2
金昌	42.27	天水	16.64	3	金昌	3.72	3	金昌	7.85	3	平凉	16.35	3
天水	40.91	金昌	16.06	4	张掖	3.45	4	嘉峪关	6.59	4	张掖	16.28	4
嘉峪关	39.06	白银	15.94	5	张掖	3.26	5	白银	5.63	5	武威	15.96	5
张掖	38.91	庆阳	15.93	6	酒泉	2.76	6	天水	5.03	6	定西	15.84	6
白银	38.85	武威	15.62	7	庆阳	2.43	7	张掖	4.90	7	庆阳	15.59	7
庆阳	35.87	定西	15.46	8	天水	2.33	8	陇南	3.32	8	酒泉	15.45	8
武威	35.74	平凉	15.19	9	定西	2.11	9	武威	3.16	9	白银	15.27	9
平凉	35.28	张掖	14.27	10	平凉	1.71	10	平凉	2.02	10	嘉峪关	14.90	10
定西	34.61	陇南	14.02	11	陇南	1.42	11	庆阳	1.92	11	金昌	14.64	11
陇南	32.33	嘉峪关	13.54	12	武威	1.00	12	定西	1.20	12	陇南	13.57	12

资料来源：甘肃省统计局编《甘肃发展年鉴 2022》《甘肃省各地州市 2021 年国民经济和社会发展统计公报》，国家统计局编《2022 中国城市统计年鉴》。

本文对当前甘肃省地区中心城市城市能级综合发展水平的评估表明（见表2）：兰州市以绝对优势位列第一，位居甘肃省地区中心城市城市能级综合发展水平第一层级。其城市能级综合发展水平得分达 96.15 分，是第二位酒泉市的 1 倍以上。作为甘肃省省会城市和省内唯一的大型城市、经济实力约占全省1/3强、经济社会辐射力带动力覆盖全省的甘肃省核心增长极，兰州市城市能级的发展对于全省经济社会发展具有重要战略意义：兰州强则

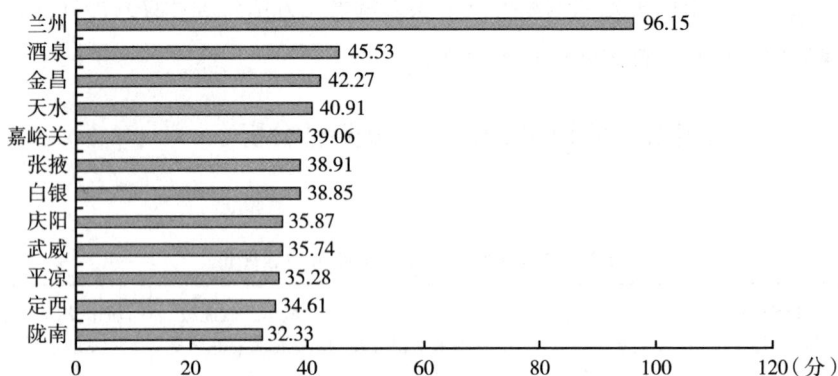

图1　甘肃省地区中心城市城市能级综合发展水平排名

全省强，兰州兴则全省兴，兰州市城市能级有效提升能带动各市州共同发展，形成"头雁带动、群雁齐飞"的生动局面。兰州市必须以赶超进位强省会的意识和行动，科学分析其自身发展现状，准确把握发展的内在特点、规律和趋势，按照"一核三带"战略发展要求，建设以兰州和兰州新区为中心、以兰白一体化为重点、辐射带动定西临夏的一小时核心经济圈，全力提升"大兰州"的城市能级。

本文对当前甘肃省地区中心城市城市能级综合发展水平的评估表明：酒泉、金昌、天水、嘉峪关、张掖、白银位居甘肃省地区中心城市城市能级综合发展水平第2~7位，处于甘肃省地区中心城市城市能级综合发展水平的第二层级。这一层级的城市包括甘肃省兰州市以下唯一的中等城市和"陇东南经济带"区域中心城市天水市，"河西走廊经济带"区域中心城市酒泉市及嘉峪关市，以及近年来经济发展速度较快、经济实力提升明显的金昌市、白银市。第二层级是"一核三带"发展战略下城市能级提升的重点着力方向。

本文对当前甘肃省地区中心城市城市能级综合发展水平的评估表明：庆阳、武威、平凉、定西、陇南位居甘肃省地区中心城市城市能级综合发展水平第8~12位，是甘肃省地区中心城市城市能级综合发展水平的第三层级。庆阳市虽经济规模居全省第二位，但由于在人口、产业结构、基础设施等方面存在不足，城市能级水平只处于全省中游位置，但城市发展潜力较大，

"一核三带"战略发展为其指出了明晰的战略发展方向："支持资源禀赋和基础条件具有相对优势的平庆率先发展。"这一层级的城市全部为小城市，城市能级相近而发展优势各有不同，宜于按"一核三带"发展战略要求以城市圈、产业链分工协作等形式协同发展，推进提升城市能级。

（三）"陇东南经济带"区域中心城市天水市城市能级发展分析

甘肃省"一核三带"发展战略提出，"支持资源禀赋和基础条件具有相对优势的酒嘉、平庆和天水等地率先发展，建设酒泉、天水两个区域中心城市"。天水市作为"一核三带"发展战略下"陇东南经济带"的区域中心城市，近年来聚焦"建强省域副中心、推动老工业基地走出高质量发展新路子"的目标，坚定不移推进工业强市、产业兴市，着力打造区域经济文化中心，增强对陇东南地区的辐射带动和服务能力，壮大城市发展能级。本文对当前甘肃省地区中心城市城市能级综合发展水平的评估表明：天水市城市能级综合发展水平目前居全省第四位，仅居兰州、酒泉、金昌之下，其中经济能级位居全省第三，仅居兰州、酒泉之下；支撑能级位居全省第二，仅居兰州之下，表明天水市作为甘肃省老牌工业城市和省内兰州以下唯一中等城市，发展底蕴深厚、经济社会发展的各方面基础条件较好，近年来经济发展稳中求进、经济实力稳步提升，城市经济能级和支撑能级发展成效良好。但天水市开放能级和创新能级仅居全省第六、八位，处全省城市同类能级中下水平，能级水平排名低于城市总能级发展水平排位，表明天水市在开放能级和创新能级方面存在短板（见图2），天水市提升城市能级可从这两方面着手。

一是主动承担起区域中心城市建设使命。全面增强区域经济文化实力，加快完善综合交通基础设施布局，着力健全城市商贸流通网络，切实加大金融支持保障力度，努力提升医疗教育水平，全力建设区域经济文化中心、交通枢纽中心、商贸物流中心、金融服务中心、教育医疗中心，不断提高区域中心城市综合实力和辐射带动力。二是以四"强科技"为抓手，进一步加大科技创新投入，牢固树立抓科技就是抓发展、谋创新就是谋未来的观念，支持天水电传所国家重点实验室建设，争创更多省级以上创新平台，促进各类创新要素向企业聚集，推动科研成果就地转化，培养引进创新型领军人才，切实以科技创新助力经济社会高质量发展。三是以招商引资为抓手，争取多引外来"活水"助力天水经济发展。四是充分发挥天水文旅资源优势，以文旅首位产业高质量发展推动城市能级提升。

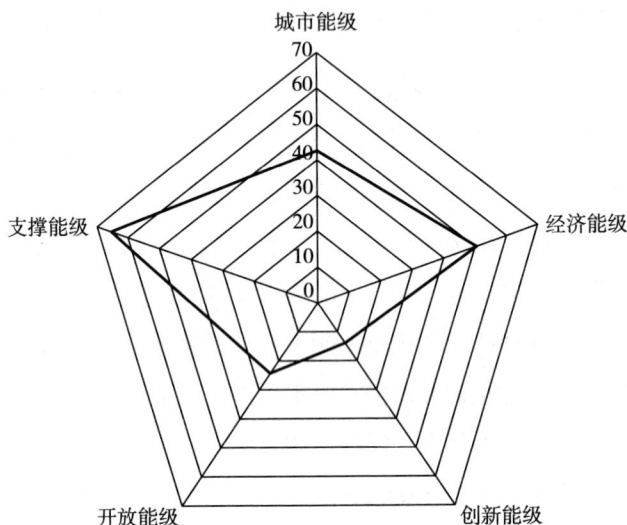

图2 天水市城市能级雷达图

（四）"河西走廊经济带"区域中心城市"酒嘉"城市能级发展分析

甘肃省"一核三带"发展战略提出，"支持资源禀赋和基础条件具有相对优势的酒嘉、平庆和天水等地率先发展，建设酒泉、天水两个区域中心城市"。酒泉市作为"一核三带"发展战略下"河西走廊经济带"区域中心城市，经济、社会发展的区域中心位置决定了酒泉要担负起"省域副中心城市"的重任。近年来，酒泉市在基础设施方面加大投入，布局建设经济旅游圈、双城经济圈，融合工业园区、培育循环经济新业态，致力于提升酒泉综合经济实力，壮大城市发展能级，把酒泉构建成为区域协同发展中心和河西走廊经济带龙头。在酒泉建设区域中心城市方面，嘉峪关市是其天然助力，两市城区相距仅20公里。在通道物流、装备制造、文化旅游、新能源开发、现代戈壁生态农业等产业方面联系紧密、匹配度高，在土地开发、水资源利用、生态环保等方面关联性、互补性强，协同发展的空间极为广阔。早在"十一五"时期，甘肃省已就酒嘉一体化作出战略部署，但多年来酒嘉一体化的推进并不尽如人意，目前尚处在以"双城经济圈"形式协同发展阶段。

本文对当前甘肃省地区中心城市城市能级综合发展水平的评估表明：酒泉市城市能级综合发展水平目前居全省第二位，仅居兰州之下，其中经济能级位居全省第二，创新能级位居全省第六，开放能级位居全省第二，支撑能级位居全省第八；嘉峪关市城市能级综合发展水平目前居全省第五位，其中，经济能级位居全省第十二，创新能级位居全省第二，开放能级位居全省第四，支撑能级位居全省第十；双方在城市能级提升方面的优势互补效益明显。而据本文测算（见表3），酒嘉如果实现一体化，不计一体化产生的协同效应，新"酒嘉"将形成甘肃省兰州市以下唯一产值超千亿元的新城市，经济体量达兰州市的1/3强，相应的城市能级是现酒泉市的1.38倍、嘉峪关市的1.60倍，城市能级的全部四项能级均跃升至兰州以下全省第二位。总而言之，"一核三带"发展战略下支持资源禀赋和基础条件具有相对优势的酒嘉率先发展，建设酒泉为区域中心城市的最优路径就是实质性实现酒嘉一体化。

表3   酒泉、嘉峪关与"酒嘉"的城市能级比较

城市	酒泉		嘉峪关		"酒嘉"		"酒嘉"与酒泉的比较		"酒嘉"与嘉峪关的比较	
	得分（分）	位次	得分（分）	位次	得分（分）	位次	得分比较（%）	位次比较	得分比较（%）	位次比较
城市能级综合发展水平	45.53	2	39.06	5	62.61	2	+37.51	0	+60.29	+3
城市经济能级发展水平	18.31	2	13.54	12	23.29	2	+27.13	0	+72.01	+10
城市创新能级发展水平	2.76	6	4.03	2	4.40	2	+59.42	+4	+9.18	0
城市开放能级发展水平	8.99	2	6.59	4	15.58	2	+73.30	0	+136.42	+2
城市支撑能级发展水平	15.45	8	14.90	10	19.34	2	+25.18	+6	+29.80	+8

二 甘肃省黄河上游生态功能带地区绿色经济发展研究——以甘南州为例

（一）绿色经济评价指标体系和方法

1.绿色经济评价指标体系

综观国内外对绿色经济理论与实践的研究，绿色经济的内涵主要体现为"转型"，即经济发展方式从投入损耗式产出型向绿色低碳循环型转变，而其发展特征则主要体现为"资源节约"与"环境友好"。在深刻理解绿色经济内涵与特征的基础上，结合对评价地区黄河上游生态功能带地区生态环境薄弱、经济发展资源承载力较低的现实考量，本文科学设计了对评价地区具有较强适用性的绿色经济评价指标体系，评价指标体系主要从绿色经济发展质量、资源利用、资源承载力、环境治理四个主维度评估绿色经济发展水平，兼及评价绿色经济的社会福祉，指标选择在全面性、系统性的原则上充分考虑到其可得性和完整性，最终设计制定出含绿色经济五方面评价维度、23项相应评价指标的绿色经济发展水平评价指标体系，如表4所示。

表4　绿色经济发展水平评价指标体系

目标	维度	指标	指标属性
绿色经济发展评价	发展质量	地区生产总值	正
		第三产业增加值比重	正
		单位播种面积化肥使用量	负
		中药材种植面积占农作物播种面积比重	正
		万元GDP二氧化硫排放量	负
		年旅游总收入	正
		R&D经费支出占CDP比重	正
	资源利用	万元GDP能耗	负
		万元GDP水耗	负
		节水灌溉面积占农作物播种面积比重	正
		工业固体废物综合利用率	正

目标	维度	指标	指标属性
绿色经济发展评价	资源承载力	人均水资源	正
		人均耕地面积	正
		人均造林面积	正
	环境治理	地方财政环境保护支出	正
		万元 GDP 化学需氧量排放量	负
		空气质量达到二级以上天数全年占比	正
		城市污水处理率	正
		城市生活垃圾无害化处理能力	正
	社会福祉	城镇居民人均可支配收入	正
		农村居民人均可支配收入	正
		城镇登记失业率	负
		城镇化率	正

　　根据对绿色经济发展内涵的理解和对评价目标地区绿色经济发展特征、要求的把握，本指标体系在设计思想上突出对"转型"这一绿色经济发展关键内涵的考察，即对目标地区由传统经济向绿色低碳循环经济转型的考察。不仅设计了传统的第三产业增加值比重、单位播种面积化肥使用量指标反映经济转型效应，还设计了中药材种植面积占农作物播种面积比重考察目标地区由传统农业向现代生态农业转型的成效；设计了年旅游总收入这一指标考察目标地区发展现代低碳无污染高效益型产业——文旅产业的力度水平；另以万元 GDP 能耗、万元 GDP 水耗等四项相关指标考察目标地区节能降耗、资源综合利用、循环经济等方面转型发展的能力水平。总体上对目标地区的绿色转型水平作出了较全面评估。另外，根据目标地区以水源涵养和水土保持为重点，生态环境薄弱、资源承载力较差的现实发展环境，本指标体系在指标中强调了一个"水"字，选择了万元 GDP 水耗、节水灌溉面积占农作物播种面积比重、人均水资源、万元 GDP 化学需氧量排放量、城市污水处理率五项相关指标考察水资源的资源存量和有效利用，契合了目标地区绿色经济发展的实际要求。总体上看，本指标体系较适宜对甘肃黄河上游生态功能带地区绿色经济发展水平的评估考察。

2. 绿色经济发展水平评估方法和数据处理

绿色经济发展水平的测度是一种多指标综合评价法，而多指标综合评价法的关键是指标赋权，本文综合考虑了主客观赋权法的优缺点，结合使用主观赋权法的层次分析法和客观赋权法的熵值法为指标赋权，先以层次分析法为准则层主观赋权，再以熵值法对基础指标赋权，最后将层次分析法和熵值法主客观权重经综合赋值后得到最终各指标权重，各级指标按权重加总计算得到一级要素指标得分和最终绿色经济发展水平总得分。

绿色经济发展水平各指标的单位不同，在进行绿色经济发展水平评估时应先将各指标进行无量纲化处理。本文基于纵向年度对比的需要，采用了直线型无量纲法中的指数法，即：$P_{ij}=X_{ij}/X_{i0}$，式中 X_{i0} 代表第 i 个指标的基期实际值，X_{ij} 代表第 i 个指标的 j 期实际值，P_{ij} 代表第 i 个指标的 j 期评分值。

反向指标采用了先取倒数再按上述无量纲化方法处理的方式计算其评分值，个别缺失数据按趋势推定法进行了处理。

（二）甘南州绿色经济发展水平评估与发展对策建议

1. 甘南州绿色经济发展水平评估结果

表5 2017~2021年甘南州绿色经济发展水平评估

单位：分

指标	2017年	2018年	2019年	2020年	2021年
绿色经济发展综合水平指数	100.00	109.04	127.40	143.93	136.29
绿色经济发展质量指数	30.00	30.68	38.31	52.98	51.57
绿色经济资源利用指数	20.00	21.55	26.30	27.98	26.86
绿色经济资源承载力指数	18.00	21.39	20.19	20.85	16.44
绿色经济环境治理指数	20.00	22.74	28.50	27.45	26.17
绿色经济社会福祉指数	12.00	12.68	14.09	14.66	15.25

资料来源：甘肃省统计局编《甘肃发展年鉴》（2018~2022），甘南州统计局编《甘南州统计年鉴》（2018~2022），甘肃省水利厅网站发布的《甘肃省水资源公报》（2018~2022）。

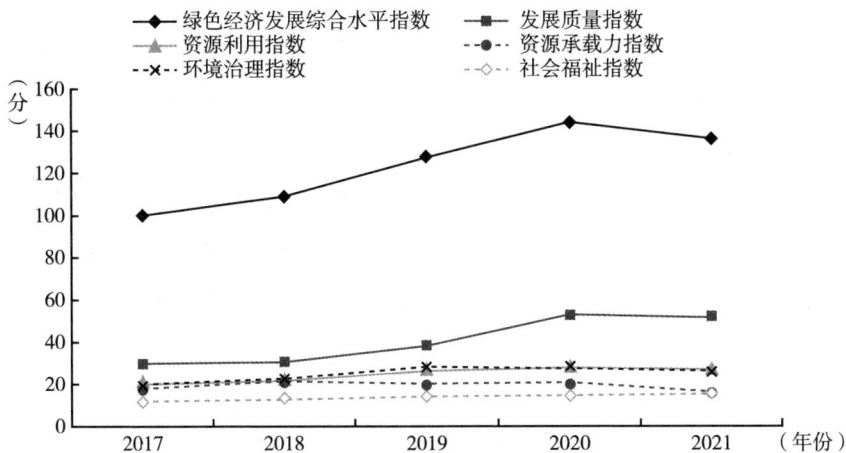

图3 2017~2021年甘南州绿色经济发展水平趋势变动

2. 甘南州绿色经济发展水平分析

2021年，甘南州绿色经济发展综合水平指数评价得分为136.29分，较2017年（评价基期）得分增长了36.29分，增长幅度为36.29%，年均增速为7.26%，表明近年来，甘南州绿色经济发展水平实现较大程度提升。从甘南州绿色经济发展综合水平指数得分的变动趋势来看，2017~2021年，甘南州绿色经济发展综合水平保持着总体上稳步优化提升的良好态势，特别是2019年、2020年两年，甘南州绿色经济发展综合水平实现加速增长，表明自2019年以来，随着黄河流域生态保护和高质量发展重大国家战略的落实，甘南州进一步明确了"黄河上游水源涵养区"战略定位，全州深入贯彻落实习近平总书记视察甘肃重要讲话和指示精神，积极践行"绿水青山就是金山银山"的理念，围绕生态立州、绿色崛起的发展方向采取了一系列有效政策措施，全面推进绿色经济发展正逐步取得良好成效。

对甘南州绿色经济发展一级指标要素的评估显示：2017~2021年，甘南州绿色经济的发展质量指数得分从30.00分增长到51.57分，增幅达71.90%，是一级指标中增幅最大者，表明在保持一定经济增长速度、规模水平下，实现经济发展向绿色、低碳循环经济方向转型是近年甘南州绿色经济发展水平持续提升的关键。甘南州绿色经济发展的资源利用指数得分从2017年的20.00分增长到2021年的26.86分，增幅为34.30%；甘南州绿色经济发展的环境治理指数得分从2017年的20.00分增长到2021年的26.17分，增幅为30.85%；甘南州绿色经济发展的社会福祉指数得分从2017年的12.00分增长到2021年的15.25分，增幅为27.08%；表明近年来甘南州在资源利用、环境治理、绿色经济相关社会福祉各方面均有一定程度的发展提升，有效实现了对甘南州绿色经济发展的支持。但近年来甘南州绿色经济的资源承载力指数得分在低位徘徊，略有下降，表明生态环境薄弱、资源承载力不足仍是制约甘南州绿色经济发展的主要问题。

3. 甘南州绿色经济发展问题与相关对策

筹谋甘南州绿色经济发展进一步发展的对策，需要在总结甘南州绿色经济发展进程中成功经验和问题挑战的基础上，对症下药。由此，本文分析提炼出2017~2021年甘南州绿色经济发展基础指标正反向变化幅度最大的五项（见表6），以利总结经验、发现问题。

表6 2017~2021年甘南州绿色经济发展基础指标变动幅度排序

单位：%

指标性质	基础指标		变化幅度
正向	1	单位播种面积化肥使用量	200.00
	2	万元GDP二氧化硫排放量	166.75
	3	万元GDP化学需氧量排放量	108.05
	4	中药材种植面积占农作物播种面积比重	94.24
	5	年旅游总收入	94.18
反向	1	工业固体废物综合利用率	−69.26
	2	R&D经费支出占CDP比重	−28.64
	3	人均造林面积	−22.19
	4	地方财政环境保护支出	−5.06
	5	城市污水处理率	1.15

注：表中正向、反向指标变动幅度按正向或反向大小排列。

针对甘南州绿色经济发展的经验与问题，筹谋总结相关的发展对策，可归结为如下几点。

一是甘南州绿色经济基础指标正向变化幅度大幅上升，居前三位的单位播种面积化肥使用量、万元 GDP 二氧化硫排放量、万元 GDP 化学需氧量排放量指标反映出近年来甘南州在发展无污染农业、低碳、减排方面取得显著成效，相关政策措施方向正确、落实得力。甘南州发展绿色经济应继续沿着州委州政府"五无甘南""十有家园"等方面的战略部署切实推进。

二是甘南州绿色经济基础指标正向变化幅度居第四、五位的中药材种植面积占农作物播种面积比重、年旅游总收入指标反映出近年来甘南州着力发展现代生态农业、文旅产业，现代生态农业、文旅产业等生态产业正日益成为甘南州绿色经济发展的有力支撑。甘南州发展绿色经济应继续以生态产业化、产业生态化的理念发展，做大做强相关生态农牧产业；坚持文旅产业的首位产业定位，加强旅游基础设施建设，深入实施旅游景区品牌战略，进一步发挥出旅游在社会经济各领域的"蝶变效应"。

三是反向指标中的 1、5 两项反映出甘南州目前在节能环保等方面的市政设施建设存在不足，应从进一步保障和改善民生、强化绿色经济支撑力入手，完善市政和其他相关基础设施建设。

四是反向指标中的以人均造林面积为代表的资源承载力指标低下，反映出生态环境薄弱、现有资源对经济发展支撑不足，仍是制约甘南州绿色经济发展的主要问题。解决这一问题的关键在于立足甘南州水源涵养、生态保护的战略定位不动摇，在此基础上兼顾发展，把生态优势转化为发展优势，探索建立有利于富民惠民的生态产业体系，以绿色发展突破资源环境瓶颈。

五是反向指标中的地方财政环境保护支出近年有所下降，尽管这在一定程度上与近年抗击新冠疫情大局相关，但环保节能支出今后仍应保持较稳定强度的投入水平，以保证、支持绿色经济各方面工作的持续有效推进。

六是反向指标中 R&D 经费支出占 CDP 比重指标近年下滑严重，反映出目前科技创新对甘南州绿色经济发展的驱动不足，2021 年甘南州 R&D 投入强度仅为 0.34%，与甘肃省 1.26% 的全省水平存在较大差距。科技创新是推动减污、降碳、循环经济发展、促进经济社会发展全面绿色转型的重要引擎，甘南州今后必须进一步提高科技创新投入水平，强化创新对甘南州绿色经济发展的驱动引领作用。

参考文献

焦欢：《对 19 个副省级及以上城市的城市能级测评》，《国家治理》2019 年第 6 期。

殷阿娜、吕俊峰：《中国绿色经济发展评价及影响因素研究》，《金融理论与教学》2021 年第 5 期。

张薇：《我国绿色经济评价指标体系的构建与实证》，《统计与决策》2021 年第 16 期。

甘肃加快破解"三个不平衡"对策研究

张淳晟*

摘　要：　加快破解"三个不平衡"是甘肃省聚焦中国式现代化甘肃实践的重要内容，本文从全面准确把握和认识甘肃省"三个不平衡"的内涵和表现切入，在梳理现状的基础上从历史因素、区位因素、市场因素及协同发展政策导向、经济发展模式变化、绿色低碳发展要求六个方面对甘肃省"三个不平衡"发展的过程及结果进行了综合分析。最后，针对破解甘肃省"三个不平衡"问题，本文提出加快构建改革开放新格局、以新发展理念引领推动城乡融合发展、以构建"一核三带"发展格局为中心破解区域发展不平衡、以"四强"行动为抓手破解产业发展不平衡等建议。

关键词：　城乡融合　改革开放新格局　甘肃

一　全面准确把握和认识甘肃发展
"三个不平衡"的内涵和表现

甘肃省省长任振鹤在甘肃省第十四届人民代表大会第一次会议上指出，"今后五年工作中，甘肃省将聚焦中国式现代化的甘肃实践这一目标，加快破解三个不平衡"。这是甘肃省委、省政府基于当下社会主要矛盾发展变化趋势，立足甘肃经济社会发展新阶段作出的重要决策，加快破解"三个不平衡"对甘肃省经济社会发展具有极其重要的实践指导意义。

＊　张淳晟，甘肃省社会科学院图书馆，助理研究员，研究方向为管理科学与工程。

发展不平衡与历史上阶段性的发展理念、政策导向、禀赋差异及外部要素配置有关，主要表现为经济社会不同区域、不同群体、不同产业之间发展速度、发展质量存在较大落差，发展结构出现一定失衡，集中表现在经济社会某些领域的发展明显满足不了人民群众对美好生活的需要，就甘肃省而言最突出、最关键的三个方面即城乡发展不平衡、区域发展不平衡、产业发展不平衡。破解"三个不平衡"并不是追求城乡之间、区域之间、产业之间在体量上数字相等、在增速上齐头并进，而是追求城乡之间、区域之间、产业之间的相互协同、互为补充，兼顾发展与公平。

（一）城乡发展不平衡

城乡发展不平衡是甘肃省发展不平衡最突出的表现，既是最具挑战性的发展任务，也是将来一定时间内甘肃省发展空间最大、发展潜力最突出的领域之一。

1. 城乡居民收入差距

2022年甘肃省农村居民人均可支配收入比上年增长6.4%，高于城镇居民人均可支配收入3.8%的增长速度。城乡居民人均可支配收入比值为3.09，较上年缩小0.08。然而，就绝对值而言，12165.2元的农村居民人均可支配收入与37572.4元的城镇居民人均可支配收入相比，仍有较大差距[1]。就全国来看，2022年全国城镇居民人均可支配收入49283元，农村居民人均可支配收入20133元，城乡居民人均可支配收入比值为2.45。[2] 无论城乡居民人均可支配收入绝对值，还是城乡居民人均可支配收入比值，相较全国，甘肃省差距更加明显。

2. 城乡居民消费差距

2022年甘肃省居民人均消费支出17489.4元，比上年增长0.2%。按常

---

[1] 甘肃省统计局：《2022年甘肃省国民经济和社会发展统计公报》，2023年3月27日，https://tjj.gansu.gov.cn/tjj/c109457/202303/166577521.shtml。

[2] 国家统计局：《中华人民共和国2022年国民经济和社会发展统计公报》，2023年2月28日，http://www.stats.gov.cn/sj/zxfb/202302/t20230228_1919011.html。

住地分，城镇居民人均消费支出 25207.0 元，同比下降 2.1%；农村居民人均消费支出 11494.2 元，同比增长 2.6%。虽然增长率，农村相较城镇更高，但绝对值上，城镇比农村居民人均消费支出多出 13712.8 元，农村还不到城镇居民人均消费支出的 50%，绝对值仍存在较大差距。同时，全省居民恩格尔系数为 30.7%，其中城镇为 29.9%，农村为 32%。[1] 在农村居民人均消费支出的分项中，增长较快的项是食品烟酒、居住、交通通信，主要集中在基本生活保障方面，这也表明农村居民的生活质量仍然不高。这种差距是受到收入水平、消费观念综合影响的结果。

3. 城乡教育差距

《甘肃发展年鉴 2022》显示，中央财政下达甘肃省教育专项经费 119.03 亿元，比上年增长 5.28 亿元；省级财政预算安排教育专项经费 154.07 亿元，增长 5.58 亿元。全省 87 个县（市、区）全面实现义务教育基本均衡发展目标。[2] 城乡教育投入不断加大，教育水平不断提升。同时，据教育部 2022 年 12 月发布的全国教育经费执行情况统计表，甘肃省一般公共预算教育经费 661.92 亿元，在全国排名第 23，排名第 1 的广东该项支出为 3793.37 亿元，两者相差 3131.45 亿元。一般公共预算教育经费占一般公共预算支出比例为 16.41%，在全国排名第 17，排名第 1 的广东该项支出比例为 20.79%，两者相差 4.38 个百分点。一般公共预算教育经费本年比上年同口径增长为 3.01%，在全国排名第 25，排名第 1 的广西该项增长比例为 10.72%，两者相差 7.71 个百分点。[3] 可以看出，虽然甘肃省不断加大教育经费投入力度，不断提高城乡教育发展水平，但是从整体来看，无论是在教育经费投入数量，还是在教育经费支出比例上都与全国先进水平存在一定差距，有进一步提升的空间。

4. 城乡医疗差距

《甘肃发展年鉴 2022》显示，甘肃省医院和卫生院总计 2058 个，其中，

---

[1] 甘肃省统计局：《2022 年甘肃省国民经济和社会发展统计公报》，2023 年 3 月 27 日，https://tjj.gansu.gov.cn/tjj/c109457/202303/166577521.shtml。

[2] 数据来源：《甘肃发展年鉴 2022》。

[3] 数据来源：2021 年全国教育经费执行情况统计表。

市县所在医院 699 个, 农村乡镇卫生院 1359 个, 但床位数总计 171393 张, 其中市县医院拥有 142626 张, 乡镇卫生院仅有 28767 张。医疗人员总计 182775 人, 市县医院 149846 人, 乡镇卫生院仅 32929 人, 其中执业医师、注册护士市县医院分别为 36625 人、65819 人, 乡镇卫生院分别仅为 7600 人、10330 人。从这些数据可以看出, 在常住人口相当的情况下, 农村乡镇卫生院的医疗床位、人员配置仅相当于市县医院配置的 1/5 左右。同时, 相较城市医疗服务水平, 乡村的基层医疗机构还存在缺医少药、技术水平低、医疗效果差等情况, 多层级的医疗体系尚未充分承担起分级医疗的责任, 部分乡村居民进城就医, 头部医疗机构受常见病、多发病、慢性病等影响医疗负荷大幅增加, 城乡医疗体系总量不足、结构性不平衡的现象仍将长期存在。城乡医疗水平差距导致农村居民医疗保健方面存在困难。

5. 城乡就业差距

2022 年甘肃省全年城镇新增就业 32.02 万人, 其中失业人员再就业 13.91 万人。全年输转城乡富余劳动力 527.3 万人, 其中, 省外输转 230.7 万人, 省内输转 296.6 万人。① 城镇提供了更多的劳动岗位, 吸引了更多就业人员, 考虑到城镇、乡村常住人口基数相当, 但产业劳动生产率差距较大, 城市对就业的容纳能力就更加凸显。城乡就业机会存在的差距, 叠加城市收入来源相对多样等因素, 可能进一步导致农村地区的劳动力向城市流动, 加剧城乡发展不平衡。

6. 城乡政府公共投入差距

2022 年甘肃省固定资产投资比上年增长 10.1%。按三次产业分, 第一产业投资下降 4.6%; 第二产业投资增长 56.9%, 其中工业投资增长 57.0%; 第三产业投资下降 1.7%。基础设施投资下降 0.5%。民间固定资产投资增长 6.0%。社会领域投资增长 7.1%。就具体行业来看, 农林牧渔业和交通运输、仓储和邮政业等与农村发展关系紧密的行业投资较上年也出现

---

① 甘肃省统计局:《2022 年甘肃省国民经济和社会发展统计公报》, 2023 年 3 月 27 日, https://tjj.gansu.gov.cn/tjj/c109457/202303/166577521.shtml。

了不同程度的下滑。可以大致认为，在投资领域，农村仍处于投资洼地，有很大的提升空间。城乡公共投入存在差距，农村公共投入相对较少，这导致农村地区基础设施建设滞后、农业生产发展质量不高、农民生活改善方法不多。

7. 城乡公共服务差距

《甘肃发展年鉴 2022》显示，甘肃省行政村卫生公厕覆盖率达到 97%，农村生活污水治理率为 21.49%，90% 的行政村生活垃圾得到有效治理。废旧地膜回收率达 83.6%，尾菜处理利用率达 51.09%。优化调整下达各地中央农村危房改造补助资金 7.59 亿元，统筹推进地震高烈度地区农房抗震改造，全省完成农房抗震改造 2.7 万户，不断提高了农房抗震防灾能力，提升了农房居住品质。① 不难看出，当下乡村公共服务设施还处在查缺补漏的阶段，要满足人民群众对美好生活的向往仍需不懈努力。

综上所述，甘肃城乡发展不平衡的主要表现包括城乡居民收入差距、城乡居民消费差距、城乡教育差距、城乡医疗差距、城乡就业差距、城乡政府公共投入差距、城乡公共服务差距等方面，这些都是中国式现代化甘肃实践必须解决的重要问题。

（二）区域发展不平衡

2022 年，甘肃省 GDP 再创新高，达到 11201.6 亿元，较上年增长 4.5%，人均 GDP 达到 44968 元，较上年增长 4.7%。但综观全省各市州，经济规模、发展速度各有不同。②

1. 地区 GDP 及人均 GDP 差距

2022 年，甘肃省兰州及庆阳 GDP 均超过千亿元，其中兰州 GDP 达到 3343.5 亿元，占甘肃省 GDP 的 30%，首位度进一步提高，庆阳 GDP 达到 1022.26 亿元，成为全省除兰州市以外的首个千亿元级市州。同时，GDP 增

---

① 数据来源：《甘肃发展年鉴 2022》。
② 甘肃省统计局：《2022 年甘肃省国民经济和社会发展统计公报》，2023 年 3 月 27 日，https://tjj.gansu.gov.cn/tjj/c109457/202303/166577521.shtml。

长率最高的金昌较上年增长 13.5%，增长率最低的兰州仅增长 0.8%。就人均 GDP 绝对值而言，全省人均 GDP 达到 44968 元，有 7 个市州人均 GDP 超过全省均值，其中最高的嘉峪关人均 GDP 达到 120161 元，而最低的临夏州人均 GDP 仅为 19271 元，相差 100890 元。人均 GDP 增长率最高的金昌较上年增长 13.9%，增长率最低的兰州仅增长 0.3%。全省有 12 个市州人均 GDP 增长率超过均值，11 个市州 GDP 增速超过均值。明显可以看出，无论是 GDP 还是人均 GDP，区域之间都存在发展不平衡。①

2. 地区工业发展差距

《甘肃发展年鉴 2022》显示，甘肃各地区企业单位数最多的兰州市有 439 家，而最少的甘南州只有 39 家；平均用工人数最多的兰州市有 162396 人，最少的甘南州仅有 3503 人；资产总计最多的兰州市有 3506.13 亿元，最少的甘南州仅有 142.46 亿元；营业收入最多的兰州市有 2979.12 亿元，最少的甘南州仅有 35.57 亿元；利润总额最多的兰州市有 135.45 亿元，最少的临夏州仅有 1.24 亿元，税金总额最多的兰州市有 296.35 亿元，最少的甘南州仅有 1.32 亿元。通过计算平均值，我们还发现，企业单位数、平均用工人数、资产总计、营业收入、利润总额、税金总额平均值分别为 161.57 家、34689.07 人、1003.75 亿元、717.40 亿元、38.95 亿元、43.18 亿元，而在这六项数据中超过平均值的市州仅分别有 7 个、4 个、6 个、3 个、4 个、3 个，均不超过市州总数的 50%，② 可见各地区的工业发展水平存在显著的差距，在发展经济、保障就业、创造利润方面仍有较大的提升空间。

3. 地区居民人均收入差距

甘肃各地区的居民人均收入存在较大的差距。《甘肃发展年鉴 2022》显示，甘肃各地区城镇居民人均可支配收入最高的是嘉峪关，为 47863.30 元，比最低的临夏州 24901.46 元高出 22961.84 元。城镇居民人均可支配收入平

---

① 数据来源：由各市州发布于甘肃省统计局官网的 2022 年统计公报汇总采集。
② 数据来源：《甘肃发展年鉴 2022》。

均值为 35320.64 元，14 个市州中仅有嘉峪关、金昌、兰州、酒泉、庆阳、白银超过这个平均值。农村居民人均可支配收入最高的是嘉峪关，为 24726.12 元，比最低的临夏州 9005.87 元高出 15720.25 元。农村居民人均可支配收入平均值为 14026.97 元，14 个市州中仅有嘉峪关、酒泉、金昌、张掖、兰州、武威超过这个平均值。[①] 可以看出，地区间居民人均收入差距较大，还有很大一部分市州没有超过平均值。

4. 地区居民消费水平差距

甘肃各地区的居民人均消费水平存在较大的差距。《甘肃发展年鉴2022》显示，甘肃各地区城镇居民人均消费水平最高的是嘉峪关，为 33262.56 元，比最低的天水 17358.71 元高出 15903.85 元。城镇居民人均消费水平平均值为 23911.71 元，14 个市州中仅有嘉峪关、金昌、酒泉、兰州、武威、张掖超过这个平均值。农村居民人均消费水平最高的是嘉峪关，为 18135.89 元，比最低的临夏州 8002.41 元高出 10133.48 元。农村居民人均消费水平平均值为 11784.93 元，14 个市州中仅有嘉峪关、张掖、酒泉、金昌、兰州、武威超过这个平均值。[②] 可以看出，地区间人均消费水平差距较大，还有很大一部分市州没有超过平均值。

5. 地区城镇化差距

城镇化率最高的嘉峪关城镇化率达到 94.47%，而最低的陇南城镇化率仅为 38.49%，全省有 9 个市州城镇化率低于 54.19% 的全省均值。城镇化水平相对较高的嘉峪关、兰州、金昌、酒泉、白银 5 个城市，产业结构比例中第二产业均超过 34%，而其他 9 个城市中仅有庆阳产业结构比例中第二产业占比超过 34%，达到 54%，城镇化与工业发展有着较强的路径依赖。陇南市 238.91 万常住人口中仅有 91.95 万人为城镇人口，近 150 万农村人口还无法共享城市发展带来的红利，同时这一数字也显示出陇南市具有很大的城镇化提升空间，发展潜力巨大。[③]

---

① 数据来源：《甘肃发展年鉴 2022》。
② 数据来源：《甘肃发展年鉴 2022》。
③ 数据来源：由各市州发布于甘肃省统计局官网的 2022 年统计公报汇总采集。

6.区域经济带发展差距

2022 年，以金昌、张掖、酒泉、武威、嘉峪关为核心的河西走廊经济带 GDP 达到 2970.93 亿元，增速分别达到 13.50%、6.10%、6.10%、6.00%、4.80%，整体增速均值达到 7.3%，增速均值分别超过以兰州、兰州新区、白银、定西、临夏为核心的中部一小时核心经济圈 2.25 个百分点，以天水、庆阳、平凉、陇南、甘南为核心的陇东南经济带 1.3 个百分点。人均 GDP 西部也明显高于其他两个区域，其中人均 GDP 最低的武威，为 45932 元，也仅低于中部和东部的兰州、庆阳两市，金昌、嘉峪关人均 GDP 更是突破 10 万元大关，分别达到 120161 元和 114810 元，较上年增长率也领先于其他市州，均超过 10%，达到 13.90% 和 10.64%。①

然而，就经济总量而言，中部与东部 GDP 分别达到 4945.56 亿元和 3285.24 亿元，分别超过河西走廊经济带经济总量 1974.63 亿元和 314.31 亿元。经济总量中部大于东部、东部略高于西部，中部对于产业、技术、资金、人才的总体吸引力明显更强。

同时，区域内城市之间的发展也出现了失衡的现象。中部地区，兰州 GDP 占据中部 GDP 的 67.61%，展现出强大的辐射带动能力。西部地区，金昌、嘉峪关展示出较强的竞争实力。东部地区，庆阳展现出较强发展潜力。②

综上所述，甘肃区域发展不平衡的主要表现包括地区 GDP 及人均 GDP 差距、地区工业发展差距、地区居民人均收入差距、地区居民消费水平差距、地区城镇化差距以及区域经济带发展差距等方面。这些不平衡现象对甘肃的经济发展和社会进步产生了不利影响，需要采取有效的政策措施加以解决，以实现甘肃各地区的协调发展。

（三）产业发展不平衡

1.产业结构调整缓慢

2022 年，全国第一产业增加值占 GDP 比重为 7.3%，第二产业增加值

---

① 数据来源：由各市州发布于甘肃省统计局官网的 2022 年统计公报汇总采集。
② 数据来源：由各市州发布于甘肃省统计局官网的 2022 年统计公报汇总采集。

占 GDP 比重为 39.9%，第三产业增加值占 GDP 比重为 52.8%。GDP 最高的广东省第一产业增加值占 GDP 比重为 4.1%，第二产业增加值占 GDP 比重为 40.9%，第三产业增加值占 GDP 比重为 55%。西北地区 GDP 最高的陕西省 2022 年第一产业增加值占 GDP 比重为 7.9%，第二产业增加值占 GDP 比重为 48.6%，第三产业增加值占 GDP 比重为 43.5%。而甘肃省第一产业增加值占 GDP 比重为 13.5%，第二产业增加值占 GDP 比重为 35.2%，第三产业增加值占 GDP 比重为 51.3%。[①] 与全国、发达省份及西北地区领先省份相比，甘肃省第一产业增加值占 GDP 比重相对较高，而第二产业增加值占 GDP 比重则明显较低，这与制造强国、工业强省的目标要求仍有一定差距，一定程度上反映出新兴产业和高新技术产业的发展仍相对滞后，产业结构相对单一、缺乏多元化的经济增长点的现状还没有明显改善。第三产业增加值占 GDP 比重相对平均，稍落后于全国平均值。总的来说，产业结构调整缓慢，三次产业必须以高质量发展为目标，尽快破解产业发展不平衡。

2. 第一产业特色不突出

甘肃是农业大省，从全国来看，甘肃省一次产业增加值在全国的排名高于 GDP 排名，在全国农业产业发展中具有举足轻重的地位。近年来，甘肃省大力发展寒旱农业，将寒旱发展劣势转化为发展优势。围绕粮食生产及"牛羊菜果薯药"六大特色优势产业推动农业高质量发展，整体呈逐年增长态势。

截至 2023 年 5 月，308 个"中国特色农产品优势区"，甘肃省有 7 个；3510 个"全国农产品地理标志"，甘肃省有 137 个；326 个"国家现代农业产业园"，甘肃省有 9 个；4182 个"全国一村一品示范村镇"，甘肃省有 118 个；4960 个"全国名特优新农产品"，甘肃省有 95 个；524 个"全国农业文化遗产"，甘肃省有 9 个。可以看出，在农业生产的标准化、规模化和产业化程度上，农产品的品牌建设和质量提升等方面，甘肃省第一产业发展

---

① 数据来源：由全国及各省份发布于官网的 2022 年统计公报汇总采集。

挖掘空间较大。①

3. 第二产业投资效果还未充分显现

近年来,甘肃持续加大第二产业投资力度。2022 年,甘肃省第二产业投资增长 56.9%,其中工业投资增长 57.0%。全部工业增加值 3297.2 亿元,规模以上工业增加值增长 6.0%,规模以上工业企业利润 594.6 亿元,比上年增长 15.3%,这组数据充分显示出甘肃省强工业的决心和工业发展的美好前景。但是,同年陕西省第二产业投资增长 8.3%,其中工业投资增长 8.7%,全部工业增加值 13158.3 亿元。其中,规模以上工业增加值增长 7.1%。全年规模以上工业企业利润 4600.3 亿元,增长 25.2%。②

就增速来看,甘肃省增长速度相对更快。但从全部工业增加值、规模以上工业企业利润及其增长率来看,距离陕西省还有明显差距。甘肃省实现高质量发展还有很长的路要走。

4. 第三产业拉动经济的贡献度不够

2020~2022 年,甘肃省地区生产总值分别为 9016.7 亿元、10243.3 亿元、11201.6 亿元,分别较上年增长 3.9%、6.9%、4.5%,实现了较快增长。先从居民人均消费支出来看,三年分别为 16174.9 元、17456 元、17489.4 元,分别较上年增长 1.9%、7.9%、0.2%,与地区生产总值增速明显不匹配。再从全年全省社会消费品零售总额来看,三年分别为 3632.4 亿元、4037.1 亿元、3922.2 亿元,分别较上年下降 1.8%、增长 11.1%、下降 2.8%。与地区生产总值增长速度也有一定的差距。③ 最后从全年全省社会消费品零售总额在地区生产总值中的占比来看,三年分别为 40.29%、39.41%、35.01%,显示出逐年下降的趋势,可以看出社会消费对经济增长的贡献还未得到完全释放。第三产业增加值在地区生产总值中的占比仍略低于全国平均水平,且主要依赖于传统的服务业,如商贸、旅游等,待深入挖

---

① 农小蜂智库:《甘肃省农业产业发展分析简报》,2023 年 6 月 9 日,https://baijiahao.baidu.com/s? id=1768189311068510905&wfr=spider&for=pc。
② 数据来源:通过各省份发布的 2020~2022 年统计公报汇总采集。
③ 数据来源:通过各省份发布的 2020~2022 年统计公报汇总采集。

掘的潜力很大,消费增长乏力是当前第三产业发展面对的关键问题。

5. 全员劳动生产率亟待提高

《甘肃发展年鉴2022》显示,甘肃省三次产业增加值分别为1364.72亿元、3466.56亿元、5412.02亿元,占GDP比重分别为13.32%、33.84%、52.83%,均实现稳步增长。然而,三次产业全员劳动生产率分别为22217.61元、126524.96元、106028.52元,差距明显。同期,甘肃省全员劳动生产率仅为72477.7元,[①] 不到全国全员劳动生产率(146380元)的一半。[②] 三次产业之间,第一产业全员劳动生产率仅为全员劳动生产率的不到1/3,为第二、三产业全员劳动生产率的大约1/6和1/5。

综上所述,甘肃产业发展不平衡的主要表现包括产业结构调整缓慢、第一产业特色不突出、第二产业投资效果还未充分显现、第三产业拉动经济的贡献度不够、全员劳动生产率亟待提高等方面。为了实现经济的持续发展和转型升级,甘肃需要加快产业结构调整和升级,加大对第一产业的扶持力度,促进第二产业的投资效能提升,加强第三产业的建设和发展,创新推动全员劳动生产率快速提高。

二 甘肃省"三个不平衡"影响因素分析

(一)历史、区位与市场因素分析

1. 历史因素

甘肃省在一段时期内统筹考虑资源优化配置,侧重于城市发展带动农村发展,集中力量推动区域优先发展,推动部分优势产业优先发展,从而整体带动全面,侧重于生产效率的极大提高,建立稳固可靠的数量、规模发展基

[①] 数据来源:《甘肃发展年鉴2022》。
[②] 国家统计局:《中华人民共和国2021年国民经济和社会发展统计公报》,2022年2月28日,https://www.gov.cn/xinwen/2022-02/28/content_5676015.htm? eqid=bd2a59ee000019d30000000264927158。

础。这些政策体系、措施在过去高速发展过程中发挥了重要作用，经过一段时间的努力，奠定了今天中国式现代化甘肃实践高质量发展的现实基础。

当前内外部发展环境要求我们必须以创新的发展模式、更高的发展水平推动经济社会可持续高质量发展，从而过去的政策体系、措施难以完全适应现阶段高质量发展的新要求，已有政策中不再适应发展阶段的部分需要逐步收敛、及时转向。

2. 区位因素

地理位置：甘肃省位于中国西北部，地处黄土高原、青藏高原和内蒙古高原的交汇地带。狭长而复杂的地形造成较大的自然环境差异，导致各地在资源禀赋、气候条件等方面的不同，直接导致经济发展的不平衡。

自然环境和资源条件：甘肃省地处干旱半干旱地区，水资源短缺，自然环境恶劣，这在一定程度上限制了农业和工业的发展。此外，甘肃的矿产资源相对较为丰富，但开发利用程度较低，也制约了当地经济的发展。

交通条件：截至 2023 年 9 月，甘肃省 14 个市州中，还有 5 个城市未通高铁。《甘肃省"十四五"及中长期铁路网发展规划》提出，将在"十五五"中期，实现市市通高铁。交通不便使经济发展受到一定的限制，尤其是对于一些偏远地区和山区，物资流通不畅，信息交流受阻，从而影响了经济发展。

3. 市场要素

土地要素配置：土地资源的分布不均衡，一些地区土地肥沃，适合农业生产；而另一些地区则以山地和干旱地区为主，土地贫瘠，不利于农业生产。这种土地资源的不均衡分布导致土地要素配置的不平衡，进而影响了农业和工业的发展。

资本要素配置：资本要素配置集中于较发达地区和城市，而一些欠发达地区和农村地区则缺乏投资。这种资本要素配置格局导致经济发展的不平衡现象。第一产业资本和劳动力投入严重不足，一定程度上限制了现代化农业生产的发展和效率提升。虽然近年来农业投入不断加大，但在高科技农业、现代化农业建设等方面仍有不足。第二产业及社会高盈利行业投入存在结构性过剩,生产效率不高。产业在技术进步和产业升级方面受到一定制约。第三产业发展与先进省份相比存在明显不足,比重偏低,仍有待进一步发展。

人力要素配置:甘肃省人口分布不均,大部分人口集中在河西走廊和陇中地区,而一些偏远地区和山区人口稀少。这导致劳动力资源的不足,同时也制约了当地经济的发展。教育和科技水平相对较低,科技创新能力和人才储备不足,也制约了城乡、区域、产业间的平衡发展。

(二)改革发展因素分析

1.协同发展政策导向

政策支撑带来新方向。甘肃省作为内陆省份,丰富的自然资源、文化旅游资源受到交通网络、贸易成本、技术引进等多方面的制约,未能充分发挥比较优势。随着国家推出西部大开发战略、中部崛起战略和东北振兴战略等一系列重大决策,推动区域发展政策力度重心逐步向中、西部倾斜。甘肃省作为"一带一路"的重要物流节点,狭长的地形地貌既有利于对"一带一路"发展需要的支撑保障,也有利于不同区域发挥各自特色,满足"一带一路"地区不同主体的不同需要。面对复杂多变的国内外形势,甘肃省迎来了重塑贸易模式、降低贸易成本、获取竞争优势的新机遇。

2.经济发展模式变化

数字经济带来新机遇。数字时代进一步丰富了甘肃区域发展的渠道,通过网络更加靠近客户,通过大数据更加精准对接需求,通过人工智能进一步提高生产效能。作为"东数西算"重要枢纽节点之一,甘肃省要充分利用这来之不易的政策倾斜优势,推动发展模式向更有利于区域平衡发展的方向靠近。

3.绿色低碳发展要求

新能源带来新发展。碳中和目标的提出让甘肃成为新能源的主战场。甘肃新能源发展具有风光场站量大点多的特点,丰富的风光资源,奠定了甘肃新能源发展基础,也让新能源加储能成为新的发展路径。截至2022年底,甘肃全口径装机 6599 万千瓦。新能源装机占总装机的 51.72%，清洁能源装机占总装机容量的 66%。预计到"十四五"末，甘肃新能源装机将达到 8122 万千瓦，占比超过 60%，形成高比例新能源电力系统。[①]

总的来说，政策倾斜、数字经济时代的来临、新能源巨大的市场需求让甘肃有了减少传统发展模式依赖、探索新发展模式的可能。这是破解"三个不平衡"必须要考虑的问题。

三 甘肃加快破解"三个不平衡"的对策建议

（一）加快构建改革开放新格局

1. 强化区域协同

区域间要加大政策协调、要素资源协调力度。构建区域内政策协调机制，对重大政策进行审议和评价，以确保政策之间的相互配合和支持。及时解决不同部门或不同地区之间的发展分歧，以确保整体利益的最大化。明确部门和地区的责任，建立一套行之有效的考核机制，对工作成果进行评估和反馈，以便及时调整政策方向和重点。

以开放创新驱动协同发展。围绕国家重大区域战略，积极融入区域协同建设进程，加强区域合作和对外开放，共同打造协同发展的良好环境。加大科技创新投入力度，完善科技创新体系，提高科技成果转化率，培养高素质的科技人才队伍，打造具有区域竞争力的科技创新中心。

2. 支持新兴产业创新发展

出台相关政策，鼓励和支持高新技术产业和绿色低碳产业快速发展，形成有市场竞争力、可持续的现代化产业体系。因地制宜引导产业结构调整，立足不同地区的资源和经济条件，优先发展具有地区优势的产业，提高资源

---

① 国网甘肃省电力公司电力科学研究院：《甘肃新型储能发展形势及面临的挑战与应对措施》，2023 年 9 月 9 日，http://news.sohu.com/a/718953270_ 121763369。

利用效率。鼓励企业提升自主研发能力，提高科技成果转化效率，以科技创新提高核心竞争力，推动可持续发展。

（二）以新发展理念引领推动城乡融合发展

1. 全面贯彻落实新发展理念

以新发展理念引领推动城乡融合发展，加快破解城乡发展不平衡。以创新发展理念拓宽发展赛道、增强前进动力；以协调发展理念贯通要素配置，推动互促共进新模式加快突破；以绿色发展带动产业升级，推进城乡融合发展绿色可持续，打破传统二元竞争格局；以开放发展理念推动区域互补发展，增强区域整体发展潜能；坚持共享发展理念，实现社会公平公正。

2. 提升政策体系协同能力，增强城乡融合发展动能

加快完善立足省情、满足现实需要及长远发展的城乡融合政策体系。推动工农互助、城乡共建。围绕核心发展要素，从顶层设计、制度安排、组织实施上突破要素配置、产业定位、发展路径的城乡二元结构旧模式，统筹规划，统筹安排，统筹实施。

不断完善城乡融合发展政策体系，一是把城市发展纳入乡村振兴战略，通盘考虑和综合实施。以强省会、强县域为抓手，由内向外逐步延展，轴幅式带动乡村逐步融入城市化建设，共享城市化发展红利，破解城乡发展不平衡。二是把乡村发展纳入城市发展规划中。激发乡村发展活力，增强乡村协同发展衔接能力。推动乡村产业向服务农业、高效农业转型，不断提升农业全员劳动生产率，释放乡村发展潜力，实现乡村高质量发展。构建以特色小镇、田园综合体为突破点、示范点，以多点合一的产业带为牵引通道，围绕中心城市逐步拓展互为补充的网络发展集群。实现点线面一体，把城乡融合发展落到实处。

3. 不断加强城乡融合要素保障

坚持农业农村优先发展，加强城乡融合基本公共服务要素保障。从群众急难愁盼问题入手，不断提高公路、电路、水路、公交、网络"五通"覆盖能力、服务水平，加大物流、燃气、应急广播"新三通"推广力度。加

大资源配置力度，提升教育、医疗、养老等民生保障要素资金投入水平。优化要素布局，提升要素服务利用效能。尽快建成公平公正、集约高效、共建共享的民生保障机制，切实解决城乡发展不平衡在基本公共服务方面的问题。

要坚持农业农村优先发展，加强城乡融合发展要素保障。在资金投入上，不断加大政府投入力度，挖掘发展潜能，激活市场信心，使有为政府与有效市场相结合，拓宽资金来源渠道。在人力上，不断强化政府引导服务能力，推动城乡人才双向流动，统筹保障城市及乡村建设需要，通过体制机制保障吸引人、留住人，让乡村建设不只有情怀还能有发展。在技术上，围绕适用性、环保性，不断引进新技术，落地新模式，推动生产效能不断优化提升。以新技术新模式带动产业转型，提升竞争合作能力，夯实发展基础。

（三）以构建"一核三带"发展格局为中心，破解区域发展不平衡

1. 强省会突出中心带动作用

大力提升省会兰州城市首位度，充分发挥市场优势、区位优势、人才优势、科技优势等要素资源利用效能，快速提升崛起质量、发展水平、辐射能量。

发挥区位通道优势，优化城市布局，以差异化定位、协同联动，充分释放周边城市发展潜能，加快构建以研发生产为纽带的"前店后厂"式中部地区城市协同模式。发挥产业优势，做大做强传统优势产业，加快特色产业聚集发展，构建现代化产业体系，形成新的经济增长点。发挥人才优势，推动创新引领，为高质量发展赋能提速。完善综合交通物流枢纽承载能力，大力发展路衍经济，逐步形成以需求为导向的高质量通道经济，从而以核心增长极建设带动中部地区及全省高质量发展。

2. 加快河西走廊经济带绿色转型发展

大力推动绿色生态产业、新能源产业由产业先发优势向市场竞争优势转化。以酒泉千万千瓦级风电基地和百万千瓦级光电基地建设为契机，

"荷储源网"一体化推进,实现量质齐升。将"寒旱特色"发展数量劣势转化为质量优势,着力推动现代农业、丝路寒旱农业、高原夏菜品牌再次升级。紧抓大敦煌文化旅游经济圈建设机遇,稳步推进文旅产业更深融合、更大范围延展,做到引得来人、留得住人,快速提升文化旅游平均消费水平。围绕武威国际陆港和嘉峪关、敦煌国际空港建设,酒泉国家陆港型物流枢纽布局规划,强化对内对外交流合作,推动河西走廊经济带跨越式发展。

3. 着力推动陇东南经济带高质量发展

围绕国家生态安全屏障、国家现代能源经济示范区转型发展、先进装备制造产业、传承华夏文明的重要文化旅游区等特色基础,加大研发投入力度,以创新引领为核心,推动陇东南经济带高质量发展。加快建成全省重要的商贸物流枢纽,为提高西部先进装备制造基地、绿色优质农产品生产加工基地、国家能源化工基地发展质量赋能。

要以差异化定位为发展起点,以协同联动为发展宗旨,主动融入关中平原城市群建设。加快煤炭、石油、天然气产业绿色转型,夯实新能源产业发展底座。大力推动数字产业发展,围绕全国一体化大数据中心国家枢纽庆阳节点建设,统筹推进算力算法算据,延伸数字产业链长度,拓展数字价值链深度。大力推动天水优势制造业绿色智能化改造,打造芯片产业国家集成电路封装基地和先进制造基地。

4. 加强黄河上游经济带生态环境建设

以生态保护为核心,着力提升绿色能源、生态旅游发展能级。一是推动沿黄区域实施农田污染综合治理和耕地土壤环境质量分类管理;二是优化能源开发布局,推动甘肃陇东能源基地高质量发展,同时推动煤炭产业绿色化和智能化发展;三是支持甘肃风能、太阳能丰富地区构建风光水多能互补系统,以促进清洁能源的发展和消纳;四是支持兰州新区做精做强主导产业、推动战略性新兴产业和先进制造业发展;五是打造具有国际影响力的黄河文化旅游带,加大石窟文化保护力度,依托陕甘宁革命老区等打造红色旅游走廊。

（四）以"四强"行动为抓手破解产业发展不平衡

1. 以强科技为龙头，提升技术支撑力

强化企业创新主体地位。保障企业创新主体资源配置主导地位，推动技术创新直接面向市场，打通科技研发与经济发展"最后一公里"。推动揭榜挂帅向更广、更深范围发展，立足实践推动强科技高质量跨越式发展，实现强科技与经济发展同频共振。

强化产学研联动协同。以需求为导向，梳理掌握不同地区、不同主体科技攻关需求，推动强科技建设性发展。不断提升强化科技研发投入，以创新驱动高新技术产业、战略性新兴产业发展壮大。

加大数字化转型力度，推动数字化转型从经营管理数字化普及、数字化研发设计工具普及、关键工序数字化从无到有、由浅入深。以强科技为纽带，以产业集聚带、产业集群、产业园区为抓手，不断提升现代化产业体系核心竞争力。

2. 以强工业为中心，提质增效，提速增量

以龙头企业为核心，统筹发展与安全，聚焦能源要素安全保供、产业链供应链韧性提升、重大项目建设投产，持续做大企业经济总量。

加大传统产业升级改造力度，补短板、锻长板，以数字化、绿色化转型为手段，以要素整合为目标，合理优化产业门类布局，统筹推动传统产业和新兴产业共同发展、持续升级。

大力推动新能源产业系统化、专业化建设，"源网荷储"一体化推进，围绕节能减排、绿电替代提升新能源利用水平，促进工业发展绿色低碳转型，与生态环境协调发展。

持续提升生产性服务业发展能力，补齐生产服务业短板。以国家级、省级园区建设为载体，强化全要素生产资源供给、全过程生产服务保障，提升园区承载能力、承载质量。推动生产性服务业专业化、差异化、协同化、高端化、低碳化，促进生产性服务业和制造业深度融合。

强化政府服务企业发展支撑能力，时刻关注市场发展方向，围绕产业链

龙头企业、专精特新"小巨人"、单项产品冠军等优质企业，做好引导、孵化、培育工作，不断壮大市场主体，促进中小企业深度融入全国统一大市场。不断提升企业发展能级，构建上下游协同发展、生态安全可控的产业链集群。

3.以强省会为核心，提升辐射带动能级

大力提升省会兰州首位度，发挥主引擎推动作用，逐步提升辐射带动能级，打造辐射带动全省经济发展的增长极。加强协同联动发展，推广"前店后厂"发展模式，做好差异化分工定位，推动核心经济圈、辐射经济圈、外连经济圈共同高质量发展。

强化优势要素资源利用效能。发挥高质量党建基础能力，加强组织领导，完善体制机制支撑，以服务型政府营造高质量营商环境，打造风清气正的省会形象。发挥省会人才聚集优势，夯实产业发展人才支撑。同时，不断提升外部人才吸引力、影响力，以柔性人才引进机制，破解人才供需不平衡结构性矛盾。发挥省会科技创新平台支撑作用，以创新驱动为经济发展带路领航，推动经济发展提质升级。发挥省会产业发展对比优势，以"专业化、创新化、集群化、市场化、外向化"为方向，推动传统支柱产业、绿色生态产业、优势特色产业及新兴产业百花齐放。

4.以强县域为重点，推动乡村振兴战略实施

以县域发展为区域经济发展基石，按照差异化功能定位，强化区域协同。细化发展目标清单，对标对表推动县域经济从本地发展载体向区域枢纽载体逐步转型。产业由"劳动密集型"向"特色集约型"发展，强化产业转移承接、就业转移承载能力，以明确的导向、合理的定位分工辐射带动周边城乡融合发展。推动建设绿色生态先行、城乡融合服务、特色工业主导、文旅融合发展的县域经济。

B.16
甘肃深化科技创新驱动对策研究

关 兵[*]

摘 要： "十四五"以来，甘肃省进入高质量发展的新阶段，对科技创新的支撑引领需求更为紧迫；本文根据当前甘肃省进一步深化科技创新驱动、为高质量发展赋能增效提供最强功效的目标要求，全面分析了甘肃省区域科技创新的现状与问题，评估总结甘肃省区域科技创新能力的"强点"与"短板"，实证分析了当前甘肃省科技创新诸要素对经济发展综合绩效的驱动影响大小，以甘肃省区域创新能力驱动因素的实际影响效果赋予了各类"强化强点、补齐短板"的创新驱动战略一个重点推进的能级顺序，在此基础上，提出甘肃省进一步深化科技创新驱动战略"强化强点、补齐短板、重点推进"的总体思路和相关对策，为助力提升甘肃省科技创新对高质量发展的驱动引领作用服务。

关键词： 科技创新 创新驱动 甘肃

"十四五"以来，甘肃省进入高质量发展的新阶段，对科技创新的支撑引领需求更为紧迫，本文根据当前甘肃省深化科技创新驱动、为高质量发展赋能增效提供最强功效的目标要求，全面分析了甘肃省区域科技创新的现状与问题，评估总结甘肃省区域科技创新能力的"强点"与"短板"，实证分析当前甘肃省科技创新诸要素对经济发展综合绩效的驱动影响大小，在此基础上，提出甘肃省进一步提升区域科技创新能力"强化强点、补齐短板、

---

* 关兵，甘肃省社会科学院助理研究员，主要研究方向为产业经济学、计量经济学。

重点推进"的总体思路和相关对策，为助力甘肃省深化科技创新对高质量发展的驱动引领作用服务。

一 甘肃省区域科技创新发展现状和问题

（一） 区域科技创新实力稳步增长，但与先进省份相比存在发展差距

当今世界格局下，随着新一轮科技革命的爆发，科技创新对提高社会生产力、提升综合国力的战略意义日益凸显，党的十八大以来，我国已把科技创新确立为事关国家全局发展的重大发展战略。党的二十大报告指出："要坚持创新在我国现代化建设全局中的核心地位。"近年来，甘肃省认真贯彻落实国家关于科技创新的相关战略部署和政策精神，以《甘肃省"十四五"科技创新规划》为纲，陆续出台支持科技创新、推进强科技行动、深化科技体制机制改革等各方面政策文件，全力推进创新驱动发展战略，区域科技创新实力实现稳步增长。《中国区域科技创新评价报告 2022》显示：2022年，甘肃省综合科技创新指数达到 54.92%，较 2017 年已提高 4.29 个百分点，科技综合实力保持在全国第二梯队。

有关数据显示（见表 1），2017~2022 年，甘肃省区域科技创新能力相关主要指标均实现明显增长，粗略估计（按等权重估算）：2022 年全省总体科技创新实力已较 2017 年增长达 0.62 倍。

表 1 2017 年和 2022 年甘肃省区域科技创新能力相关指标发展比较

指标	2017 年	2022 年	2022 年比 2017 增长（%）
科技进步贡献率(%)	51.3	58.2	13.45
R&D 经费投入(亿元)	88.4	144.1	63.01
R&D 投入占 GDP 的比重(%)	1.19	1.29	8.40
规模以上企业年 R&D 投入总额(万元)	466912	642948*	37.70
规模以上企业年新产品销售收入(万元)	3461052	7662666*	121.40
年省级以上科技成果(件)	1176	1851	57.40

续表

指标	2017 年	2022 年	2022 年比 2017 增长率(%)
年专利授权数(件)	9672	22490	132.53
技术市场合同成交额(亿元)	162.96	338.57	107.76
高新技术企业数(家)	606	1371*	126.24
高新技术企业产值比重(%)	4.70	6.00	27.66
公共教育支出(亿元)	567.35	661.92*	16.67
财政科技支出(亿元)	25.83	34.95*	35.31
科技创新实力综合指数(分)	100	162.29	62.29

注：* 为 2021 年数据。

资料来源：甘肃省统计局编《甘肃发展年鉴》(2018~2022)；甘肃省科技厅网站。

在甘肃省区域科技创新实力不断取得进步的同时，甘肃省区域创新能力总体水平与先进省份仍然存在一定发展差距。《中国区域科技创新评价报告2022》显示，2022 年甘肃省区域创新能力综合水平分值为 54.92 分，居全国第 23 位，与同期全国水平分值 75.42 分比存在一定差距；《中国区域创新能力评价报告 2022》[①] 显示，甘肃省近年来区域创新能力综合水平全国排名在第 25~29 位波动，与先进省份差距明显。总体来看，目前甘肃省区域创新能力水平与全国乃至西部先进省份比仍然存在一定差距，需要进一步赶超发展，以更充分地释放对甘肃经济高质量发展的驱动引领动能。

（二）科技创新发展面临创新投入不足、创新主体培育不足等问题和挑战

目前，甘肃省科技创新承担着为经济发展牵引赋能的重要使命，对经济社会高质量发展的支撑作用不断增强，但科技创新自身也正处在改革攻坚的关键期，面临着新的问题和挑战，例如，科技创新投入不足，甘肃省科技创新投入仅居全国第 26 位，是西部先进省份陕西省创新投入的不到 1/5；高

---

① 中国科技发展战略研究小组、中国科学院大学中国创新创业管理研究中心：《中国区域创新能力评价报告 2022》，科学技术文献出版社，2022。

质量科技供给不足，专利授权数和国际论文数分别是陕西省的 30% 和 20%；企业创新投入不足、创新绩效不高；政府对创新基础源泉之教育的发展建设重视不够、投入偏低；创新主体培育不足，高新技术企业数相对偏少（见表 2）；企业创新水平低，自主研发能力不足等。这些问题和挑战依目前甘肃发展条件不宜也无法平均用力解决，而须分析其轻重缓急，重点推进、逐步解决。

表 2　甘肃省区域科技创新能力基础指标排名与对照

指标	甘肃省		陕西省		差距	
	值	排名	值	排名	陕西省/甘肃省（倍）	排名差距
R&D 经费投入（亿元）	129.5	26	700.6	14	5.41	12
专利授权数（件）	26056	25	86272	16	3.31	9
国际论文数（篇）	9469	20	46092	5	4.86	15
规模以上企业年 R&D 投入总额（万元）	642948	26	3196867	16	4.97	10
规模以上企业年新产品销售收入（万元）	7662666	26	38113676	19	4.97	7
公共教育支出（亿元）	661.92	24	1025.00	18	1.54	6
高新技术企业数（家）	140	25	787	16	5.62	9

注：对照省份选取同处西北、科技创新实力较强的陕西省。

资料来源：甘肃省统计局编《甘肃发展年鉴 2022》，陕西省统计局编《陕西统计年鉴 2022》。

二　甘肃省区域科技创新能力的"强点"与"短板"

科技创新是驱动甘肃新时期高质量发展的重要引擎，甘肃创新驱动战略的深入实施就是要找到在当前发展环境下使这一引擎发挥最大功效的有效途径，受甘肃经济社会发展水平、条件等各方面因素的制约，甘肃创新驱动战略的推进不应也不能全面铺开、平均用力，而须找到重点推进的有效发力方向。这就要求从科学评估分析当前甘肃省区域科技创新能力的发展水平和特征出发，提炼总结出当前甘肃省区域科技创新能力的"强点"与"短板"，以"强化强点、补齐短板"的思路筹谋有效推进甘肃创新驱动战略的相关对策。本文以下将借助中国科技发展战略研究小组、中国科学院大学中国创新创业管理研究中心每年年度权威发布的《中国区域创新能力评价报告》相关数据达成这一分析目标。

（一）甘肃省区域创新能力总体水平

由报告评估显示：2022 年，甘肃省区域创新能力综合指数得分为 20.67分，综合排名位居全国第 29，较上年下降 4 位，居西部 12 省区第 10 位，区域创新能力水平在全国和西部均处落后水平。

表3 2022 年甘肃省区域创新能力综合水平排名

省区市	区域创新能力综合指数（分）	全国排名	较上年排名变化
陕西	30.08	9	+1
重庆	28.25	11	+1
四川	28.06	12	−3
云南	23.77	19	+2
贵州	23.59	20	−2
青海	23.43	21	+6
广西	23.20	22	+2
宁夏	21.09	27	+1
新疆	20.75	28	+1
甘肃	20.67	29	−4
内蒙古	18.73	30	0
西藏	18.53	31	0

注：本表只列出科技创新发展条件与甘肃省类似的西部 12 省市排名，以显示甘肃省区域创新能力相对综合水平。

资料来源：中国科技发展战略研究小组、中国科学院大学中国创新创业管理研究中心著《中国区域创新能力评价报告 2022》，科学技术文献出版社，2022。表 3、表 4 同。

由评估结果可见如下几点。一是甘肃省区域创新能力在全国和西部均处落后水平，短期全面提升甘肃省区域创新能力的途径难以实现，亟须找到甘肃省区域创新发展的"强点"与"短板",按"强化强点、补齐短板"的思路结合其他相关因素找到甘肃省区域创新战略的重点推进方向,以在当前发展环境下最大限度地发挥科技创新对经济高质量发展的引擎引领作用。二是2022年区域创新能力综合水平位次上升最大的西部省份青海省,正是基于知识创造领域几个原较落后指标的明显改善提升,"补短板"的效应明显。

(二)甘肃省区域创新能力一级指标的"强点"与"短板"

1. 甘肃省区域创新能力"强点"与"短板"指标选取原则

该区域创新能力评价体系包括5个一级指标20个二级指标40个三级指标138个四级指标。一级指标包括知识创造、知识获取、企业创新、创新环境和创新绩效(见表4)。其中,知识创造用来衡量一个地区创造新知识的能力;知识获取用来衡量一个地区利用外部知识及产学研合作的能力;企业创新用来衡量一个地区内企业应用新知识、开发新技术、利用新工艺,以及制造新产品的能力;创新环境用来衡量一个地区为技术的产生、流动和应用提供相应环境的能力;创新绩效用来衡量创新对一个地区经济社会发展效益产生助益的能力。由于本文目的在于从宏观视角发现甘肃省区域创新能力的"强点"与"短板",故相关指标筛选只在指标体系一、二级指标层选取,选取原则如下。

"强点"选取原则(Ⅰ原则),选取同一评价层级内甘肃省指标全国排名与同层级指标相比位居前5,且该指标自身在西部12省区市位居前5者。

"短板"选取原则(Ⅱ原则),选取同一评价层级内甘肃省指标全国排名与同层级指标相比位居最后5,且该指标自身在西部12省区市也处最后5位排名范围内者。

2. 甘肃省区域创新能力一级指标的"强点"与"短板"

由于甘肃省区域创新能力综合水平在全国及西部均处于落后水平,一级指标必然多数全面落后,在其中选择甘肃的"短板"指标失去意义,故本文以下只在一级指标中试选取"强点"指标。经筛选:"创新绩效综合指标"是甘肃区域创新能力一级指标中的"强点"指标,其在甘肃五项一级指标排名最高,居全国第 17 位、西部第 4 位。

表 4　2022 年甘肃省区域创新能力一级指标"强点"筛选

一级指标名称	2022 年综合指标		"强点"筛选 (Ⅰ原则)
	指标值	排名	
知识创造综合指标	20.67	29	……
知识获取综合指标	12.11	25	……
企业创新综合指标	19.93	27	……
创新环境综合指标	18.24	28	……
创新绩效综合指标	34.86	17	符合

注:表中"……"表示不符合筛选条件,表 5 同。

(三)甘肃省区域创新能力二级指标的"强点"与"短板"

经筛选,甘肃省区域创新能力二级指标显示为是甘肃省"强点"的指标有:科研论文综合指标、科技合作综合指标、企业技术提升能力综合指标、产业国际竞争力综合指标、可持续发展与环保综合指标。甘肃省区域创新能力二级指标显示为是甘肃省"短板"的指标有:研究开发投入综合指标、专利综合指标、技术转移综合指标、企业设计能力综合指标、创新基础设施综合指标、创业水平综合指标、宏观经济综合指标。

表 5　2022 年甘肃省区域创新能力二级指标"强点"与"短板"筛选

指标名称		2022 年综合指标		"强点"筛选 (Ⅰ原则)	"短板"筛选 (Ⅱ原则)
一级指标	二级指标	指标值	排名		
知识创造 综合指标	研究开发投入综合指标	7.23	29	……	符合
	专利综合指标	13.33	28	……	符合
	科研论文综合指标	33.71	7	符合	……
知识获取 综合指标	科技合作综合指标	29.98	7	符合	……
	技术转移综合指标	5.38	31	……	符合
	外资企业投资综合指标	3.77	26	……	……

指标名称		2022 年综合指标		"强点"筛选（Ⅰ原则）	"短板"筛选（Ⅱ原则）
一级指标	二级指标	指标值	排名		
企业创新综合指标	企业研发投入综合指标	13.12	27	……	……
	企业设计能力综合指标	12.28	28	……	符合
	企业技术提升能力综合指标	33.77	8	符合	……
	新产品销售收入综合指标	27.76	23	……	……
创新环境综合指标	创新基础设施综合指标	16.07	31	……	符合
	市场环境综合指标	24.80	21	……	……
	劳动者素质综合指标	25.94	22	……	……
	金融环境综合指标	7.12	27	……	……
	创业水平综合指标	17.24	28	……	符合
创新绩效综合指标	宏观经济综合指标	16.52	29	……	符合
	产业结构综合指标	26.26	22	……	……
	产业国际竞争力综合指标	28.62	8	符合	……
	就业综合指标	35.91	23	……	……
	可持续发展与环保综合指标	67.01	20	符合	……

（四）甘肃省区域创新能力的"强点"与"短板"总结

1. 甘肃省区域创新能力的"强点"总结

①甘肃省区域创新能力在一级指标"创新绩效综合指标"方面有相对"强点"，说明目前甘肃省创新驱动战略的实施正对区域经济社会发展效益产生助推作用，甘肃省以创新驱动战略为经济发展核心的战略决策契合甘肃经济高质量发展的大局要求，实践效果良好。

②"创新绩效综合指标"的二级指标"产业国际竞争力综合指标"是甘肃省区域创新能力的"强点"指标，结合近年来甘肃省科技创新相关产业、企业的发展实践来看，随着近年来甘肃省"强科技"等创新驱动战略的持续推进，甘肃省在某些战略性新兴产业和高技术产业已取得一定比较优势，发展培育出一批具较强竞争力的企业。如甘肃重点发展的生物医药、新材料新装备产业领域，甘肃建设早、投入足的丝绸之路信息港建设领域，相

关数字经济、大数据应用服务业领域等，这些甘肃省已具有一定发展基础和相对优势的产业领域，应考虑成为甘肃省创新驱动战略强化"强点"思路下的重点推进方向。

③"创新绩效综合指标"的二级指标"可持续发展与环保综合指标"是甘肃省区域创新能力的"强点"指标，表明近年来甘肃省在习近平总书记"绿水青山就是金山银山"发展理念指引下，把可持续发展和生态文明建设的理念融入创新驱动战略的推进中，生态经济、绿色经济发展取得新成效，结合甘肃省相关产业的发展实践来看，近年来甘肃重点发展的十大生态产业、积极培育的绿色优势产业集群等绿色低碳产业领域，应考虑成为甘肃省创新驱动战略强化"强点"思路下的重点推进方向。

④二级指标"科研论文综合指标"和"科技合作综合指标"是甘肃省区域创新能力的"强点"指标，说明甘肃省科技创新的基础资源相对丰富、在科技创新的源头供给和交流合作方面具有相对优势，结合甘肃科技创新的实际发展条件来看，甘肃省特别是兰州市拥有较丰富的科研教育资源：兰州大学等一批高水平院校和中国科学院兰州分院、兰州近代物理研究所等一批国家级科研机构为甘肃省提供了强大的科技创新策源支撑，进一步加强基础研究的战略科技力量，高效实现基础研究成果向应用研究效益的转化，应考虑成为甘肃省创新驱动战略强化"强点"思路下的重点推进方向。

⑤二级指标"企业技术提升能力综合指标"是甘肃省区域创新能力的"强点"指标，说明甘肃省近年来致力于以技术改造升级推动传统大中型企业转型升级和中小企业向专精特新方向发展取得较好成效。继续根据大中小企业技术创新的发展条件和特征以加大技术改造力度等形式强化企业自主创新能力应考虑成为甘肃省创新驱动战略强化"强点"思路下的重要推进方向。

2. 甘肃省区域创新能力的"短板"总结

①甘肃省在二级指标"研究开发投入综合指标"方面有"短板"，说明目前甘肃省区域创新发展在整体上仍面临着研发投入不足的难题，弥补这一"短板"应考虑在逐步着力提升政府研发投入并鼓励引导全社会创新总体加

大研发投入的同时，优先重点提升某些能高效促进全省经济高质量发展产业领域的创新投入。

②甘肃省在二级指标"专利综合指标"方面有"短板"，说明目前甘肃省区域创新能力在应用研发能力方面存在严重不足，弥补这一"短板"，应与前述甘肃省在基础研究成果方面的"强点"相结合，考虑以产学研一体化制度建设的逐步完善和发展用好创新平台等形式作为连接基础和应用研发的桥梁。

③甘肃省在二级指标"技术转移综合指标"和"企业设计能力综合指标"方面有"短板"，说明目前甘肃省各发展主体普遍在自主创新能力方面存在不足，技术提升以引进技术为主，特别是企业的自主研发创新能力不足，弥补这一"短板"的关键在于鼓励引导企业加强自主创新研发能力。

④甘肃省在二级指标"创新基础设施综合指标"方面有"短板"，说明目前甘肃省相关基础设施发展不足，制约和影响了区域技术创新能力的提升，弥补这一"短板"，应考虑在稳步推进科技创新相关基础设施发展的同时，着力提升兰白示范区等产业园区和创新平台的服务水平。

⑤甘肃省在二级指标"宏观经济综合指标"方面有"短板"，说明目前甘肃省较低的经济发展水平制约和影响了技术创新能力的提升，弥补这一"短板"，应坚持把创新放在经济发展水平的核心位置，致力于形成创新与经济发展良性互动反馈关系。

三　甘肃省区域创新驱动因素实证分析

（一）甘肃省区域创新主要驱动因素影响效果模型的指标体系

实证分析当前甘肃省区域创新的主要驱动因素影响效果，首先需要构建一个甘肃省区域科技创新的综合绩效指标作为被解释变量，考虑到一般经济理论普遍认为创新对区域经济的增益作用主要体现为推动经济增长、促进经济结构优化、提升区域经济竞争力、提升区域可持续发展和生态保护水平四个方面，本文探索性地选择了以上四个维度方面的合理量化指标，由熵值法确定各指标权重，将加总计算出的指标值作为甘肃省区域科技创新的综合绩效指标，即模型的被解释变量。依据相关经济理论、本文研究视角和甘肃省科技创新发展实际，选择创新资源、创新投入、创新成果、企业创新能力、企业结构、对外开放程度、基础设施条件、政府政策、创新环境九大因素作为解释变量，并合理选择其量化指标，建立甘肃省区域创新驱动因素模型指标体系，如表6所示。

表6　甘肃省区域创新驱动因素模型指标体系

目标变量		要素	指标	指标属性
被解释变量（Y）	区域创新能力综合绩效	经济增长	GDP增长率	正
		结构优化	第一、三产业产值比	负
		区域竞争力	净出口额	正
		可持续发展和生态环保	万元GDP能耗	负
解释变量（X）	区域创新能力影响因素	创新资源	万人大专以上学历人口数（X_1）	正
		创新投入	R&D经费支出占GDP比重（X_2）	正
			R&D人员全时当量（X_3）	正
		创新成果	年专利授权数（X_4）	正
		企业创新能力	规模以上企业年新产品销售收入（X_5）	正
		企业结构	大中型企业工业产值的比重（X_6）	正
		对外开放程度	外商直接投资实际利用额（X_7）	正
		基础设施条件	货运总量（X_8）	正
			邮电业务总量（X_9）	正
		政府政策	科技经费支出占财政支出的比重（X_{10}）	正
		创新环境	高新技术企业数（X_{11}）	正

（二）甘肃省区域创新驱动因素影响效果模型运行分析

为研究当前甘肃省区域创新主要驱动因素对创新总体绩效水平的影响程度，首先对甘肃省区域创新总体绩效水平的四个维度的基本指标按熵值法进行合成运算，得到甘肃省区域创新能力综合绩效水平的量化合成指标作为模型的被解释变量（Y）。引入甘肃省区域创新能力九大影响因素的 11 项指标作为解释变量，建立甘肃省区域创新驱动因素影响效果的多元回归模型如下。

$$Y_t = C + \beta_1 X_{1t} + \beta_2 X_{2t} + \beta_3 X_{3t} + \beta_4 X_{4t} + \beta_5 X_{5t} + \beta_6 X_{6t} + \beta_7 X_{7t} + \beta_8 X_{8t} + \beta_9 X_{9t} + \beta_{10} X_{10t} + \beta_{11} X_{11t} + \mu_t$$

运用 Eviews6.0 软件对 2017～2021 年所有变量数据进行回归分析，在 5% 显著性水平下逐步剔除不显著的变量，得到最终模型和回归结果如下。

$$Y_t = C + \beta_2 X_{2t} + \beta_3 X_{3t} + \beta_4 X_{4t} + \beta_5 X_{5t} + \beta_9 X_{9t} + \beta_{10} X_{10t} + \beta_{11} X_{11t} + \mu_t$$

表 7　模型运行结果

变量	Coefficient	Std. Error	T_Statistic	Prob.
X_2	0.198761	0.104576	3.556372	0.0065
X_3	0.153966	0.264647	3.289630	0.0095
X_4	0.141978	0.378827	2.693756	0.0097
X_5	0.126521	0.417095	2875563	0.00657
X_9	0.082876	0.154737	1.967833	0.0217
X_{10}	0.071753	0.150985	1.989673	0.0128
X_{11}	0.066553	0.147868	1.965477	0.0138

注：R-squared：0.913986，Adjusted R-squared：0.903287，Durbin-Watson stat：3.183425。
资料来源：甘肃省统计局编《甘肃发展年鉴》（2018～2022）、国家统计局编《中国统计年鉴》（2018～2022）、国家统计局编《中国科技统计年鉴》（2018～2022）。

模型运行中逐步剔除了不显著的变量——创新资源、企业结构、对外开放程度、基础设施条件，最终得到的回归模型中，7 个解释变量的估计系数均能在 5% 显著水平下通过显著性检验，模型总体适配度较高，具有较好的经济学和统计学解释意义。

（三）基本结论和对甘肃省创新驱动战略推进的启示

1. 基本结论

本文采用2017～2022年的时间序列数据对甘肃省区域创新的主要驱动因素进行了多元回归计量模型的实证分析，回归结果如下。

研发投入对甘肃省区域创新能力绩效水平的影响最为显著，X_2和X_3的系数分别达0.199%和0.154%，其中，研发经费投入对甘肃省区域创新能力水平提升的影响在所有影响因素中最为明显，说明当前提升甘肃省区域创新能力的首要途径应从加大研发投入入手。

创新产品供给特别是应用型创新产品供给有效增加对甘肃省区域创新能力提升具有明显的正向促进作用，在其他因素不变的情况下，创新产品供给每提高1%，可使区域创新综合绩效水平提高0.142%；企业自主创新能力对甘肃省区域创新能力提升具有较强的促进作用，企业自主创新能力每提高1%，可使区域创新综合绩效水平提高0.127%；创新基础设施条件对区域创新能力的影响目前主要体现为信息知识载体的作用，说明信息技术等软技术服务对区域创新能力提升的价值开始凸显；政府政策和创新环境对区域创新综合绩效水平的显性影响目前相对较弱，但二者的影响贯穿于创新的方方面面，是需要长期强化优化的创新驱动因素。

2. 对甘肃省创新驱动战略推进的启示

筹谋以"强化强点、补齐短板"的思路有效推进甘肃创新驱动战略，需要明确推进各项"强化强点、补齐短板"的创新驱动战略的轻重缓急，找准当前最能推动甘肃省区域科技创新能力有效提升的关键环节重点发力。而本文对甘肃省区域创新驱动因素影响效果的实证分析相当于赋予了各类"强化强点、补齐短板"的创新驱动战略一个推进能级，可按区域创新驱动因素对区域创新绩效水平的影响强度，依次确定甘肃省"强化强点、补齐短板"各类创新驱动战略重点推进的原则性次序。

四　甘肃省深化科技创新驱动的思路对策

（一）立足"强化强点、补齐短板、重点推进"的思路深化科技创新驱动

科技创新是驱动甘肃新时期高质量发展的重要引擎，甘肃深化科技创新驱动的思路就是要找到在当前发展环境下使这一引擎发挥最大功效的有效途径，受甘肃经济社会发展水平、条件等各方面因素的制约，甘肃创新驱动战略的推进不应也不能在科技创新的各级层面全面铺开、平均用力，而须找到当前甘肃省区域科技创新能力的"强点"与"短板"，以"强化强点、补齐短板"的最有效方式筹谋推进相关创新驱动战略，为此还需要进一步明确推进各类"强化强点、补齐短板"的创新驱动战略的轻重缓急，找准当前最能推动甘肃省区域科技创新能力有效提升的关键环节重点发力。而本文对甘肃省区域创新能力驱动因素影响效果的实证分析相当于赋予了各类"强化强点、补齐短板"的创新驱动战略一个推进能级的顺序，按对甘肃省区域创新绩效水平的影响强度，甘肃省"强化强点、补齐短板"创新驱动战略重点推进的原则应是：①以扩大研发投入为主的"强化强点、补齐短板"的创新驱动战略为第一优先重点推进方向；②以提升创新产品有效供给为主的"强化强点、补齐短板"的创新驱动战略为次级优先重点推进方向；③以提升企业自主研发创新能力为主的"强化强点、补齐短板"的创新驱动战略为再次级优先重点推进方向；④以提升创新基础设施条件为主的"强化强点、补齐短板"的创新驱动战略应为第四优先重点推进方向；⑤其他"强化强点、补齐短板"类的创新驱动战略和政府政策支持引导类、创新环境优化等方面的创新驱动战略的稳步推进。

（二）以加大研发投入为中心深入推进甘肃省创新驱动战略

研发投入不足是甘肃省区域科技创新能力方面的明显"短板"，而本文

对近年来甘肃省区域创新能力绩效水平驱动因素影响效果的实证分析表明，研发投入对近年甘肃省区域创新绩效水平提升的作用最为明显。因此，以加大研发投入为中心深入推进甘肃省创新驱动战略是提升甘肃省区域创新能力的首要途径。一是要进一步加大全省科技创新研发投入力度，综合运用研发奖补、税收加计扣除、成果转化、科技金融结合等政策，充分发挥财政资金的引导作用，建立多部门联合的以研发为导向的项目激励及扶持机制，引导、激励企业加大研发投入，使企业真正成为研发投入的主体。二是与强"强点"的战略目标相结合，重点加强对甘肃已具备一定竞争优势的一些生物医药产业、新能源新材料产业、十大生态产业等领域的研发投入力度，加速助力其做大做强。

（三）强"强点"、补"短板"相结合，着力提升甘肃省创新产品的有效供给

甘肃省科技创新的基础资源相对丰富，是甘肃省创新能力的"强点"，科技创新的创新产品有效供给特别是应用研发产品供给的严重不足，是甘肃省创新能力的"短板"，而相关实证分析表明，创新产品的有效供给对区域创新绩效水平提升有明显的正向促进作用。因此，有效弥合基础研究成果与应用研究成果之间的"鸿沟"、提升创新产品的有效供给是提高甘肃省区域创新能力的重要途径。为此，需要在逐步建立健全产学研协同创新机制的同时，发展用好创新平台等形式作为连接基础和应用研发的桥梁。

（四）强"强点"、补"短板"相结合，着力提升甘肃省企业自主研发创新能力

企业是最具活力的市场主体，也是创新驱动发展的重要载体，而相关评估表明，目前，企业创新水平低仍是甘肃省区域科技创新能力方面的较明显"短板"，实证分析表明，企业创新水平对提升甘肃区域创新综合水平具有较明显的推动作用。因此，强化企业创新主体地位，增强企业自主创新能力，是当前甘肃省创新驱动战略的重点推进方向之一。为此，需要鼓励引导

企业树立"创新是企业最大竞争力的意识";根据甘肃省企业创新发展的实际条件,引导建设龙头企业牵头、高校院所支撑、各创新主体协同的创新联合体,引导大中型企业以平台集聚等形式提升创新发展能力、强化创新外溢效应,引导中小型企业以发展优势特色产品和形成产业集群等形式提升自主创新能力;同时,与甘肃省在企业技术改造方面的相对"强点"相结合,根据大中小企业技术创新的发展条件和特征,以加大技术改造力度为抓手,推进增强企业自主创新能力。

(五)充分发挥甘肃省科技创新承载实体"强点"——兰白自创区的引擎引领和创新高地作用

兰白自创区作为甘肃省科技创新的"国字招牌",是名副其实的甘肃省创新承载实体"强点",必须进一步做大做强,充分发挥其对甘肃全省科技创新发展的引擎引领和创新高地作用。兰白自创区的进一步高水平建设需要全面贯彻新发展理念,以"强科技"行动为牵引,打好"自主创新""先行先试"两张牌,突出规划引领,找准产业方向,强统筹、优环境、聚资源、拓合作、增辐射,努力擦亮金字招牌,把兰白自创区真正建设成为甘肃省的科技体制改革试验区、产业品质跃升支撑区、人才资源集聚区、东西合作发展先行区、生态文明建设引领区。

参考文献

中国科学技术发展战略研究院:《中国区域科技创新评价报告2022》,科学技术文献出版社,2022。

中国科学技术发展战略研究小组、中国科学院大学中国创新创业管理研究中心:《中国区域创新能力评价报告2022》,科学技术文献出版社,2022。

调 查 篇

B.17
甘肃民营经济发展状况调查分析报告

潘从银*

摘　要： 从中央和地方民营经济发展政策要求出发，通过对甘肃民营经济中规模以上工业企业与国有及国有控股企业对比、中小微企业发展情况及甘肃民营经济典型企业调查分析，结合经济学基本理论，总结和归纳甘肃民营经济发展的经验和问题所在，给出甘肃民营经济发展的对策建议：一是加大对民营经济发展的政策支持；二是拓宽融资渠道，加快构建多元化资本市场；三是强化科技发展，提升自主创新能力；四是加大人才培养和引进力度；五是提升服务功能，构建高效优质服务体系。

关键词： 民营经济　民营企业　甘肃

2013年11月召开的十八届三中全会通过的《中共中央关于全面深化改革若干重大问题的决定》提出从根本上解决民营经济发展制度约束。2018

* 潘从银，甘肃省社会科学院助理研究员，主要研究方向为农村区域经济发展。

年 11 月 1 日习近平总书记在民营企业座谈会上的讲话中指出："民营经济具有'五六七八九'的特征，即贡献了 50% 以上的税收，60% 以上的国内生产总值，70% 以上的技术创新成果，80% 以上的城镇劳动就业，90% 以上的企业数量。"① 为切实推动民营经济高质量发展，中共中央、国务院于 2023 年 7 月发布《中共中央国务院关于促进民营经济发展壮大的意见》（以下简称《意见》）。2023 年 8 月，国家发展改革委会同国家市场监管总局、国家税务总局等部门联合印发《关于实施促进民营经济发展近期若干举措的通知》（以下简称《若干举措》），以全面落实《意见》提出的各项工作。其中 28 条具体措施使民营经济在中国经济版图的地位进一步得以提升。②

2023 年 7 月甘肃省第十四届人民代表大会常务委员会第四次会议通过《甘肃省人民代表大会常务委员会关于优化民营企业发展环境促进民营经济发展壮大的决定》（以下简称《决定》），从 12 个方面进一步优化民营企业发展环境，激发民营企业活力和创造力，促进民营经济发展壮大。2023 年 9 月，甘肃省研究制定了《关于进一步促进民营经济发展的近期若干措施》（以下简称《措施》），从 7 个方面 30 项具体措施推动破解民营经济发展面临的突出问题，激发民营经济发展活力，提振民营经济发展信心。

从 2013 年到 2023 年，全国及甘肃民营经济均快速发展，特别是自 2018 年后，民营经济发展进一步提速。在此背景下，调查分析甘肃民营经济发展状况对于促进甘肃民营经济进一步发展具有重要意义。

一 甘肃民营经济发展状况

关于民营经济的定义，尚未形成一致的观点。一种较为认可的定义是，民营经济是指除了国有及国有控股、集体经济、外商和港澳台商独资及其控股的经济组织，它的主要成分是私营企业、个体工商户和农民专业合作社。

---

① 习近平：《在民营企业座谈会上的讲话》，《国务院公报》（2018 第 32 号），中国政府网，https://www.gov.cn/xinwen/2018-11/01/content_5336616.htm。
② 《持续优化民营经济发展环境，促进民营经济发展壮大》，中国日报网，2023 年 9 月 25 日。

其中，私营企业和个体工商户在民营经济中又占据了绝大部分。① 目前，甘肃统计数据中尚未构建民营经济数据库，民营经济统计数据仍以工业企业分类为主，在现有统计数据的基础上，主要通过能反映民营经济发展现状的相关指标，从甘肃民营经济总体状况、规模以上工业企业、中小微企业等几个方面展开民营经济发展状况分析。

（一）民营经济总体状况

1.市场主体

2018 年甘肃民营经济市场主体 130.42 万户，2019 年 155.82 万户，2020 年 190.00 万户，民营经济市场主体占比均在 98% 以上，年均市场主体数量增速在 20% 左右。从民营经济市场主体数量、占比及增速来看，近几年甘肃民营经济呈现较快发展态势。

2.民间投资

民间投资作为民营经济发展的主要投资来源，其快速增长对于促进民营经济发展具有至关重要的作用。从 2018~2022 年甘肃省固定资产投资增长率与民间投资增长率来看（见图 1），固定投资增长率和民间投资增长率均呈现总体上升趋势，但民间投资呈现较大幅度波动，说明在甘肃民营经济发展过程中，民间投资仍存在较大不确定因素，如何保障民间投资稳步增长仍是今后甘肃民营经济发展过程中亟待解决的问题。

3.经济效益

（1）营业收入

2021 年甘肃规模以上工业企业营业收入 9601.7 亿元，其中民营企业营业收入 2085.7 亿元，民营企业营业收入占比 21.72%；2022 年甘肃规模以上工业企业营业收入 10888.4 亿元，其中民营企业营业收入 2357.1 亿元，民营企业营业收入占比 21.65%，略高于全国平均水平。

---

① 百度百科，民营经济，https：//baike.baidu.com/item/%E6%B0%91%E8%90%A5%E7%BB%8F%E6%B5%8E/1283640？fr=aladdin。

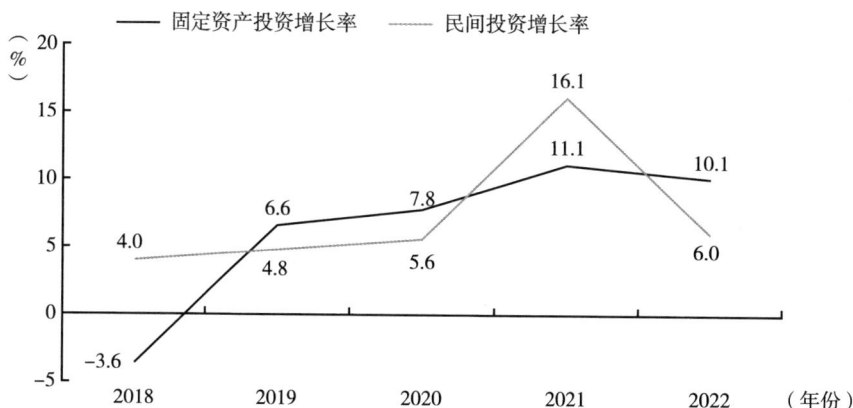

图 1　2018~2022 年甘肃省固定资产投资增长率与民间投资增长率对比

资料来源：《甘肃省中型企业和民营经济发展报告》（2019~2022 年），甘肃省工业经济和信息化研究院官网，http://www.gssgxy.cn/index/yjcg/index.html。

（2）利润

2021 年甘肃民营企业利润总额 124.5 亿元；2022 年甘肃民营企业利润总额 114.33 亿元；2022 年民营企业利润总额增长率为-9.5%，自 2013 年以来，民营企业利润总额增长率一直处于波动状态，说明甘肃民营经济在发展过程中仍存在一定制约因素和不稳定因素。

（3）进出口

2022 年甘肃民营经济进出口总额 186.3 亿元，民营企业进出口总额占比 31.9%，甘肃民营经济在"双循环"发展中也发挥了重要作用。

（二）规模以上工业企业

1. 市场规模

截至 2021 年底，甘肃省规模以上工业企业共计 2218 家，其中国有企业 106 家，占比 4.78%，资产总计占比 17.96%，营业收入占比 20.77%；作为民营经济、混合制经济及国有控股的有限责任公司、股份有限公司共计 994 家，占比 44.81%，资产总计占比 69.99%，营业收入占比 68.21%；而作为民营经济的集体企业、股份合作企业、联营企业及私营企业等有 1118 家，占比高达50.41%，资产总计占比仅有12.06%，营业收入占比仅有11.02%（见表1）。而中小微企业及个体工商户绝大多数为民营经济，相对各项占比更高。

表1 2021年甘肃省规模以上工业企业数量及资产规模

类别	企业数		资产		营业收入	
	数量（家）	占比（%）	总计（万元）	占比（%）	数量（万元）	占比（%）
甘肃	2218	100.00	136574989	100.00	55589761	100.00
国有企业	106	4.78	24524302	17.96	11546830	20.77
集体企业	10	0.45	84771	0.06	28389	0.05
股份合作企业	3	0.14	239011	0.18	153451	0.28
联营企业	1	0.05	1180	0.00	1180	0.00
有限责任公司	889	40.08	57673701	42.23	18935797	34.06
股份有限公司	105	4.73	37910848	27.76	18983125	34.15
私营企业	1104	49.77	16141177	11.82	5940990	10.69

资料来源：《甘肃发展年鉴2022》。

该组数据主要表明，甘肃民营经济在甘肃经济社会发展中的重大作用；同时表明民营经济相对于国有及国有控股企业只是在数量上占优，规模相对较小且产能和盈利能力相对不足。

2.投资增速

从各类投资主体的固定资产投资增长速度来看（见表2），2018～2021年，甘肃总体固定资产投资增长速度稳定增长；从固定资产投资增长速度的波动来看，国有经济主体投资增长速度波动相对小于民营经济主体，从发展经济学的角度分析，持续稳定的投资更有利于经济快速稳定增长，说明甘肃民营经济发展受到相对不稳定因素影响；同时，作为占比较大的民营经济、混合制经济及国有控股的有限责任公司、股份有限公司固定资产投资增长速度波动幅度相对较小，且小于国有企业波动幅度，显现了甘肃民营经济向好的一面，同时也说明规范化管理和运营的现代企业制度对于民营经济快速稳定发展具有积极的促进作用。

表 2　按类型分 2018~2021 年甘肃省工业企业固定资产投资增长速度

单位：%

指标	2018 年	2019 年	2020 年	2021 年
甘肃省固定资产投资	-4.11	6.46	6.97	9.65
国有企业	-12.43	3.41	-23.95	10.99
集体企业	-42.25	27.98	-31.68	65.52
股份合作企业	135.35	471.21	-71.13	87.11
联营企业	-95.71	-29.42	227.93	40.20
有限责任公司	-1.83	11.02	33.00	1.63
股份有限公司	16.99	13.04	27.82	20.76
私营企业	7.63	0.05	11.05	17.92
其他	-20.94	-0.57	-23.72	42.22
个体经营	186.56	-74.00	25.85	172.61

资料来源：《甘肃发展年鉴 2022》。

3. 工业增加值

从甘肃省规模以上工业企业工业增加值增长速度及比重来看，2020~2021年，甘肃省总体规模以上工业企业工业增加值稳定增长，2020 年比 2019 年增长 6.50%，2021 年比 2020 年增长 8.90%；国有及国有控股企业稳定增长同时比重也稳定增长，但国有企业增速下降；作为占比较大的民营经济、混合制经济及国有控股的股份制企业增速加快，但比重下降；集体企业增速呈现负增长，比重也下降；其他企业呈现快速增长，但比重仍相对较小（见表3）。

表 3　2020~2021 年甘肃省规模以上工业企业工业增加值增长速度及比重

单位：%

项目	2020 年		2021 年	
	比上年增长	占总量比重	比上年增长	占总量比重
甘肃省工业增加值	6.50	100	8.90	100
国有企业	13.49	19.36	7.86	23.12
集体企业	-14.80	0.12	-7.20	0.08
股份制企业	4.69	78.06	8.98	73.95

续表

项目	2020 年		2021 年	
	比上年增长	占总量比重	比上年增长	占总量比重
外商及港澳台商投资企业	4.03	2.30	10.98	2.57
其他企业	75.61	0.16	43.06	0.27
其中:国有及国有控股企业	5.92	77.73	7.46	78.14

资料来源:《甘肃发展年鉴 2022》。

(三)中小微企业

1.市场主体

甘肃中小微企业基本上属于民营经济主体,从 2021～2022 年甘肃中小微企业市场主体数量增速来看(见表 4),中小微企业法人单位、规模以上中小微企业、专精特新中小微企业数量增速明显高于市场主体数量增速,说明甘肃民营经济规模正处于快速发展阶段。

表 4 2018～2022 年甘肃中小微企业市场主体

年份	市场主体		中小微企业法人单位		规模以上中小微企业		专精特新中小微企业	
	数量(万户)	同比增长(%)	数量(万户)	同比增长(%)	数量(户)	同比增长(%)	数量(户)	同比增长(%)
2018	130.42	—	—	—	1669	—	156	—
2019	155.82	19.48	43.22	—	1776	6.41	181	16.03
2020	190.00	21.94	48.23	13.51	1780	0.23	229	26.52
2021	201.17	5.88	53.91	11.79	1983	11.40	271	18.34
2022	217.06	7.90	58.14	8.87	2341	18.05	329	21.40

资料来源:《甘肃省中型企业和民营经济发展报告》(2019～2022 年),甘肃省工业经济和信息化研究院官网,http://www.gssgxy.cn/index/yjcg/index.html。

2. 经济效益

从 2020~2022 年甘肃中小微企业营业收入、利润总额、税金总额来看（见表5），甘肃中小微企业在快速发展过程中，营业收入、利润总额、税金总额同步实现了快速增长，甘肃中小微企业对甘肃经济发展贡献度将越来越大。

表5　2020~2022 年甘肃中小微企业营业收入、利润总额及税金总额

单位：亿元，%

年份	营业收入		利润总额		税金总额	
	金额	同比增长	金额	同比增长	金额	同比增长
2020	2815.80	9.8	139.90	82.0	60.60	32.7
2021	3603.00	28.0	163.10	16.6	74.30	22.6
2022	4322.99	14.2	179.89	12.8	95.79	26.1

资料来源：《甘肃省中型企业和民营经济发展报告》（2019~2022 年），甘肃省工业经济和信息化研究院官网，http://www.gssgxy.cn/index/yjcg/index.html。

二　甘肃省民营经济典型案例调查分析

为了进一步深入探究甘肃民营经济发展机制及存在的问题，课题组在条件受限的情况下，通过地方推荐和专家筛选，选定甘肃省 7 个市（州）14 家民营企业进行了问卷和访谈调查，最终选定 7 家具有典型性和代表性的民营企业进行案例分析（见表6）。

表6　甘肃省民营企业案例调查基本信息

单位：亿元

企业名称	所在地区	开展业务	改革创新举措	年产值
甘肃圣越农牧发展有限公司	庆阳市	种鸡养殖、种蛋孵化、饲料加工、肉鸡饲养、肉鸡加工、产品销售	探索肉鸡产业全链条模式，助推县域经济高质量发展	6

续表

企业名称	所在地区	开展业务	改革创新举措	年产值
通渭县清凉沅金银花产业扶贫开发有限公司	定西市通渭县	种苗繁育、种植推广、技术服务、产品研发销售	打造县域富民产业,从种植到加工,从生产到市场的全产业闭环式产业链条	6.9
甘肃省前进牧业科技有限责任公司	张掖市甘州区	奶牛养殖、饲草种植、鲜奶及乳制品生产销售、饲料生产、有机肥生产销售、养殖废弃物资源化利用、技术咨询、教育培训	创新帮扶模式,用产业发展助推乡村振兴;履行社会责任,用优质培训蓄植引领人才	18
瓜州县立林生态农业科技开发有限责任公司	酒泉市瓜州县	枸杞种植、现代设施化养殖、农副产品加工销售、技术服务	科技赋能为畜牧业发展注入新动能,全力推进特色产业规模化发展,着力加快产业转型升级步伐,加速企业高质量发展	—
兰州鑫源现代农业科技开发有限公司	兰州市红古区	现代农业新技术、新品种的研发、推广及咨询;农产品的种植、加工、储藏、收购、销售;林木的抚育与管理;畜牧(猪、羊)养殖、销售;畜产品的收购、销售;化肥、农膜、农机的销售;蔬菜、花卉的种植、销售;餐饮服务;电子商务技术服务;农产品溯源体系建设;电子商务培训服务、在职人员培训服务、企业管理培训服务、专业技能培训服务	产业振兴重特色,品牌建设续发力,积极践行创新、协调、绿色、开放、共享的新发展理念,以市场需求为向导,率先在甘肃省走出一条品牌强农之路	—
甘肃安多清真绿色食品有限公司	甘南州夏河县	建材、清洁能源、畜牧产业开发,兼营塑料制品、房地产开发、技术咨询、金融、商贸流通	建立了销售网络体系,设立了品牌形象店和冷链物流配送中心,在全国抢占高端肉类产品市场	—
陇南市祥宇油橄榄开发有限责任公司	陇南市	油橄榄育苗、种植、加工、营销、研发、旅游	打造国际一流企业的总目标,修炼内功,实现了标准化、系统化的全面质量管理;不断革新生产技术,提升产品质量,建立了适合中国主栽品种的特级初榨橄榄油生产加工技术规范和体系,多项技术达到国内领先、国际一流水平	8.2

资料来源:课题组调查数据。

（一）所属行业与资源禀赋

7家典型民营企业优质农业特色产品或资源规模逐步发展壮大，目前仍以特色农产品经营为主。其中，甘肃圣越农牧发展有限公司、甘肃省前进牧业科技有限责任公司、瓜州县立林生态农业科技开发有限责任公司、兰州鑫源现代农业科技开发有限公司、甘肃安多清真绿色食品有限公司等5家企业主要依托甘肃优质特色农业产品资源；通渭县清凉沅金银花产业扶贫开发有限公司、陇南市祥宇油橄榄开发有限责任公司等2家企业主要依托甘肃省自然气候资源，创新和开发新型特色优质农产品资源。同时，这些典型民营企业情况也反映出甘肃民营经济在发展过程中受资源禀赋制约较大，自主创新能力不足。

（二）产业拓展

企业在适度规模状态下，单一产业发展更有利于产品做精、做强、做大，企业需要规模快速扩张时，亦需要产业拓展。7家典型企业中5家基本保持在单一产业高质量发展，主要是在发展过程中不断延伸产业链，适度扩大规模；2家在原产品基础上进行了产业拓展，兰州鑫源现代农业科技开发有限公司在发展现代农业基础上拓展了餐饮服务、电子商务技术服务、农产品溯源体系建设、企业管理培训服务、专业技能培训服务等业务。甘肃安多清真绿色食品有限公司在畜牧产业发展基础上拓展了建材、清洁能源产业，兼营塑料制品、房地产开发、技术咨询、金融、商贸流通等业务。特别是甘肃安多清真绿色食品有限公司在产业拓展方面与主导产业的关联度不高，在一定程度上增加企业运营成本。同时，这些典型民营企业情况也反映出甘肃省民营企业在发展过程中存在短期趋利行为。

（三）技术与人才支撑

首先，从7家典型企业的发展现状而言，7家企业均具备一定科技、技术及人才支撑，同时具有一定的创新能力，在甘肃省内甚至国内外也具备一定的科技竞争能力。其次，7家典型企业在发展过程中，科技及人才基本上依靠自身不断投入、学习、培训等积累、沉淀。同时企业在发展过程中不仅对自身人才进行培养，在"公司+农户"模式中还对农户进行专业技术培训，承担了大量的社会责任。最后，企业为了提升产品质量，生产设备及技术大量依靠进口。

通过对7家典型企业的技术与人才支撑分析表明，一是，民营企业发展及生存需要一定的技术与人才支撑，才能使企业做大、做强；二是，甘肃民营企业发展面临一大困境，作为偏远落后地区，人才引进难度较大，地方政策支持也较少，技术与人才均需企业自身不断投入；三是，甘肃民营企业发展仍存在较大的技术和设备的外在依赖性。

（四）产业链延伸

通过对7家典型企业的调查发现，7家企业在农产品生产、加工、销售等产业方面，均具备较为完整的产业链，基本实现了全产业链发展模式，而且在与农户合作及产品销售等环节均有模式创新。其中，通渭县清凉沅金银花产业扶贫开发有限公司、瓜州县立林生态农业科技开发有限责任公司、陇南市祥宇油橄榄开发有限责任公司等3家企业在一定程度上实现了闭环式产业链发展模式，这些发展模式为甘肃省其他民营企业发展提供了很好的经验借鉴。

（五）政策与金融支撑

7家典型企业普遍反映企业主要亟须从资金、技术、人才等方面获得政策支撑。同时，作为民营企业，融资难也是普遍存在的一大难点，一方面，受制于企业规模、发展不规范、产权及财务不清晰等抵押难等自身问题；另一方面，目前融资体系不完善也加大民营企业融资难的问题。

三 甘肃民营经济发展的对策建议

（一）加大对民营经济发展的政策支持

通过对甘肃民营企业的调查，民营企业亟待政策支撑的需求主要集中在资金、技术、人才方面，针对这些需要，可以从以下几个方面入手：一是进一步深化"产学研"政策落实，促进民营企业与科研单位及具备科技自主创新能力的国企合作，促进民营企业产业技术和人才升级；二是进一步加快一二三产业融合，促进民营经济产业链升级改造，增强民营经济自身造血功能和盈利能力；三是加大民营经济资金支持，促进民营经济快速发展，特别是加大对具有自主知识产权、自主创新能力以及承担较大社会责任的民营经济的资金支持力度，既要保证民营经济量的增加，也要注重民营经济质的提升。

（二）拓宽融资渠道，加快构建多元化资本市场

一是完善规范化的企业融资体系，鼓励金融机构通过多种渠道加大对民营企业的资金支持，解决民营企业融资难的问题；二是引导民营企业规范化管理，支持和鼓励一批自主创新能力强、专精特新等民营企业上市融资；三是设立民营经济发展基金、科技成果转化基金，通过政策引导充分发挥投资的"乘数效应"，带动社会资本更多地投入民营经济发展。

（三）强化科技发展，提升自主创新能力

一是加大科技投入，提升科技进步水平，为经济社会发展提供源源不断的动力和保障；二是促进科研与产业合作，强化应用型研究的针对性、目的性和实用性，实现科技进步与产业发展紧密结合；三是提升科研成果转化能力和水平，强化科研成果转化过程中政府服务功能，提高科研成果转化整体效能；四是加大民营企业科研投入，提升民营企业自主创新能力。

（四）加大人才培养和引进力度

一是完善和规范民营企业人才培养制度，提升"土专家""田秀才"等本土人才社会福利和待遇；二是规范人才引进机制，一方面确保引进人才确实有才，另一方面确保引进人才确实是急需人才；三是建立健全民营企业自主人才培养的激励机制，加大对民营企业中经济社会发展具有较大贡献的高水平人才政府激励，引导民营企业加大自主人才培养力度。

（五）提升服务功能，构建高效优质服务体系

一是进一步改善营商环境，打造更加公平公正的法治化营商环境；二是加快职能部门从"管理型"向"服务型"转变，拓展政企沟通渠道，促进政企有效协商沟通；三是加快社会化技术、信息及服务平台建设，有效促进社会化技术、信息、人才共享服务，破解民营企业办事难等疑难杂症，消除民营企业发展过程中信息不对称等问题，有效促进民营经济快速发展。

B.18
甘肃省重点城市营商环境调查报告

冯之东*

摘　要： 作为甘肃省的重点城市，兰州、酒泉、天水等三市近年来通过贯彻落实《优化营商环境条例》、持续加大产权保护力度，在改善营商环境方面取得了明显成效，民营企业对当地营商环境的满意度也较为理想。但总体而言，这些重点城市在政务环境、市场环境、法治环境、创新环境等方面依然存在不足，特别是产权保护仍需进一步提升工作质效。因此，只有着力于解决金融机构融资支持不足、生产经营成本上升挤压企业利润等突出问题，不断优化各类要素环境，着力于强化产权保护，才能真正优化营商环境，进而有效推动经济社会实现高质量发展。

关键词： 营商环境　产权保护　高质量发展　甘肃

习近平总书记在党的二十大报告中指出，"完善产权保护、市场准入、公平竞争、社会信用等市场经济基础制度，优化营商环境"。甘肃省委十四届二次全会也强调，"不断优化营商环境、切实加大招商引资力度"，进而将2023年确定为"全省优化营商环境攻坚突破年"。总体而言，甘肃全省上下齐心协力、多措并举，特别是省发改委、省高级人民法院①等单位将"抓学习促提升、抓执行促落实、抓效能促发展"即"三抓三促"行动②作

---

* 冯之东，法学博士，甘肃省社会科学院马克思主义研究所所长，研究方向为法治政府。

① 《优化营商环境　甘肃省成立副省长带队工作专班》，《兰州晨报》2023年2月1日；《甘肃全省法院"优化营商环境攻坚突破年"行动全面展开》，《甘肃法制报》2023年3月20日。

② 《胡昌升在甘肃省"三抓三促"行动动员部署会议上强调：在学习上下功夫在执行上铆足劲在效能上见真章，团结奋斗开创中国式现代化甘肃实践的崭新局面》，《甘肃日报》2023年2月14日。

为重大契机，立足基本职能，在优化营商环境工作中取得了显著成绩。当然，由于多种因素的综合作用，该领域也呈现积极成效与制约因素相互交织、制度常态与短期行为相互并存的现状。本报告将位于"一核三带"① 且2021年、2022年在甘肃全省各市州GDP排名中均居于前四位②的兰州、酒泉、天水等三座重点城市及其20家招商引资或自主来甘投资企业作为研究对象，研究分析营商环境有关问题，期盼能对全省该领域工作有所裨益。

一　工作成效

根据全国工商联有关数据，甘肃省营商环境评价得分为62.98分，较全国营商环境平均得分低14.41分，在全国31个省区市中位居第28。③ 一级指标五大环境评价中，甘肃的要素环境处于全国中等水平，政务环境、市场环境、法治环境、创新环境排名相对靠后。从表1可以看到，2022年，甘肃要素环境得分为80.11分，排名第15；政务环境得分为77.56分，排名第24；市场环境得分为76.18分，排名第25；法治环境得分为82.17分，排名第24；创新环境得分为69.86分，排名第25。

表1　2021~2022年甘肃营商环境得分及排名

	营商环境		要素环境		政务环境		市场环境		法治环境		创新环境	
	得分	排名	得分	排名	得分	排名	得分	排名	得分	排名	得分	排名
2022年	62.98	28	80.11	15	77.56	24	76.18	25	82.17	24	69.86	25
2021年	63.74	27	78.95	14	71.90	31	64.06	28	81.71	30	62.61	29
同比变化	-0.76	-1	1.16	-1	5.66	7	12.12	3	0.46	6	7.25	4

资料来源：中华全国工商联《2022年度万家民企评营商环境甘肃省数据分析报告》。

---

① 《"一核三带"如何发展？听听甘肃党代表怎么说》，《凤凰网·凤在甘肃》；https://gs.ifeng.com/c/8GMCJ5mJ5Jq。
② 前述数据以及文中其他有关官方数据和素材均来自兰州、酒泉、天水三市发改委的有关工作报告。在此对提供支持的省发改委表示感谢。
③ 中华全国工商联：《2022年度万家民企评营商环境甘肃省数据分析报告》。特此致谢甘肃省委政研室提供该项报告。

虽然 2022 年甘肃营商环境评价得分较 2021 年下降 0.76 分，排名下降 1 位，但从五大环境来看，2022 年的政务环境、市场环境、法治环境、创新环境较 2021 年均有较大提升。另外，要素环境排名虽然有所下降，但得分较 2021 年有所提升。总之，尽管相关衡量指标在全国范围内排名依然靠后，但甘肃省特别是兰州、酒泉、天水三市在优化营商环境工作中还是取得了一定成效，对此必须予以肯定。

（一）贯彻落实《优化营商环境条例》

一是健全政策制度体系。兰州市围绕打造全国优化营商环境实践样本城市总目标，在全省率先出台《优化营商环境办法》，为全市营商环境提供了法治保障。根据国家优化营商环境指标体系（18 个一级指标和 87 个二级指标），以制度创新、流程再造、提升服务为切入点，在 18 个指标领域出台优化营商环境各指标专项提升方案，不断完善"1+18"指标提升政策体系，持续推出改革措施 523 项。酒泉市建立 22 个专项小组，将优化营商环境纳入党政履责管理体系，制定出台《酒泉市深化"放管服"改革优化营商环境行动方案》等系列政策措施，内容涉及商事制度改革、行政审批制度改革、民营企业发展、招商引资项目等方面，持续释放政策红利。

二是建立齐抓共管机制。兰州市把优化营商环境作为重要政治任务和"一把手"工程，纳入全市中心工作，在市委书记、市长任"双组长"的优化营商环境工作领导小组的基础上，结合工作实际，增设 18 个指标专项小组和投诉受理、督导检查专项小组，设立 20 个专责组，各司其职指导各县区、开发区分别调整工作领导小组。天水市创新完善服务群众机制、制度保障机制、作风长效机制三项机制，助推各项工作任务落实，督促有关部门减少审批时限，优化办事流程，健全完善管理制度 13 项。天水市发改委建立健全考核机制，对照 18 个营商环境指标牵头督查责任制落实情况，倒逼各级各部门强化优化营商环境工作主责意识。

三是提升政务服务企业水平。兰州市"兰税捷办"服务品牌典型经验入选《2021 年中国优化营商环境报告》，"招标投标电子化"和"兰税捷办"典型经验被国务院《全国优化营商环境简报》（第90期）刊发；在证照改革、一网通办、智慧监管、政务透明、信用风险、单一窗口、数字化7个领域入选中央广播电视总台发布的《2021城市营商环境创新报告》。酒泉市努力实现从管理型政府向服务型政府转变，在减税降费、金融扶持、项目包装等方面狠下功夫，建成运行市级行政服务中心和智慧政务平台，市直43个部门132名窗口人员全部入驻市级政务大厅，981枚电子审批印章、1320个政务服务事项实现了"应进必进"。天水市通过"互联网+不动产登记"，将税务、网签备案、抵押登记等业务整合进行综合受理，将原办理流程8个环节优化整合为"申请受理—审核登簿—收费发证"3个环节，实现了简单件即时办结、抵押件3个工作日办结、一般件5个工作日内办结。

（二）民营企业对营商环境满意度较为理想①

一是对支持政策获得感"较强"以上占55%。针对"企业对现行扶持政策有何感受"这一问题，在被调查企业中，表示政策获得感"很强"和"较强"的企业分别为5家和6家，占比分别为25%、30%；表示政策获得感"一般"的企业为5家，占比为25%；表示政策获得感"较弱"甚至"没有"的企业为4家，占比为20%。

二是对营商环境"比较满意"以上占60%。针对"所在地区营商环境满意度"这一问题，在被调查企业中，表示"非常满意"和"比较满意"的企业分别为5家和7家，占比分别为25%、35%；表示"一般"的企业为3家，占比为15%；表示"不太满意"和"不满意"的企业为5家，占比为25%。

三是愿意在所在地区继续投资的企业占比为65%。针对"是否愿意继续在所在地区扩大生产再投资"这一问题，在被调查企业中，表示"非常愿意"和"比较愿意"的企业分别为5家和8家，占比分别为25%、40%；表示"不太愿意"和"很不愿意"的企业分别为3家和4家，占比分别为15%、20%。

---

① 以下有关数据来源于笔者在兰州、酒泉和天水三市对有关企业的调研。

四是对本地投资保障能力好评率达 75%。针对"本地投资保障能力"这一问题，在被调查企业中，评价"好"与"较好"的企业分别为 6 家和 9 家，占比分别为 30%、45%。其中，对社会治安保障和市场监管保障的认可度较高，好评率均为 80%；对政府诚信保障和纠纷处置能力的好评率分别为 70% 和 75%。

二　存在的突出问题以及民营企业对营商环境的期待

必须看到，兰州、酒泉、天水三市虽然在优化营商环境方面已经做了大量工作，但与经济社会发展的现实需求和民营企业的期盼相比，还存在一些问题和不足，民营企业因此对营商环境也存有相应的强烈期许，具体情况如下。

（一）贯彻落实《优化营商环境条例》方面的问题

一是制度建设水平仍需进一步提升。目前，国家层面已经出台了《优化营商环境条例》，国内多个地方也围绕优化营商环境工作相继制定了地方性法规或政府规章，但在兰州、酒泉、天水三市中，仅有兰州市出台了地方政府规章即《兰州市优化营商环境办法》，酒泉和天水两市只有针对《优化营商环境条例》的《实施意见》或《实施方案》，配套制度明显不足，这就很可能导致在地方优化营商环境的具体工作中存在规范性不足、针对性不强、粗放笼统等一系列隐患。

二是部门统筹联动仍需进一步加强。各部门"放管服"协同联动机制还不完善，部门之间统筹联动协调不够，主动、系统、联动的工作机制尚未形成，创新服务监管的合力不足。以兰州市为例，随着"放管服"改革的深入推进，各部门服务企业、服务发展的能力和水平都在不断提升，服务流程也在不断缩减，但是部门政策、法规要求不一，各种服务流程依然比较烦琐，企业办证难等问题依然不同程度地存在；各部门项目资金分散，缺乏整合，难以形成助推重点项目、重点产业、重点工程及重点企业的资金合力。以酒泉市为例，一方面，由于部分中小企业整体发展水平低，加之财务管理制度不够规范，经营状况一般；另一方面，由于银行业金融机构对中小企业担保贷款门槛较高，要求其提供复杂的登记、评估等手续，办贷周期较长。

三是信息共享仍需进一步深化。总体而言，国家、省、市、县（区）和各部门间的"信息孤岛""数据烟囱"等现象仍然存在。以兰州市为例，对标国内发达城市，兰州市在推进数据同源、业务同网方面与发达地区还有差距，在推进跨省通办、跨境协办、出入境简办等方面存在不足。政务服务数据互联互通机制亟须完善，共享与交换平台建设推进相对缓慢，各部门业务系统缺乏协同，信息共享面不够广，影响了跨层级、跨部门共享使用数据。以天水市为例，甘肃政务服务网虽已实现省、市、县三级互联互通，但在横向层面，一些部门自建系统、部门使用的国家统建或省级统建系统未能与甘肃省一体化政务服务网实现完全对接，系统信息数据无法实现交换共享。

四是基层服务力量仍需进一步强化。各县区政务服务综合性平台建设水平参差不齐，个别县区基层办事大厅基础设施建设不能满足各方面需求。以兰州市为例，乡镇（街道）、村（社区）受限于人员编制数量少、专业人员匮乏、权责不匹配等问题，基层政务服务发展不平衡，对中央、省、市出台的各项政策宣传、解读、培训不够，致使基层部分业务单位和工作人员在执行政策时存在理解不深、办法不多、应用不够等问题。以天水市为例，对于"放管服"改革的各项法律法规、惠民政策、办事流程的宣传力度还不够大，市场主体和群众知晓率不高，导致企业和群众操作不熟练、申报资料不完整，以至于具体申报过程中耗时费力。

（二）甘肃民营企业对营商环境的期待

一是在要素环境方面，企业希望政府在企业融资支持（61.30%）、劳动力资源供给（37.70%）、交通物流保障（37.08%）等方面加大支持力度。

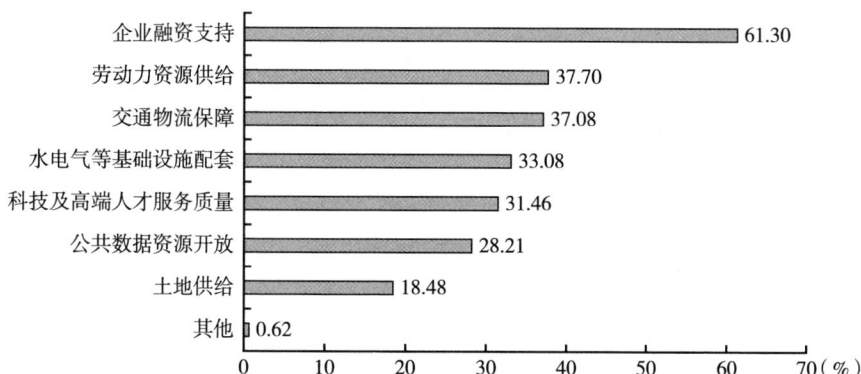

图 1 企业对要素环境方面的期待

资料来源：中共甘肃省委办公厅《甘肃信息·决策参考》2023 年第 867 期。

二是在政务环境方面，40.82% 的企业期待提升线上办理便利度，38.58% 的企业希望提升工作人员业务能力，37.83% 的企业期待优化政务大厅办事流程。

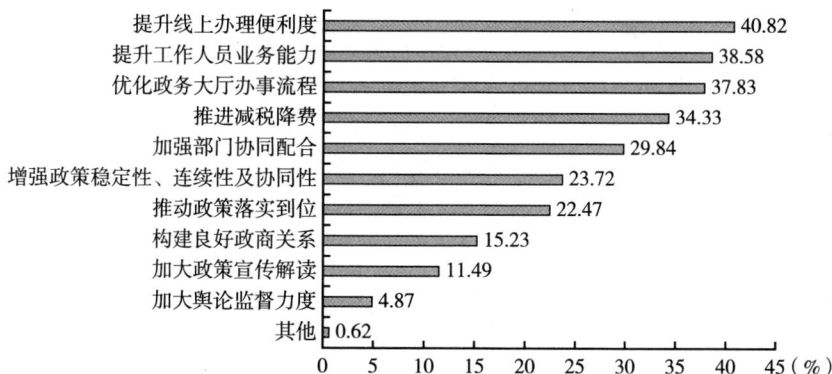

图 2 企业对政务环境方面的期待

资料来源：中共甘肃省委办公厅《甘肃信息·决策参考》2023 年第 867 期。

三是在市场环境方面，企业的诉求主要集中在加大产业政策支持力度（64.54%）、降低市场准入门槛（38.58%）、消除民营企业歧视性规定（32.33%）等方面。

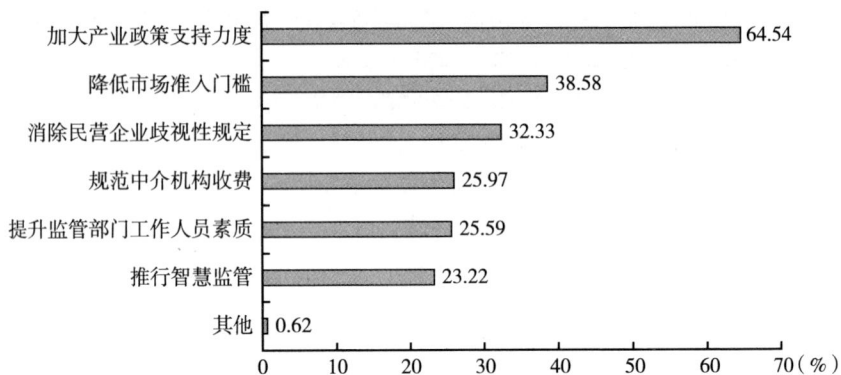

图 3　企业对市场环境方面的期待

资料来源：中共甘肃省委办公厅《甘肃信息·决策参考》2023 年第 867 期。

四是在法治环境方面，41.82% 的企业希望完善企业维权统一服务平台，39.08% 的企业期待提高司法机关涉企案件办理效率。

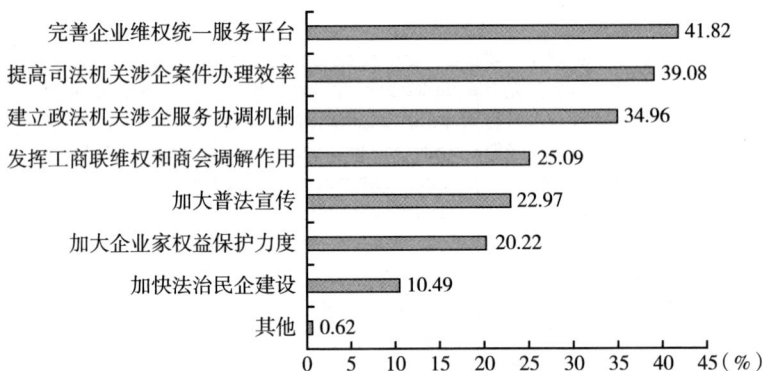

图 4　企业对法治环境方面的期待

资料来源：中共甘肃省委办公厅《甘肃信息·决策参考》2023 年第 867 期。

五是在创新环境方面，企业的诉求主要集中在高端人才引进（59.05%）、财政补贴政策支持（53.68%）、科技金融支持（38.83%）等方面。

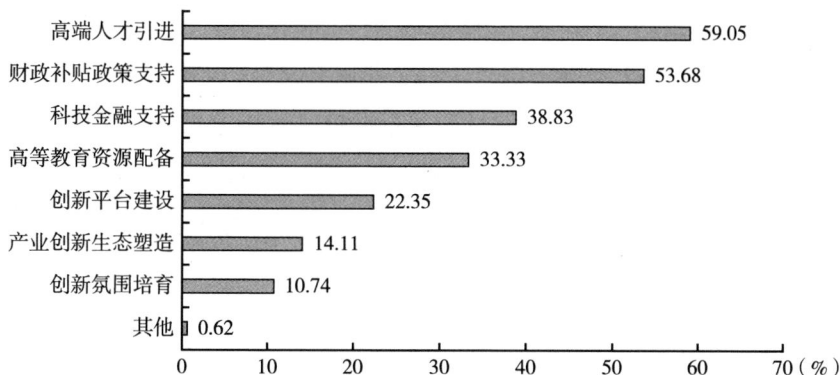

图 5　企业对创新环境方面的期待

数据来源：中共甘肃省委办公厅《甘肃信息·决策参考》2023 年第 867 期。

三　优化重点城市营商环境的对策建议

针对前述症结，在国家层面完善直接融资扶持制度和制定倾斜性人才政策的同时，甘肃省重点城市应当立足于经济社会高质量发展的现实需要，从以下方面着力，确保优化营商环境各项工作落到实处。

（一）着力于解决突出问题

第一，针对金融机构融资支持不足的问题，一方面，全面加强纳税、社会保险费、住房公积金缴纳、医疗保险、不动产登记、水电气暖、仓储物流等信用信息归集，全面推动政银企信息共享，为金融机构通过省"信易贷"向中小微企业发放信用贷款提供数据支撑，推动健全完善省一体化融资信用服务平台网络功能。另一方面，推动金融机构建立健全金融服务市场主体"敢贷愿贷能贷会贷"长效机制，简化评审评议流程，提高贷款审批效率。协调各金融机构压缩信贷审批流程，下放信贷审核权限，提高市级金融机构审批额度，简化大额信贷业务审批转报程序，缩短信贷审批时间，减轻企业负担。

第二，针对生产经营成本上升挤压企业利润的问题，贯彻落实国家、省上各项电价改革政策和措施，降低工商企业用电成本。开展治理涉企违规收费"纾困减负"专项行动，持续清理规范城镇供水供电供气供暖等行业收费。规范政府定价和经营者价格收费行为，对涉企行政事业性收费实行目录清单管理，确保清单之外无收费，确保取消、停征和免征的行政事业性收费执行到位。

第三，针对企业投资需求不强的问题，一方面，激活市场消费主体，提振企业投资意愿，加快促进消费回补和潜力释放，从供给端和需求端共同发力促消费、扩内需。另一方面，争取国家科技项目，培育企业投资市场，支持更多民营企业成为专精特新中小企业和"小巨人"企业。鼓励民间投资以城市基础设施等为重点，通过综合开发模式参与重点领域项目建设。

第四，针对人才短缺的问题，要进一步提高人才引进政策的含金量、扩大支持面，完善人才培养和引进政策，建立培养人才、吸引人才、留住人才和储备人才的激励机制，落实好各项激励政策，对引进的各类人才在社会保险、子女入学等方面给予倾斜，不断增强对优秀人才的吸引力和凝聚力。要增强企业投资动力，适度超前加大基础设施建设，鼓励企业提升职工薪资水平，优化职工生产、生活基础设施环境，创造拴心留人的就业环境，吸引更多行业领军和技术人才服务本地专精特新企业，使园区朝着社会化、城市化方向发展，使高新产业能入驻、创新技术能落地。

（二）着力于优化各类要素环境

在当前经济下行压力加大、发展任务艰巨的特殊时刻，切实以营商环境之"优"促进经济大盘之"稳"，积极争先进位，在全省发展大局中作出重点城市的贡献。

一是牢固树立服务意识，营造高效便捷的政务环境。坚持以市场主体需求为导向，转变思想观念，确保所有部门应进必进、进必授权、一次到位，杜绝体外循环。同时，牢固树立市场主体就是"衣食父母"的理念，大力弘扬"店小二"精神，切实落实好首问负责、一次性告知、限时办结等服务，认真梳理事项清单、优化办事指南，加强多部门协作联办机制，让企业和群众办事更顺畅、更舒心、更满意。

二是整顿规范市场秩序，营造竞争有序的市场环境。严格落实市场准入负面清单，推动"非禁即入"普遍落实，坚决破除不必要的限制和隐性壁垒，保障各类市场主体平等投资权利，对本地企业开放的市场领域不得限制外地企业进入。持续推进多证合一改革，简化企业开办和注销程序，实现常态化企业开办"一日办结"。要推动"证照分离"改革全覆盖，在涉企经营许可、投资项目审批、证明事项等领域推行承诺制，解决企业"准入不准营"问题，促进各类市场主体蓬勃发展。

三是聚焦企业发展需求，营造亲商富商的政策环境。健全企业家参与涉企政策制定机制，涉及民营经济发展的产业政策和产业规划等，事先倾听企业家意见建议，让政策跟得上企业创新步伐。加大金融政策帮扶力度，提升综合金融服务平台服务能力，加强政府、银行和企业对接，提高金融服务精准性，引导金融机构创新供应链金融模式，建立政银企对接长效机制，努力实现互惠互利共赢。

四是聚焦项目建设，营造利商安商的投资环境。围绕招商引资项目快速落地，配套实行高效审批、并联审批、容缺审批、帮办代办、区域评估、中介超市等改革举措，全力以赴做好项目投资要素保障。依托"工程建设项目联合审批"平台，推行"一窗受理，并联审批、联合办理"和不见面审批模式，创新"清单制+告知承诺制"、施工图分类审查、容缺受理等，进一步精简项目申报资料、压缩申报环节、缩短审批时限。

五是增强市场主体获得感，营造宜居宜业的人文环境。完善均衡优质公共服务，推进城乡基本公共服务均衡化，促进优质公共资源在地域间的均衡合理分布，加大对教育、文化、医疗卫生、就业、社会保障、保障性安居工程等公益性资源的投入，缩小城乡差距，实现社会公平。加强和创新社会治理，完善社会治安防控体系，提高预测预警预防各类风险能力；完善和落实安全生产责任和管理制度，建立公共安全隐患排查和安全预防控制体系。

（三）着力于强化产权保护

法治是最好的营商环境。必须为各类市场主体释放活力、保护产权提供有效的法律支持、精准的法律服务、有力的法治保障，为营商环境绘就浓郁的"法治底色"。

第一，提升思想认识。广大公职人员特别是领导干部必须正确认识强化产权保护对于优化营商环境、激励创新、稳定预期和实现社会公平正义所具有的重大而深远的现实意义。坚定落实"两个毫不动摇"，在深化国资国企改革、推动国资国企做强做优做大的同时，务必优化民营企业发展环境，依法保护民营企业产权和企业家合法权益，让民营企业安心投资、专心经营、全心发展。

第二，加强组织领导。各级党委、政府要站在"加快构建新发展格局、着力推动高质量发展"的高度，充分认识到甘肃省开展强化产权保护、优化营商环境工作的紧迫性，切实健全一批制度、联系一批企业、化解一批涉企申诉信访案件。党委、政府主要负责人要自觉提高政治站位，立足于本地"法治建设第一责任人"的身份定位安排部署相关工作，既要给予旗帜鲜明的政治支持，又要立场坚定地奉行"有事依法、无事不扰"的法治精神。

第三，强化工作能力。首先，优化办案理念。牢固树立人权意识、程序意识、证据意识、时效意识，坚决摒弃以罚代管、以罚代教、一罚了之以及重公轻私，重办案轻预防，重"违法、有罪、罪重证据"轻"合法、无罪、罪轻证据"等错误倾向，确保办案质量经得起法律和历史的检验。其次，规范执法司法。将"两轻一免"① 等行政柔性执法原则和包容审慎监管模式落实到位，使其覆盖省、市、县、乡四级所有执法单位，通过既有力度又有温度的行政执法真正为市场主体营造宽松和谐的法治化营商环境。对于可能影响企业特别是民营企业正常生产经营活动的执法司法行为，务必做好风险评估，坚持"轻拿轻放"，严格禁止非法查封、非法扣押、非法没收等各类

---

① 对于轻微违法行为，行政执法人员可以依法减轻、从轻或不予处罚。

侵害合法产权的行为，坚决防止发生"案件办了、企业垮了"的极端现象。最后，强化普法宣传。行政部门和政法单位要认真落实"谁执法、谁普法"基本原则，强化各类市场主体依法合理表达关切和诉求的法治意识，有效提升全社会关注产权保护的知晓度和认同感，积极营造"人人都是营商环境"的社会氛围。

第四，健全工作机制。首先，在行政执法中进一步健全和完善市场准入、权责清单、告知承诺、简易引导、容错纠错、守信激励等工作机制，在法定权限范围内对市场主体综合运用指导、建议、提醒、劝告等非强制手段，通过适度有效、释放善意的监管，推动市场主体自觉纠正违法行为，有效凸显法律"权威力度"和执法"人性温度"的有机融合。其次，政法单位要认真遵循"分工负责、互相配合、互相制约"的宪法原则，建立健全办案联动机制，统一思想、统一部署、统一标准，有序开展产权司法保护工作，切实优化地方营商环境。最后，各级政法单位要加强与行政部门的协调配合，进一步健全行政执法与刑事司法两法衔接工作平台，在线索发现、固定证据、案件移送、"罚""刑"有别等方面规范和完善信息共享互助机制。

参考文献

中共甘肃省委办公厅：《甘肃信息·决策参考》2023 年第 867 期。

《优化营商环境　甘肃省成立副省长带队工作专班》，《兰州晨报》2023 年 2 月 1 日。

《甘肃全省法院"优化营商环境攻坚突破年"行动全面展开》，《甘肃法制报》2023 年 3 月 20 日。

《胡昌升在甘肃省"三抓三促"行动动员部署会议上强调：在学习上下功夫在执行上铆足劲在效能上见真章，团结奋斗开创中国式现代化甘肃实践的崭新局面》，《甘肃日报》2023 年 2 月 14 日。

中华全国工商联：《2022 年度万家民企评营商环境甘肃省数据分析报告》。

社会科学文献出版社

皮 书

智库成果出版与传播平台

❖ 皮书定义 ❖

皮书是对中国与世界发展状况和热点问题进行年度监测，以专业的角度、专家的视野和实证研究方法，针对某一领域或区域现状与发展态势展开分析和预测，具备前沿性、原创性、实证性、连续性、时效性等特点的公开出版物，由一系列权威研究报告组成。

❖ 皮书作者 ❖

皮书系列报告作者以国内外一流研究机构、知名高校等重点智库的研究人员为主，多为相关领域一流专家学者，他们的观点代表了当下学界对中国与世界的现实和未来最高水平的解读与分析。

❖ 皮书荣誉 ❖

皮书作为中国社会科学院基础理论研究与应用对策研究融合发展的代表性成果，不仅是哲学社会科学工作者服务中国特色社会主义现代化建设的重要成果，更是助力中国特色新型智库建设、构建中国特色哲学社会科学"三大体系"的重要平台。皮书系列先后被列入"十二五""十三五""十四五"时期国家重点出版物出版专项规划项目；自2013年起，重点皮书被列入中国社会科学院国家哲学社会科学创新工程项目。

权威报告·连续出版·独家资源

皮书数据库
ANNUAL REPORT(YEARBOOK)
DATABASE

分析解读当下中国发展变迁的高端智库平台

所获荣誉

- 2022年，入选技术赋能"新闻+"推荐案例
- 2020年，入选全国新闻出版深度融合发展创新案例
- 2019年，入选国家新闻出版署数字出版精品遴选推荐计划
- 2016年，入选"十三五"国家重点电子出版物出版规划骨干工程
- 2013年，荣获"中国出版政府奖·网络出版物奖"提名奖

皮书数据库　　"社科数托邦"
　　　　　　　微信公众号

成为用户

　　登录网址www.pishu.com.cn访问皮书数据库网站或下载皮书数据库APP，通过手机号码验证或邮箱验证即可成为皮书数据库用户。

用户福利

- 已注册用户购书后可免费获赠100元皮书数据库充值卡。刮开充值卡涂层获取充值密码，登录并进入"会员中心"—"在线充值"—"充值卡充值"，充值成功即可购买和查看数据库内容。
- 用户福利最终解释权归社会科学文献出版社所有。

数据库服务热线：010-59367265
数据库服务QQ：2475522410
数据库服务邮箱：database@ssap.cn
图书销售热线：010-59367070/7028
图书服务QQ：1265056568
图书服务邮箱：duzhe@ssap.cn

社会科学文献出版社 皮书系列
SOCIAL SCIENCES ACADEMIC PRESS (CHINA)
卡号：893999483165
密码：

S 基本子库
SUB DATABASE

中国社会发展数据库（下设 12 个专题子库）

　　紧扣人口、政治、外交、法律、教育、医疗卫生、资源环境等 12 个社会发展领域的前沿和热点，全面整合专业著作、智库报告、学术资讯、调研数据等类型资源，帮助用户追踪中国社会发展动态、研究社会发展战略与政策、了解社会热点问题、分析社会发展趋势。

中国经济发展数据库（下设 12 专题子库）

　　内容涵盖宏观经济、产业经济、工业经济、农业经济、财政金融、房地产经济、城市经济、商业贸易等 12 个重点经济领域，为把握经济运行态势、洞察经济发展规律、研判经济发展趋势、进行经济调控决策提供参考和依据。

中国行业发展数据库（下设 17 个专题子库）

　　以中国国民经济行业分类为依据，覆盖金融业、旅游业、交通运输业、能源矿产业、制造业等 100 多个行业，跟踪分析国民经济相关行业市场运行状况和政策导向，汇集行业发展前沿资讯，为投资、从业及各种经济决策提供理论支撑和实践指导。

中国区域发展数据库（下设 4 个专题子库）

　　对中国特定区域内的经济、社会、文化等领域现状与发展情况进行深度分析和预测，涉及省级行政区、城市群、城市、农村等不同维度，研究层级至县及县以下行政区，为学者研究地方经济社会宏观态势、经验模式、发展案例提供支撑，为地方政府决策提供参考。

中国文化传媒数据库（下设 18 个专题子库）

　　内容覆盖文化产业、新闻传播、电影娱乐、文学艺术、群众文化、图书情报等 18 个重点研究领域，聚焦文化传媒领域发展前沿、热点话题、行业实践，服务用户的教学科研、文化投资、企业规划等需要。

世界经济与国际关系数据库（下设 6 个专题子库）

　　整合世界经济、国际政治、世界文化与科技、全球性问题、国际组织与国际法、区域研究 6 大领域研究成果，对世界经济形势、国际形势进行连续性深度分析，对年度热点问题进行专题解读，为研判全球发展趋势提供事实和数据支持。

法律声明

"皮书系列"(含蓝皮书、绿皮书、黄皮书)之品牌由社会科学文献出版社最早使用并持续至今,现已被中国图书行业所熟知。"皮书系列"的相关商标已在国家商标管理部门商标局注册,包括但不限于LOGO( )、皮书、Pishu、经济蓝皮书、社会蓝皮书等。"皮书系列"图书的注册商标专用权及封面设计、版式设计的著作权均为社会科学文献出版社所有。未经社会科学文献出版社书面授权许可,任何使用与"皮书系列"图书注册商标、封面设计、版式设计相同或者近似的文字、图形或其组合的行为均系侵权行为。

经作者授权,本书的专有出版权及信息网络传播权等为社会科学文献出版社享有。未经社会科学文献出版社书面授权许可,任何就本书内容的复制、发行或以数字形式进行网络传播的行为均系侵权行为。

社会科学文献出版社将通过法律途径追究上述侵权行为的法律责任,维护自身合法权益。

欢迎社会各界人士对侵犯社会科学文献出版社上述权利的侵权行为进行举报。电话:010-59367121,电子邮箱:fawubu@ssap.cn。

社会科学文献出版社